Europa vor dem Ersten Weltkrieg 1914
Städte um 1912
Städte über 1 Mill. Einwohner
Städte von 500 000 - 1 Mill. Einwohner
Städte von 100 000 - 500 000 Einwohner
Städte unter 100 000 Einwohner
Hauptstädte sind unterstrichen
RUSSISCHES REICH
Ösel
Pskow
Twer
MOSKAU
Riga
Libau
Dünaburg
Düna
Witebsk
Smolensk
Kaluga
Rjasan
Tula
Tambow
Saratow
Kowno
Wilna
Memel
Minsk
Mogilew
Orel
Woronesch
Don
Grodno
Njemen
Bialystok
Gomel
Kursk
Pripet
Warschau
Brest-Litowsk
Skierniewice
Lublin
Kiew
Charkow
Zarizyn
Achtuba
Wolga
Poltawa
Donez
Dnjepr
Bug
Rostow
Manytsch
Taganrog
Dnjestr
Pruth
Przemysl
Lemberg
Krakau
Galizien
Czernowitz
Theiß
Nikolajew
Cherson
Kischinew
Asowsches Meer
Kuban
Stawropol
Jekatarinodar
Odessa
Krim
Debrecen
Jassy
UNGARN
Siebenbürgen
Arad
Kronstadt
Temesvár
Galatz
RUMÄNIEN
1881 Kgr.
Sinaja
Bukarest
Dobrudscha
Konstanza
Donau
Sewastopol
Livadia
Schwarzes Meer
Batum
Belgrad
SERBIEN
1882 Kgr.
1879-1908 österr. bes.
1910 Kgr.
BULGARIEN
1908 unabh. Kgr.
Sofia
Sinope
Trapezunt
Erzurum
Armenien
ALBANIEN
1912/13 unabh.
Skoplje
Vardar
Monastir
Adrianopel
KONSTANTINOPEL
Skutari
San Stefano
Sivas
Kisil Irmak
Sakarja
Angora
OSMANISCHES REICH
1908 Jungtürkische Revolution
Diarbekir
Saloniki
Dardanellen
GRIECHENLAND
Janina
Larissa
Korfu
Konya
Adana
Bagdad-Bahn
Euphrat
Aleppo
Tatoi
Patras
Athen
Nauplia
Ägäisches Meer
Dodekanes
1912 ital. bes.
Homs
Kreta
Zypern
1878 brit. Verw.
Beirut
Damaskus
Tel Aviv
1909 gegr.
Jaffa
Amman
Jerusalem
Hedschas-Bahn
Derna
Port Said
Benghasi
Sollum
Alexandria
Tell-el-Kebir
Nil
Cyrenaika
Ägypten
Oberhoheit, 1882 brit. bes.
Sues
Kairo
Akaba

Eckhard Heins

([illegible] [illegible], Sept. 2009)

Wolfgang Korn

Schienen für den Sultan

Wolfgang Korn

Schienen für den Sultan

Die Bagdadbahn: Wilhelm II., Abenteurer und Spione

Fackelträger

Satz: Bild1Druck, Berlin

Gesamtherstellung: Verlags- und Medien AG, Köln
Printed in Germany

ISBN 978-3-7716-4380-5

www.fackeltraeger-verlag.de

Inhaltsverzeichnis

EINLEITUNG

Mythos Bagdadbahn – Legenden verdrängen die Fakten

Der Bau der Bagdadbahn zeugt nicht nur von der Tollkühnheit deutscher Ingenieure, sondern auch von den Anfängen des Nahostkonfliktes.

Anfang Mai 1915, Konstantinopel, Bahnhof Haydarpascha. Werner Otto von Hentig und seine Begleiter verlassen die Dampffähre, die sie vom europäischen Stadtteil Galata hinüber auf die asiatische Seite der osmanischen Hauptstadt gebracht hat, überqueren den kurzen Vorplatz und betreten die große Bahnhofshalle. Die 14 Männer – vier Inder, sechs Afghanen, ein Türke und drei Deutsche – bemühen sich, möglichst unauffällig zu bleiben, denn Konstantinopel wird auch die Stadt der tausend Augen und Ohren, die Hauptstadt der Intrigen genannt. Besonders während des Ersten Weltkrieges laufen hier die Informationen aus Ost und West zusammen, überwachen Agenten der verfeindeten Nationen einander bei jeder Bewegung. Die Männer kaufen sich Fahrkarten für die Eisenbahn bis an den Fuß des Taurusgebirges, hier endet der durchgehende Abschnitt der schon zu dieser Zeit legendären Bagdadbahn. Außerdem geben sie ihr umfangreiches Gepäck auf. Werner Otto von Hentig, Sonderbeauftragter des Auswärtigen Amtes, ist überrascht, wie viel er dafür zahlen muss: 62 türkische Pfund – das sind rund 1230 Mark, wie er in seinen 1918 veröffentlichten Erinnerungen vorrechnet (umgerechnet auf heutige Verhältnisse wären es rund 8300 Euro). Warum die Transportkosten so extrem hoch sind, erwähnt von Hentig jedoch nicht.

Was führt denn von Hentigs Mannschaft alles mit? Neben einer kompletten Expeditionsausrüstung für 14 Personen und mindestens zwei Monate Reise fernab der Zivilisation hatte sie viele Geschenke im Gepäck und etliche Goldmünzen für lokale Herrscher, deren Gebiete sie durchqueren würde; außerdem eine nicht unerhebliche Anzahl von Schriftstücken: Karten, Broschüren und Schaubilder für Analphabeten, mit denen man eine ganze Schule hätte ausrüsten können.

Allerdings sind die Schriften – in Arabisch, Persisch und einigen regionalen Dialekten geschrieben und in Berliner Druckereien vervielfältigt – nicht ganz unbedenklich, denn sie rufen die Muslime zum Dschihad, zum Heiligen Krieg auf! Darin ist unter anderem zu lesen: »Wisset, daß das Blut Ungläubiger straflos vergossen werden darf … Ausgenommen sind nur jene, die mit der moslemischen Macht verbunden sind!« Das heißt im Klartext: Mit Billigung der deutschen Regierung riefen sie im Namen des Heiligen Krieges zum Meuchelmord an christlichen Briten auf! In einer anderen Broschüre heißt es: »Kaiser Wilhelm II. ist zum Islam übergetreten, er nennt sich nun ›Hadschi Wilhelm Mohammed‹ und hat bereits heimlich eine Pilgerreise nach Mekka unternommen. Immer mehr Deutsche folgen seinem Beispiel und werden Mohammedaner.«[1]

Diese Geschichten hat nicht etwa Karl May für einen seiner Romane erfunden, sondern sie sind im Auswärtigen Amt des Deutschen Reiches entstanden. Deutsche Geheimdiplomaten wie Werner Otto von Hentig oder Wilhelm Wassmuss sollten sie während des Ersten Weltkrieges gezielt verbreiten. Um das Osmanische Reich und die deutsche Bagdadbahn vor den Engländern, Franzosen und Russen zu retten, wollte man die muslimische Bevölkerung Arabiens, Persiens, Afghanistans und möglichst auch Indiens zum Heiligen Krieg gegen das Britische Empire und seine Verbündeten aufwiegeln.

Diese Geheimdiplomatie war nicht nur ein Spiel mit dem Feuer – allein durch Persien und Afghanistan zu reisen und zum Dschihad aufzurufen, glich dem Jonglieren mit etlichen brennenden Fackeln gleichzeitig.

Aus der Zeit seines diplomatischen Dienstes in Persien hatte von Hentig eine ungefähre Ahnung, was am Hindukusch auf sie zukommen würde: »Fast noch nie, auch nicht in Friedenszeiten, war ein Deutscher aus Afghanistan wieder herausgekommen.«[2] Diese Ahnung teilte er seinen Kameraden jedoch vorerst nicht mit.

☾

So diente die Bagdadbahn im Ersten Weltkrieg als »Dschihad-Express«. Doch nicht nur diese Extremform des Kampfes der islamischen gegen die christliche Kultur flammte bereits damals auf. Auch die Konflikte um Gebietsansprüche, heilige Stätten und Erdölvorkommen im Nahen Osten spielten schon vor rund hundert Jahren eine wichtige Rolle in dem großen Drama, das sich um ein technisches Mammutprojekt drehte: die Bagdadbahn.

Was unter deutscher Regie entstand, war nicht einfach nur eine Bahnstrecke von Istanbul nach Bagdad, sondern ein weltgeschichtliches Politikum, das in einem Spannungsfeld entstand, das bis heute höchste Aktualität besitzt: Denn die Wurzeln der Konflikte im Nahen Osten, die mit dem gegenwärtigen Irak-Krieg einen neuen Höhepunkt erreichten, liegen genau dort.

Allerdings wird die Geschichte der Bagdadbahn heute im Allgemeinen nur verkürzt und verfälscht wiedergegeben. Drei legendenartige Thesen werden immer wieder blumig in Zeitschriften, Büchern und TV-Dokumentationen verbreitet:

1. Kaiser Wilhelm II. persönlich habe den Anstoß dafür gegeben, dass eine Eisenbahn in seinem geliebten Mesopotamien gebaut wurde.

2. Die Bagdadbahn habe schnell wirtschaftliche und militärstrategische Bedeutung gewonnen und sei deshalb zu einem der Hauptgründe des Ersten Weltkrieges geworden.
3. Schließlich habe der Orientexperte Max von Oppenheim den Plan entwickelt, deutsche Agenten sollten entlang der Bagdadbahnstrecke bis nach Afghanistan und Indien zum Dschihad gegen die Briten aufrufen.

Bei genauer Betrachtung der historischen Ereignisse, soweit es die Quellen heute noch erlauben, zeigt sich jedoch, dass diese Legenden nicht mit den historischen Fakten in Einklang zu bringen sind.

»BAGDADBAHN« – schon der Name allein klingt nach exotischem Abenteuer und verheißungsvoller Größe. Und zweifellos sind Planung und Bau der Bagdadbahn eine abenteuerliche Geschichte, die direkt aus einem Abenteuerroman stammen könnte. Sie handelt von deutschen Diplomaten, Finanziers und Ingenieuren, die unter schwierigsten Bedingungen eine Bahnverbindung von Istanbul quer durch Anatolien und die mesopotamische Wüste an den Persischen Golf bauten.

Doch so spannend die Ereignisse auch sind, wenn es ein Merkmal gibt, das die Bagdadbahn durchweg charakterisiert, dann ist es die Verzögerung. Ein taktisches Hinhalten, ein Versprechen, das über einen langen Zeitraum gar nicht und am Ende schließlich in viel geringerem Umfang als geplant umgesetzt wird.

Mit diesem Makel hatte das Projekt Bagdadbahn schon begonnen: Der 1872 von dem deutschen Ingenieur Wilhelm Pressel erarbeitete Plan für ein osmanisches Eisenbahnnetz in Asien wurde erst mit 16 Jahren Verzögerung angegangen und zunächst wurde nur die Stichstrecke Istanbul–Ankara gebaut. Denn der neue Sultan Abdülhamid war im Gegensatz zu seinem Vorgänger Abdülaziz kein großer Eisenbahnfreund.

Auch der deutsche Bankier Georg Siemens, der später die treibende Kraft hinter der Finanzierung der Bagdadbahn werden sollte, war nicht sehr erbaut von der Aussicht, eine Bahnstrecke quer durch das raue und unerschlossene Anatolien zu bauen. Erst die Annäherung zwischen dem Sultan und Wilhelm II. ebnete den Weg für Verhandlungen über eine Bahnverbindung quer durch das Osmanische Reich.

Als im November 1899 das Osmanische Reich eine »Vorkonzession« für den Bau einer Eisenbahnverbindung in Richtung Bagdad an ein deutsches Konsortium vergab, löste dieser Schritt im ganzen Deutschen Reich bereits euphorische Begeisterung aus: »Von Hamburg nach Basra« und »Volldampf voraus nach dem Euphrat und Tigris« titelten Zeitungen zwischen Hamburg und München schon triumphierend, dabei geschah in den folgenden vier Jahren außer endlosen Verhandlungen zunächst einmal nichts. Erst 1903 intervenierte der Kaiser persönlich im Bagdadbahnprojekt, verlor jedoch kurze Zeit darauf schon wieder das Interesse daran. Immerhin wurde 1903/04 der erste Streckenabschnitt von Konya nach Bulgurlu in Angriff genommen, danach ruhten die Arbeiten wieder für rund sechs Jahre. Doch dieses erste 200 Kilometer lange Stück Schienen für den Sultan, verlegt im anatolischen Hochland, feierte man in Deutschland als »Weltthat«. Zwar zählten die endlosen Steppen und Salzwüsten Anatoliens einst zu den Durchgangsstationen der Seidenstraße, doch Ende des 19. Jahrhunderts gehörten sie zu den entlegensten Gegenden Asiens, deren Städte und Verkehrswege längst verfallen waren.

Auch die weiteren Streckenabschnitte der Bagdadbahn durch das Taurusgebirge und entlang der Grenze des sogenannten Fruchtbaren Halbmondes wurden erst nach langem finanziellen und diplomatischen Tauziehen in Angriff genommen. Dabei versprach das eigentliche Ziel des Bahnprojektes weder Ruhm noch Reichtum: Zu dieser Zeit war Bagdad ein heruntergekommenes Nest ohne ökonomische Bedeutung.

Spielte dieser Aspekt keine Rolle, weil das Deutsche Reich mit dem Bahnbau von Anfang an einen geheimen Plan verfolgte? Es gab in der Tat einzelne politische Gruppierungen, die Gebiete des Osmanischen Reiches annektieren und dort Deutsche ansiedeln wollten. Aber wurden diese Pläne auch zur offiziellen Politik des Deutschen Reiches?

Von Anfang an wurden Plan und Bau dieser Eisenbahn quer durch Vorderasien von einer Legendenbildung überstrahlt, die ein sachliches Urteil über ihre wirtschaftliche oder strategische Funktion im europäisch-asiatischen Gefüge bis heute erschwert. Sicherlich war die Bahn keiner der Auslöser des Ersten Weltkrieges, denn das Deutsche Reich hatte sich 1914 endlich mit England friedlich über den Streckenverlauf der Bahn an den Persischen Golf geeinigt.

Unleugbar dagegen legte die Bagdadbahn den Grundstein für die Waffenbrüderschaft zwischen dem Deutschen und dem Osmanischen Reich im Ersten Weltkrieg. Deutsche Militärberater hatten die von vielen Niederlagen demoralisierten osmanischen Truppen reorganisiert und führten sie nun gemeinsam mit osmanischen Befehlshabern in die Schlachten. Ihre Aufgabe als Transport- und Versorgungslinie zwischen Bosporus und Persischem Golf konnte die Bagdadbahn dabei jedoch mehr schlecht als recht wahrnehmen. Im Herbst 1914 klafften in ihrem Schienennetz noch Löcher von mehreren hundert Kilometern. Deutsche Spezialeinheiten schlossen diese Lücken nach und nach mithilfe von kleinen Feldbahnen, hielten den Transportverkehr mühsam aufrecht und arbeiteten mit Hochdruck an der Vollendung der zahlreichen Tunnel im ostanatolischen Taurusgebirge. Doch als die Bahn endlich freie Fahrt durch die Berge hatte, war der Krieg an den Fronten im Nahen Osten und im Kaukasus bereits verloren. Die Engländer traten das Erbe der deutschen Bahnbauer an und vollendeten die Strecke der Bagdadbahn – ebenfalls mit erheblichen Verzögerungen.

Um anstelle weiterer Legenden die wahre Geschichte der Bagdadbahn zu erzählen, lässt dieses Buch weniger die zahlreichen Historiker und selbsternannten Aufklärer, sondern mehr die an dem Bahnbau Beteiligten und die Reisenden zu Wort kommen. Dabei begegnen wir Menschen unterschiedlichster Herkunft und Profession: Kaiser Wilhelm II. hatte übergroßes Interesse an Mesopotamien und ließ die Bagdadbahn für kurze Zeit zur Chefsache erklären; die deutschen Ingenieure Wilhelm Pressel und Heinrich August Meißner errichteten mit ihren vielen Helfern die eigentliche Bahnstrecke durch eine in vielerlei Hinsicht unwegsame Landschaft; Archäologen wie Leonard Woolley suchten entlang der Bahntrasse nach den versunkenen Metropolen der glanzvollen Antike; manche der Ausgräber waren gleichzeitig auch als Agenten tätig wie der rätselhafte Max von Oppenheim oder der legendäre Lawrence von Arabien; die deutschen Diplomaten und Agenten Oskar Niedermeyer, Werner Otto von Hentig und Wilhelm Wassmuss sollten die Muslime im Nahen Osten gegen die Engländer in den Heiligen Krieg führen; die Reiseschriftstellerin Gertrude Bell und die Krimiautorin Agatha Christie schließlich ließen sich gefangen nehmen von der Kultur des Morgenlandes.

All ihre Abenteuer und Erlebnisse sind durch Tagebücher und Briefe, Reiseberichte und Biografien überliefert – nur hier und da erlauben wir uns bei dürftiger Quellenlage kleinste literarische Freiheiten.

Der Orient rief – aber was fanden die Bahnbau-Ingenieure, Abenteurer und Agenten wirklich vor, als sie aus den Salonwagen der Bagdadbahn stiegen und die Schienen des Sultans überquerten?

☾

Eine Anmerkung zu Namen und Schreibweisen: Das Osmanische Reich existierte offiziell bis 1923, trotzdem wurde gleichbedeutend bereits im 19. Jahrhundert von der Türkei und den Türken gesprochen und geschrieben. Die osmanische Hauptstadt wurde von den Europäern bis Mitte des 20. Jahrhunderts meistens »Konstantinopel«, selten »Istanbul« genannt. Die Osmanen selbst nannten sie kurz »Stambul«, was eigentlich nur »zur Stadt« heißt; erst 1923 bekam die Stadt den offiziellen Namen »Istanbul«. Der »Nahe Osten« wurde bis nach dem Ersten Weltkrieg überwiegend »Mittlerer Osten« genannt. Für die Namen osmanischer bzw. türkischer Personen, Städte, Flüsse usw. existieren viele Schreibweisen, allein für Abdülhamid mindestens fünf; wir haben uns die Freiheit herausgenommen und die Schreibweise gewählt, die der Aussprache am nächsten kommt.

Erstes Kapitel

1888 – Das Jahr der Weichenstellungen

Wilhelm II. ergreift die Kaiserkrone, der Sultan erlaubt eine Bahnlinie durch Anatolien und der erste Orientexpress erreicht Konstantinopel.

Die Geschichte der legendären Bagdadbahn beginnt mit zwei Männern, die beide auf den Namen Wilhelm hörten und nicht im entferntesten Agenten oder Abenteurer waren. Der eine hieß schlicht und einfach Wilhelm mit Vornamen, Wilhelm Pressel. Der andere dagegen wurde getauft auf den Namen Friedrich Wilhelm Viktor Albert von Hohenzollern, der Welt bekannt als Kaiser Wilhelm II. Die beiden Männer teilten auch die Leidenschaft für eine Eisenbahn quer durch den Orient. Der eine hatte den Plan dafür entwickelt, der andere wurde – wenn auch nur für kurze Zeit – zur treibenden politischen Kraft für ihre Realisierung. Anfang 1888 kennen sich die beiden Wilhelms noch nicht, denn der eine lebt in Konstantinopel, der andere residiert in Berlin – außerdem verkehrt man nicht in denselben Kreisen.

Was die beiden Männer noch verbindet, ist das Gefühl, in einer schicksalhaften Sackgasse zu stecken: Sie können und wollen – dürfen aber nicht! Der eine wartet seit 16 Jahren darauf, dass seine Pläne umgesetzt werden. Bei dem anderen sieht es so aus, als müsse er mindestens ebenso lange darauf warten, regieren zu können. Doch im Lauf des Jahres 1888 wird sich das Leben der beiden in einschneidender Weise ändern.

☾

Januar 1888 in Konstantinopel. Tausende von Minaretten verteilen sich über die hügelige Stadt am Bosporus, als hätte der Allmächtige selbst einen Sack voller Nadeln darüber ausgeschüttet. Wie es der Prophet befiehlt klettern fünfmal am Tag ebenso viele Muezzine auf die Minarette und rufen die Gläubigen zur Gebetsstunde. Während dieser »Allahuakbar«-Kakofonie steigert sich die Hektik in den Gassen. Wenn dann aber das Gebet in den Moscheen beginnt, wird es sonderbar ruhig in der osmanischen Metropole, an den Kaianlagen des Goldenen Horns, in den Palästen des Sultans und sogar im gewaltigen Basar.

Nur im Büro des »Generaldirektors der türkischen Eisenbahnen in Asien« nicht. Hier wird der deutsche Ingenieur Wilhelm Pressel bei jeder Gebetsstunde von noch größerer Unruhe gepackt, als er sie ohnehin schon empfindet. Er läuft dann wie ein Tier im Käfig vor seinem Schreibtisch auf und ab, bleibt nur hin und wieder stehen, um sich über »seine« Karte zu beugen. Sie zeigt Südosteuropa und den Nahen Osten und ist von schwarz-weißen Linien durchzogen. Seit 1872 liegt dieser Plan für ein komplettes Streckennetz durch das Osmanische Reich in seiner Schublade. Richtung Westen wird Konstantinopel durch eine Gleisstrecke mit dem Nachbarland Bulgarien verbunden. Als Pressel seine Karte erstellte, waren Bulgarien und Serbien allerdings noch Teile des Osmanischen Reiches. Der viel größere und wichtigere Teil des Streckennetzes liegt in Asien: Konstantinopel soll Richtung Osten mit Ankara und über das Taurusgebirge hinweg mit Mesopotamien und dem Persischen Golf verbunden werden. Aber das steht bis dato alles nur auf dem Papier! Wilhelm Pressel kämpft täglich mit Zweifeln, ob sich an diesem Zustand jemals etwas ändern würde. Warum war er nur hierhergekommen?

Pressel konnte auf eine glänzende Karriere als Bahnbau-Ingenieur in der Heimat zurückblicken. Gleich nach dem Studium hatte er als Ingenieurpraktikant bei der württembergischen Eisenbahndirektion angefangen. Deren Baudirektor erkannte Pressels Talent und ließ ihn die berühmte »Geislinger Steige« entwerfen – den schweren Anstieg der Bahn vom Neckartal auf die Schwäbische Alb zwischen Plochingen und Ulm. 1853 wurde ihm die Leitung für den Bau des Hauensteintunnels übertragen, des Durchbruchs durch das Juragebirge, der Basel mit dem Bahnnetz nach Bern und Zürich verbinden sollte. Pressel hatte diese Aufgabe so exzellent gelöst, dass er 1862 zum Oberinspektor für den Bau der Bahnstrecke über den Brennerpass ernannt wurde.

Danach dachte Pressel, es sei eine noch größere Herausforderung, die Bahnstrecken im Osmanischen Reich zu errichten. Von 1869 bis 1871 übernahm er die Trassenführung der Eisenbahn durch den europäischen Teil des Reiches. Dabei überanstrengte er seine Gesundheit so sehr, dass er zur Genesung in die Heimat zurückkehrte. Aber der Sultan, dessen Herrschaftsbereich sich über zwei Erdteile und zwei Meere erstreckte, lockte ihn 1872 zurück an den Bosporus und übergab ihm das Amt des »Generaldirektors der türkischen Eisenbahnen in Asien«.

Doch nur den Streckenabschnitt durch den europäischen Teil der Türkei hatte der deutsche Ingenieur bisher verwirklichen können. Genau gesagt: Die Strecke war genehmigt und die Konzession zu ihrem Bau vergeben worden. Doch an Teilen der Gleisanlage wurde noch gebaut, denn immer wieder verhinderten politische und finanzielle Schwierigkeiten eine Umsetzung der Pläne.

Wilhelm Pressel, einer der fähigsten Bahnbau-Ingenieure seiner Zeit mit phänomenalen Ideen im Kopf, hatte zu seinen Füßen ein großes und vom Schienenverkehr noch vollständig unerschlossenes Reich und war zum Nichtstun verurteilt! Jeder Tag wurde für Pressel zu einem verlorenen Tag. Erst wenn das Leben in den Gassen wieder seine gewohnte Hektik erreichte, beruhigte sich der Ingenieur ein wenig.

☾

Berlin, Anfang März 1888. Am Bahnsteig des Anhalter Bahnhofs steht der Eilzug nach Leipzig. Er hat Verspätung, weil noch ein Salonwagen angehängt werden muss, und es heißt, Prinz Friedrich Wilhelm Viktor Albert sei der Fahrgast. Die Passagiere lehnen sich weit aus den Fenstern, um den Moment nicht zu verpassen, wenn der junge, schneidige Mann mit dem gezwirbelten Schnauzbart seinen Wagen besteigt. Der 29-jährige Prinz ist auf dem Weg nach San Remo. Niemand anders als der Großvater, Wilhelm I., hat ihn dorthin geschickt. Der Enkel soll nachschauen, wie es seinem Vater, dem kranken Kronprinzen, geht. Sein Kehlkopf ist von Krebs befallen, und nun droht das ganze Reich aus dem Takt zu kommen …

Rund 50 Jahre nach der Einführung der Eisenbahn in Deutschland durchzog ein dichtes Eisenbahnnetz das Reich. An vielen Stellen war es mit den Gleisanlagen der Nachbarländer verbunden. Damit hatte sich die Eisenbahn als wichtigstes kontinentales Verkehrsmittel durchgesetzt. Man konnte zu dieser Zeit 1., 2., 3. oder 4. Klasse reisen und wer eine Persönlichkeit aus Adel, Politik oder Industrie war, mietete sich einen ganzen Salonwagen, der an die normalen Linienzüge angehängt wurde. »Eine Fahrt im Salonwagen kostete den wohlhabenden Fahrgast den Tarif von zwölf Fahrkarten der Ersten Klasse«, erläutert die Kulturhistorikerin Monika Müller. »Nahezu jede Bahngesellschaft in Deutschland hielt Salonwagen für ›Höchste und Allerhöchste Herrschaften‹ bereit.«[1] Doch die Herausragenden unter den »Allerhöchsten Herrschaften« verfügten über einen eigenen »Salon-« oder »Hofwagen«. Der Kaiser besaß einen, Bismarck besaß einen, auch der Prinz von Wales besaß einen. Nur Prinz Friedrich Wilhelm Viktor Albert, im Familienkreis kurz »Fritz« genannt, besaß immer noch keinen. Eine weitere Demütigung in einer Kette von Demütigungen, denen er seit frühester Kindheit ausgesetzt war.

Während an den Fenstern seines Salonwagens die Berliner Hinterhöfe vorbeizogen und kurze Einblicke in ihre enge, schmuddelige Welt boten, dachte der Prinz vielleicht an seine liberale Erziehung, die er unter anderem auf dem Joachimsthaler Gymnasium in Kassel genossen hatte, und an seine damaligen Lehrer, die sich nicht von seiner Herkunft blenden ließen und lediglich ein Abiturzeugnis mit der Gesamtnote »Genügend« ausstellten. Dieser bescheidene Lernerfolg schien dem jungen Prinzen jedoch nicht zu denken gegeben oder ihn in seinem Charakter gebremst zu haben. Ganz im Gegenteil, er setzte schließlich auch durch, dass für ihn ein eigener Salonwagen gebaut wurde – nach dem Vorbild des Waggons des Prinzen von Wales.

☾

Konstantinopel, Anfang März 1888. Wieder einmal vergleicht Wilhelm Pressel seine Bahnpläne mit einer Karte des bereits erbauten Schienennetzes in Europa und Kleinasien. In Osteuropa reicht das durchgehende Schienennetz bis nach Bosnien, in Serbien und in Bulgarien gibt es noch Lücken, die allerdings noch in diesem Jahr geschlossen werden sollen. Dann wird auch Konstantinopel endlich an das europäische Schienennetz angebunden sein – nach 19 Jahren Bauzeit.

Die Eisenbahn und ihre europäischen Ingenieure hatte seinerzeit Sultan Abdülaziz ins Osmanische Reich geholt. Er war dem Westen gegenüber aufgeschlossener als sein Nachfolger; ja, er hatte sogar eine Einladung des französischen Kaisers Napoleon III. angenommen.

1867 war Abdülaziz mit seinen beiden Neffen Murat V. und Abdülhamid II. zur Weltausstellung nach Paris gereist. Dies war das erste Mal, dass ein osmanischer Sultan christliche Länder in Friedenszeiten betrat. Zu den Reisezielen gehörte neben London auch Wien, die Stadt, die osmanische Feldherren zweimal vergeblich belagert hatten. Einen Großteil der Reise hatten Abdülaziz und seine Neffen mit der Eisenbahn zurückgelegt. Der Sultan war beeindruckt gewesen von dem, was er in den europäischen Metropolen gesehen hatte, und brachte zwei neue Vorlieben von dieser Bildungsreise mit: Er verlangte noch mehr Extravaganzen für seine Paläste und er wurde ein Liebhaber der Eisenbahn.

1869 hatte der Sultan dem deutschen Baron Moritz von Hirsch und seiner belgischen Bank die Genehmigung zum Bau einer Gleisanlage von Konstantinopel nach Bosnien erteilt, von wo aus Anschluss an das europäische Schienennetz bestand. Von Hirsch verfolgte das Projekt mit so viel Eifer und Risikobereitschaft, dass er in der europäischen Öffentlichkeit bald nur noch »Türkenhirsch« genannt wurde. 1871 bauten die Osmanen in Eigenregie eine Küstenbahn von Konstantinopel-Haydarpascha nach Ismid. Die technische Verantwortung für den Bau dieser Strecke übernahm Wilhelm Pressel, Betrieb und Wartung des Bahnverkehrs wurden einem englisch-österreichischen Unternehmen anvertraut. Bereits 1872 hatte Pressel dem Sultan einen Zehnjahresplan für den Ausbau der Bahnstrecken im Osmanischen Reich vorgelegt. Abdülaziz war begeistert, aber es mangelte am Geld – besonders, als das Osmanische Reich 1875 bankrottging.

Noch bevor sich an der finanziellen Situation etwas änderte, wurde der Sultan im Juni 1876 abgesetzt und starb kurz darauf – eine für Pressel nicht leicht zu überschauende Angelegenheit. Er habe Selbstmord verübt, hieß es, und diese Version wurde in diplomatischen Kreisen akzeptiert. Abdülaziz' Nachfolger wurde sein Neffe Murat V., der jedoch zu diesem Zeitpunkt der Trunksucht und Apathie verfallen war. Nach zwei Monaten kompletter Untätigkeit trat sein Bruder Abdülhamid II. an seine Stelle.

Der neue Sultan machte von Anfang an keinen Hehl daraus, wie sehr er die Ausländer dafür verachtete, dass er auf sie angewiesen war. Immerhin gab der Sultan hin und wieder durch seine Berater zu verstehen: Von allen Europäern seien ihm die Deutschen noch am wenigsten verhasst. Von der Notwendigkeit der Eisenbahn für die Zukunft seines

Landes war Abdülhamid II. bei Weitem nicht so überzeugt wie sein Vorgänger und Onkel Abdülaziz. Seine Haltung gegenüber den Bahnbauprojekten in seinem Reich schwankte: heute ja und morgen nein!

Der Orientexpress suchte sich inzwischen eine andere Strecke. Ab 1883 folgte der Luxuszug dem Schienennetz bis in die bulgarische Hafenstadt Varna. Von dort mussten die Reisenden auf ein Fährschiff umsteigen, das sich auf der Nordroute – durch das Schwarze Meer und den Bosporus – der Stadt näherte, die die Europäer immer noch Konstantinopel nannten.

Eine schwere Niederlage für Pressel, der sich in dieser Zeit immer wieder fragen musste: »Warum bin ich nur in dieses Land gekommen?«

☾

Die Eisenbahn brachte der deutschen Schwerindustrie in der zweiten Hälfte des 19. Jahrhunderts den Aufschwung: Aufträge führten zu Arbeitsplätzen und zum Ausbau der Infrastruktur, was wiederum zu neuen Aufträgen führte. So ließ die Eisenbahn einen Teil der Gesellschaft reich werden, der nun sein Geld in Salonwagen dieser Eisenbahnen wieder ausgab – urteilt Kulturhistorikerin Müller: »In der großbürgerlichen Gesellschaft, die während der industriellen Wachstumsphase oft zu erheblichem Reichtum gelangt war, gehörte das Reisen zum guten Ton. Man reiste nicht mehr, wie früher, aus Notwendigkeit, sondern auch aus purem Vergnügen und Zeitvertreib. An der französischen Riviera entstanden die Luxushotels, die ausgedehnten Kuranlagen der europäischen Badeorte waren in Mode; die Eisenbahn-Gesellschaften passten ihren Wagenpark dem Bedürfnis an.«[2]

Einer dieser neuen und modischen Bade- und Kurorte am Mittelmeer war das an der französisch-italienischen Grenze gelegene San Remo, das berühmt war für sein mildes und heilsames Klima. Hierher hatte sich der deutsche Kronprinz Friedrich Wilhelm nach einer wahren Ärzte-

Odyssee quer durch Europa zurückgezogen. Seine Krankengeschichte hatte im vergangenen Jahr mit Schluckbeschwerden begonnen, die nicht verschwinden wollten. Nach vielem Hin und Her diagnostizierten die deutschen Ärzte ein Karzinom. Die zahlreichen Konsultationen der verschiedenen Ärzte, die unterschiedlichen Diagnosen, der Austausch der Ärzte untereinander und die Gespräche mit den politischen Beratern hatten allerdings viel Zeit in Anspruch genommen. Der Krebs war inzwischen so weit gewuchert, dass die Ärzte den Eingriff nun als inoperabel ablehnten! Also hatten sich der Kronprinz und seine Gattin im bekannten Kurort San Remo in der Villa Zirio niedergelassen und hofften, dass die italienische Sonne ein kleines Wunder bewirken würde.

Als Wilhelm hier nach der langen Zugfahrt über Mailand am 3. März eintraf, begab er sich sogleich zu den Eltern. Wie zu erwarten war, empfing ihn die Mutter kalt und abweisend. Prinzessin Victoria galt als schöne, kluge und gebildete Frau. Doch ihren Erstgeborenen konnte sie nicht akzeptieren. Sie hatte sich sogar geweigert, zu seinem Geburtstag am 15. Januar das Glas zu erheben. Victoria hatte den kleinen Fritz von Anfang an instinktiv abgelehnt. War der Grund dafür die körperliche Behinderung des Kindes? Der erhoffte Sohn und Thronfolger kam mit einem verkrüppelten Arm zur Welt. Oder lag es an dem traumatischen Erlebnis der Geburt, das die Mutter fast das Leben kostete? Schuld waren die Hofärzte, die trotz Komplikationen während der Geburt zu lange gezögert hatten, einzugreifen. Oder sah sie in ihm schon den Nebenbuhler um das höchste Amt im Reich?

Was auch immer die Gründe dafür gewesen sein mögen, die Mutter verweigerte dem Sohn vom ersten Moment an jede Anerkennung. So wurde der kleine Fritz darauf vorbereitet, der mächtigste Mann im Reich zu werden, doch seine engste Umgebung versagte ihm jede emotionale Unterstützung und Zuwendung. Fritz lernte trotz seines Handikaps Schwimmen, Rudern, Schießen. Er wurde anmaßend, weil er von allen und jedem anerkannt werden wollte, und er begann die Dinge zu lieben, an denen er sich festhalten konnte: das Zackige, das Militärische, das Preußische. All das, was seine Mutter aus tiefster Seele verabscheute. Selbsterfüllende Prophezeiung würde die heutige Diagnose lauten: Die Weigerung der Mutter und der gesamten Umgebung, dem heranwachsenden Fritz emotionalen Rückhalt zu geben, führte dazu, dass er genau so wurde, wie die Mutter befürchtete.

In San Remo schien dann Victorias schlimmster Alptraum wahr zu werden: Ihr ungeliebter, verkrüppelter Sohn stand als Inspekteur vor den Eltern. Der Vater bot einen erbärmlichen Anblick: Ein Schlauch führte in seinen Rachen, jeder Atemzug erzeugte ein lautes Geräusch. Sprechen war ihm nur unter größter Anstrengung möglich. Die Mutter konnte das Zusammentreffen kaum ertragen. Genauestens registrierte sie, wie der Sohn den Vater musterte, und sie konnte an seinem Gesicht ablesen, wie sich das harte Urteil festigte, das er in Berlin ungeschönt an den Kaiser weitergeben würde: Von Friedrich Wilhelm ist nicht mehr viel zu erwarten!

☾

Gleich nachdem 1872 die ersten Kilometer der Bahnstrecke Konstantinopel-Haydarpascha–Ismid unter seiner Leitung gebaut worden waren, hatte Wilhelm Pressel dem Sultan seinen Plan für ein Eisenbahnnetz in Anatolien und im Nahen Osten vorgelegt. Doch von der Zahlungsunfähigkeit des Osmanischen Reiches an konnten Bahnprojekte nur noch mithilfe von Geldgebern der europäischen Großmächte verwirklicht werden. Bis Ende der 1880er Jahre waren deshalb nur fünf relativ kurze und isolierte Strecken in Betrieb oder im Bau.

Alle Linien im asiatischen Teil des Osmanischen Reiches hatten eines gemeinsam: Sie bildeten kurze Stichstrecken, die sich gut zum Transport von Rohstoffen an die Küste und zur Erschließung von Märkten für importierte Waren eigneten. Die Infrastruktur des Landes verbesserten sie hingegen kaum. Die längsten Teilstrecken des osmanischen Eisenbahnnetzes, rund 2000 Kilometer Bahnstrecke, waren vor allem auf dem europäischen Gebiet noch vor dem Russisch-Osmanischen Krieg 1877/78 errichtet worden, finanziert vor allem durch den Brüsseler Bankier Baron Moritz von Hirsch. Die Hauptstrecke führte von Konstantinopel über Adrianopel (heute: Edirne) nach Sofia. Von Adrianopel lief eine Zweigstrecke an die Ägäis-Küste. Außerdem verbanden zwei Teilstrecken in Griechenland und im heutigen Bulgarien wichtige Städte. Doch der angestrebte Anschluss ans europäische Streckennetz musste wegen der Balkankriege und der Finanzkrisen immer wieder fallengelassen werden.

Als 1883 der englische Bankier Edward Cazalet ein Gesuch einreichte, in dem er die Konzession für eine Bahnlinie von der nordsyrischen Küste an den Persischen Golf erwirken wollte, fegte Abdülhamid II. das Angebot mit einer wütenden Armbewegung vom Tisch.

Das Jahrzehnt zwischen 1878 und 1887 war die schwerste Zeit für Pressel und seine Eisenbahnträume, denn er war zum Nichtstun verurteilt und registrierte, wie seine Kräfte immer mehr nachließen.

☾

Seit dem 3. März kränkelte Wilhelm I., am 8. März verschlechterte sich sein Zustand und am 9. März 1888 starb der langjährige Herrscher, der erste Kaiser des neuen Deutschen Reiches, im Alter von 91 Jahren. Nach den geltenden Gesetzen sollte sein Sohn Friedrich Wilhelm der neue Kaiser werden: Seine Majestät Friedrich III. Ohne dass ein Wunder in San Remo geschehen war, musste der Thronfolger die Reise aus dem warmen Süden in den frostigen Norden antreten: Genua–Mailand–über die Alpen–München–Leipzig–Berlin – auch im Salonwagen war das für den kranken Mann eine qualvolle Tortur. Bei Schneesturm erreichte das designierte Kaiserpaar Leipzig. Dort trafen sie auf Reichskanzler Otto von Bismarck, der sie in seinem Sinne instruieren wollte. In Berlin gab es dann »Großen Bahnhof« mit Sohn Wilhelm vorneweg – dem Vater durfte er die Hand küssen, die Mutter wendete sich brüsk ab. Doch Victoria konnte nicht verhindern, dass sich Wilhelm an die Spitze des Trauerzuges stellte, der am 16. März den toten Kaiser zu Grabe trug. Der Kronprinz nutzte die Gelegenheit, um schon ein wenig die Rolle des Oberhauptes zu üben.

15. Juni 1888. Was für eine Tragödie! Jahrzehntelang hatte Friedrich III. auf die Übernahme der Macht gewartet. Die Sozialdemokraten, die liberalen Bürgerlichen, selbst die Großmutter in England, Königin Victoria, hatten ihre Hoffnungen an seine Herrschaft geknüpft: Ein liberales Deutschland war in greifbare Nähe gerückt, um dann doch nicht mehr als ein unerfüllbarer Traum zu bleiben.

Alle Hoffnungen auf eine Wende wurden durch seine Krankheit im Ansatz erstickt. Als Friedrich III. die Kaiserkrone trug, hatte der Kehlkopfkrebs dem neuen Herrscher bereits die Stimme geraubt. Nur 99 Tage währte die stumme Regierungszeit Friedrichs III. Am 15. Juni wurde er endlich von seinem qualvollen Leiden erlöst und der 29-jährige Spross der Kaiserfamilie rückte ins höchste Amt auf: Aus Friedrich Wilhelm Viktor Albert von Hohenzollern wurde nun Seine Majestät Wilhelm II., Kaiser des Deutschen Reiches und König von Preußen.

Seine erste Amtshandlung: Er ließ den Sitz der Eltern, das Neue Palais in Potsdam, vom Militär abriegeln und die Privaträume nach geheimen Staatspapieren oder gar Beweisen für eine liberale Verschwörung durchsuchen. Das war natürlich lächerlich. Wenn die scheidende Kaiserin etwas hätte verschwinden lassen wollen, dann hatte sie es längst getan. Nein, es war eine symbolische Geste, ein kleiner Racheakt.

Anfang 1887, nach elf Jahren Ablehnung, hatte der Sultan endlich mit vielen Bedenken dem Projekt einer Anatolischen Eisenbahn zugestimmt. Eigentlich hätte Wilhelm Pressel zufrieden sein müssen, er war es aber nicht. Er kannte dieses Land mittlerweile gut genug, um zu wissen: Nur weil der Sultan heute ein gewisses Wohlwollen gegenüber den Plänen einer Eisenbahn durchs anatolische Hochland zeigte, würde morgen noch lange nicht mit dem Bau der Strecke begonnen; auch übermorgen nicht oder in drei Wochen oder in drei Monaten. So sah Pressel es kommen, und so bewahrheitete es sich auch.

Trotzdem schöpfte er neue Hoffnung, als die Hohe Pforte ihn rufen ließ. »Hohe Pforte« wurde der Mitarbeiterstab um den Großwesir wegen des großen Tores genannt, das zu der ausführenden Regierungsstelle im Topkapi-Palast führte. Der Großwesir und durch ihn letztlich der Sultan selbst teilte Pressel mit, man wünsche, dass die Deutschen diese Bahn bauen und finanzieren sollten.

Mit dem Einverständnis wandte sich der Ingenieur mit einer Denkschrift über die Möglichkeiten, die eine Anatolische Eisenbahn bieten konnte, an deutsche Banken: »Einst war Anatolien intensiv bebaut, ein Land reger Arbeit und hoher Kultur, übersät mit reichen Städten, wie etwa im Mittelalter Oberitalien oder Flandern ... Anatolien ist zurückgegangen, aber nicht erschöpft. Alle Vorbedingungen und Kräfte für die Schöpfung neuer ersprießlicher Tätigkeit sind vorhanden.«[3]

Am besten eigne sich dazu ein modernes Verkehrsmittel. Es werde die nationale Wirtschaft beleben und – gegen Ende seines Schreibens kam er auf die geschäftliche Seite zu sprechen – es werde sich für die Financiers als einträglich erweisen: »Ganz abgesehen von der Staatsgarantie muss die Bahn schon durch ihre eigenen Betriebserträgnisse sich lebenskräftig zeigen.«[4]

Doch in Deutschland waren weder Financiers noch Politiker von dieser Idee begeistert. So musste Pressel hilflos zusehen, wie ein Wettstreit zwischen Engländern, Franzosen und Österreichern um die Konzession für das anatolische Streckennetz begann. Botschafter und Gesandte dieser Länder wurden immer wieder an der Hohen Pforte vorstellig. Zwar beobachtete der deutsche Botschafter in Konstantinopel, Joseph Maria von Radowitz, diesen Wettstreit um die Konzession genau und erstattete laufend nach Berlin Bericht, doch das Deutsche Reich hielt sich zurück – was Pressel sehr bedauerte. Stattdessen standen Agenten deutscher Waffenfabrikanten vor der Hohen Pforte Schlange. Während die Deutschen massenhaft Krupp'sche Kanonen und Mauser'sche Gewehre an das osmanische Heer verkaufen konnten, machten sie keine Anstalten, im Land selbst zu investieren.

☾

11. August 1888, Konstantinopel. Wieder mussten Pressel und seine Eisenbahnträume einen herben Rückschlag hinnehmen. An diesem Tag gab der Sultan einen für Pressel völlig überraschenden Befehl: Die Behörden hatten am Vorabend der Feierlichkeiten für die Ankunft des ersten durchgehenden Orientexpress' alle Flaggen und Festsymbole am Bahnhof Sirkeçi in Istanbul wieder zu entfernen. Kein osmanischer Beamter durfte an dem bedeutenden Ereignis am folgenden Tag teilnehmen. In vielen Büchern und Reisereportagen wird der 12. August als historisches Ereignis dann in seiner ganzen Pracht geschildert – doch leider sind diese Szenen der Fantasie entsprungen. Außerdem war im August 1888 der Endbahnhof Sirkeçi noch gar nicht fertiggestellt. Historische Aufnahmen der Feierlichkeiten zeigen nicht die Ankunft des ersten Orientexpress', sondern die spätere Eröffnung des Sirkeçi-Bahnhofs im November 1890, die Abdülhamid II. dieses Mal nicht verbot.

Zu den Menschen, die am 12. August von der Absage des Festes überrascht wurden, gehörte auch der kleine Ismail Enver. Sein Vater, Bahnangestellter in Konstantinopel, war mit ihm zum Sirkeçi-Bahnhof gekommen. Doch sie durften nicht auf den Orientexpress warten, sondern mussten enttäuscht nach Hause gehen. Ismail Enver ahnte noch nicht, dass er sich später furchtbar am Sultan rächen würde.

Zweites Kapitel

Welche Medizin braucht der »kranke Mann am Bosporus«?

Chef-Bankier Siemens analysiert die politische und wirtschaftliche Situation des Osmanischen Reiches und traut dem Orientgeschäft nicht so recht.

Berlin im Sommer 1888. Georg Siemens setzt sich nach dem Mittagsmahl an den Schreibtisch und wirft dabei einen kurzen Blick in die Korrespondenzmappe. Schon wieder ein Bittgesuch aus Konstantinopel! Er öffnet eine Schreibtischschublade, entnimmt ihr eine seiner Lieblingszigarren und lehnt sich zurück. Wen haben die Diplomaten und Geschäftsagenten dieses Mal vorgeschickt? Egal, denn an ihm würden sie sich die Zähne ausbeißen.

☾

Die viele Bürotätigkeit hatte den 48-jährigen Georg Siemens korpulent werden lassen, und sein Haupthaar hatte sich weitgehend gelichtet. Wollte man das Erscheinungsbild dieses Mannes mit einem Wort beschreiben, dann würde einem »gutmütig« in den Sinn kommen. Doch dieser Eindruck täuschte gewaltig. Vielleicht war diese Täuschung sogar das Geheimnis seines Erfolges, denn sein stets wohlwollendes Lächeln verbarg den schlauen Geschäftsmann und Finanzier, der eine steile Karriere gemacht und dabei ein Vermögen erworben hatte.

Bereits 1869, im Alter von 30 Jahren, hatte er die Gelegenheit, sein Verhandlungsgeschick im Auftrag des Unternehmens seiner Vettern,

Werner und Wilhelm Siemens, unter Beweis zu stellen. Für deren indo-europäische Telegrafenlinie führte er die Konzessionsverhandlungen in Persien. Den Auftrag erledigte er so erfolgreich, dass ihn die gerade gegründete Deutsche Bank im darauffolgenden Jahr zu einem ihrer zwei geschäftsführenden Direktoren ernannte. Siemens brachte ins Bankgeschäft ein, was man heute »Visionen« nennt. Er machte sich in den folgenden Jahren für den Aufbau der deutschen Elektroindustrie stark und kurbelte ausländische Finanzgeschäfte an. Die Deutsche Bank beteiligte sich an der Finanzierung der argentinischen Eisenbahn und auch an der nordamerikanischen Eisenbahn-Gesellschaft »Northern Pacific Railway«.

Trotzdem blieb Siemens im Fall der Anatolischen Eisenbahn vor allem wegen der politischen Risiken sehr skeptisch. Als Anfang 1887 die Bittschrift von Pressel auf seinem Berliner Schreibtisch gelandet war, prüfte der alte Fuchs natürlich genau, ob eine Beteiligung infrage käme. Die entscheidende Frage war: Wie krank und wie arm war der Mann am Bosporus wirklich?

☾

1453 eroberten die Osmanen Konstantinopel, in den folgenden zwei Jahrhunderten brachten sie den ganzen Balkan, Transsilvanien und Südrussland unter ihre Gewalt und 1529 belagerten sie mit 250 000 Soldaten und 300 Kanonen zum ersten Mal Wien. Nur der einbrechende Winter zwang sie zur Umkehr.

Für einige Jahrhunderte war das Osmanische Reich in Staatsführung, Handel, Kultur und Kriegsführung den europäischen Mächten weit überlegen. Mitte des 17. Jahrhunderts erstreckte es sich von Ungarn im Norden über den gesamten Balkan, die Schwarzmeerregion, Kleinasien, den Nahen Osten bis nach Ägypten und Mesopotamien im Süden. Die Wende erfolgte mit der zweiten Belagerung Wiens 1683. Nach zwei Monaten Umklammerung kam den Österreichern ein Entlastungsheer zu Hilfe: Deutsche und polnische Truppen starteten Gegenangriffe, der osmanische Befehlshaber Kara Mustafa musste mit seinem Gefolge fliehen. Ökonomisch und kulturell ausgezehrt setzte der langsame Niedergang des Osmanischen Reiches ein. Im 19. Jahrhundert wurden Nationalbewegungen auf dem Balkan von westlichen Mächten unterstützt, Region für Region fiel vom Osmanischen Reich ab. Hauptmotor hinter dieser Entwicklung war Russland: Unter dem Vorwand, die griechisch-orthodoxen Brudervölker auf dem Balkan und im Kaukasus vom osmanisch-islamischen Joch zu befreien, breitete sich das Zarenreich Richtung Süden aus. Russland wollte um jeden Preis einen Zugang zum Mittelmeer – und den gab es nur über den Bosporus und die Dardanellen. Drei Kriege führte das Heer des Zaren gegen die Osmanen: 1828/29, 1853–56 (der sogenannte Krimkrieg) und 1877/78 – dann stand das russische Heer endlich vor den Toren Konstantinopels, und die osmanischen Herrscher waren nur noch Marionetten im Spiel der europäischen Mächte. Aus dieser Zeit stammt auch der später vielzitierte Ausdruck vom »kranken Mann am Bosporus«, mit dem Zar Nikolaus I. (1796–1855) das niedergehende Osmanische Reich beschrieben haben soll. Doch so krank der Mann am Bosporus auch sein mochte, er lag noch lange nicht in seinen letzten Zügen.

Einer der Gründe dafür: Im Gegensatz zu Russland unterstützten die anderen europäischen Großmächte das Osmanische Reich – nicht zuletzt als Bollwerk gegen ein zu starkes Zarenreich. Außerdem galt ihnen Kleinasien als Rohstofflieferant und attraktiver Absatzmarkt, folglich wurde es für die Interessen französischer und englischer Händler erschlossen. Den Anfang machte ein Handelsvertrag mit England 1838, der dem Osmanischen Reich jegliche Binnenzölle oder Einfuhrbeschränkungen für englische Kaufleute verbot. Staatliche Handelsmonopole – wie für Weizen oder Opium – mussten aufgehoben werden. Das hatte zur Folge, dass ganze Wirtschaftszweige wie die

Seidenindustrie in Bursa oder die Wollproduktion in Ankara an den billigeren Importen zugrunde gingen – übrig blieb allein die Teppichherstellung.

Doch die osmanischen Herrscher gaben sich noch nicht geschlagen; in den 1840er Jahren setzte eine Reformära ein. Im sogenannten Gülhane-Dekret verkündete der damals amtierende Sultan, Abdülmecit (reg. 1839–1861), er werde fortan als aufgeklärter Herrscher regieren. Er versicherte, er würde Leben sowie Hab und Gut seiner Untertanen schützen, Christen und Juden mit den Muslimen gleichstellen und ein nachvollziehbares System der Steuererhebung einführen.

Ausländische Botschafter ließen sich überzeugen. Mit der Umsetzung dieser Absichten sollte es in den folgenden zwei Jahrzehnten allerdings noch hapern. Unbestreitbar jedoch näherte sich das Osmanische Reich langsam an den Westen an. Während sich Österreich Bergbau- und Schifffahrtskonzessionen wie die Linie Triest–Smyrna–Konstantinopel sicherte, führten französische Bankiers die meisten Finanzgeschäfte am Bosporus durch. Abdülmecit nutzte das Geld allerdings nicht zur Verbesserung der Infrastruktur oder der Lebensbedingungen in seinem Reich; er sah vielmehr die Notwendigkeit, dem reformierten Reich ein neues Herrschaftssymbol zu geben. Deshalb ließ er sich 1842 einen Palast entwerfen, der zweieinhalb Kilometer oberhalb des Goldenen Horns direkt am Ufer des Bosporus errichtet wurde. Der nach 11 Jahren Bauzeit fertiggestellte Dolmabahçe-Palast übertraf jeden bis dahin gekannten Luxus im Osmanischen Reich.

Als Katalysator der Annäherung diente besonders der Krimkrieg 1853–56, bei dem England und Frankreich an der Seite der Osmanen gegen das Zarenreich kämpften. Fast drei Jahre lang hielten sich eine große Anzahl von Soldaten und Matrosen, aber auch Krankenschwestern und Ingenieure, Geistliche und Journalisten aus Frankreich und England im Osmanischen Reich auf. Sie machten die Türken mit europäischen Lebensweisen und Wertvorstellungen vertraut. Telegrafenleitungen nach London und Paris wurden verlegt. Anstelle von Gerüchten und persönlich gefärbter Mund-zu-Mund-Propaganda trafen immer mehr Nachrichten aus aller Welt in Konstantinopel ein und die ersten Zeitungen erschienen. Was bereits im Gülhane-Dekret angekündigt worden war, wurde 1856 endlich Gesetz: die Gleichstellung aller osmanischen Untertanen gleich welcher Religion.

Das Osmanische Reich galt einige Zeit als so sicher, dass sich nach dem Niederschlagen der Nationalbewegungen in Ungarn und Polen Flüchtlinge in Kleinasien niederließen. Auch für Händler und Ingenieure aus England, Frankreich und Deutschland bedeutete die Öffnung des Osmanischen Reiches eine Chance; unter den Ingenieuren, die ihr Glück im Orient suchten, waren neben Wilhelm Pressel auch Carl Humann, der spätere Pergamon-Ausgräber, und sein Bruder Franz.

Die Humanns erhielten vom Großwesir persönlich Vermessungsaufträge und schließlich 1867 einen sogenannten Ferman, einen Auftrag des Sultans, für den Bau von Straßen in Kleinasien. »Hier in der Türkei lebt man in der Tat viel freier als in Preußen oder irgendeinem anderen deutschen Vaterlande«, schrieb Carl voller Euphorie an seine Eltern. »Mit Pässen und anderer lästiger Aufsicht wird man nicht gequält. Jeder kann sich Geld verdienen, wie er will, ohne dass der Staat sich patriarchalisch ins Mittel legt.«[1] Bereits 1864 hatte Carl Humann die Akropolis von Pergamon besucht und sich darüber empört, dass sämtlicher transportabler Marmor zu Kalk verbrannt worden war. Lange bevor er 1867 die ersten Friesplatten des Altars fand, konnte er dank seiner Beziehungen den Kalkbrennern das Handwerk legen.

Als 1877/78 ein neuer Russisch-Osmanischer Krieg ausbrach, stellten die Engländer am Ausgang der Dardanellen-Meerenge Kriegsschiffe bereit. Sie sollten eine Eroberung Konstantinopels abwehren. Allerdings rückten die russischen Verbände auf dem Landweg bis auf Sichtweite zur alten Stadtmauer Konstantinopels vor, deshalb konnte die englische Flotte die bedingungslose Kapitulation des Osmanischen Reiches nicht verhindern.

☾

Noch während sich Georg Siemens im Frühjahr 1887 mit den Fakten vertraut machte, riet ihm seine innere Stimme von der Investition ab. Sein Verstand musste nur noch eine passende Begründung finden, um eine Beteiligung an der Anatolischen Eisenbahn höflich aber entschieden abzulehnen. So ließ Siemens letztlich mitteilen: Eine solche Investition liege außerhalb des Tätigkeitsbereiches der Deutschen Bank, und die politischen Verhältnisse seien für ein derartiges Projekt zu unsicher. Pressel war enttäuscht, doch so leicht würden er und seine Verbündeten nicht aufgeben.

Sein Gespür hatte Georg Siemens nicht getrogen: Noch im Verlauf der nächsten Monate kam es auf dem Balkan zu erheblichen Spannungen. Nach dem Russisch-Osmanischen Krieg hatten die Großmächte auf dem Berliner Kongress im Sommer 1878 den Balkan neu aufgeteilt: Das Osmanische Reich verlor zwei Fünftel seines Landes und ein Fünftel seiner Untertanen. Doch Russland konnte sein nationales Ziel – Zugang zum Mittelmeer – nicht erreichen, es scheiterte am Einspruch Großbritanniens und Österreichs. Das Osmanische Reich behielt auf dem Balkan nur die Provinz Makedonien, das angegliederte Ostrumelien sollte autonom bleiben. Serbien wurde die volle Souveränität zugesichert, ein Fürstentum Bulgarien wurde eingerichtet. Doch sogleich traten Spannungen zwischen dem von Russland unterstützten Serbien und dem von Österreich-Ungarn protegierten Bulgarien auf. Als dies 1885 Ostrumelien annektierte, stellte Serbien seinerseits Gebietsansprüche an Bulgarien. Im Hintergrund brachten sich die Großmächte Russland und Österreich-Ungarn in Stellung – ein neuer Balkankrieg rückte 1887 in greifbare Nähe. Wie oft würde es Bismarck noch gelingen, die Wogen auf diplomatischem Weg zu glätten?

☾

März 1888. Erneut erreichte ein Brief aus Konstantinopel den Sitz der Deutschen Bank in Berlin. Dieses Mal wandte sich der k.u.k. Sektionschef für Konstantinopel, Dr. Georg Theodor Coch, an Siemens. Auch er beschrieb in einer beinahe poetischen Sprache die Vorzüge des anatolischen Hochlandes, »das mit seinem fruchtbaren Boden, mit seinen schönen Wäldern und seinen Schätzen an Mineralien von der Natur dem menschlichen Unternehmungsgeiste auf dem Präsentierteller dargeboten wird«[2].

Siemens lehnte im März 1888 erneut ab mit dem Argument, seine Bank könne eine derartig langfristige Investition ihren Kunden gegenüber nicht rechtfertigen. »Wollten wir mit den geringen eigenen Mitteln einer Bank unsere Geschäfte machen, so würden wir in wenigen Monaten am Ende unserer Leistungsfähigkeit angelangt sein. Für uns handelt es sich nur darum, den Puls des Publikums zu fühlen und seinen Gefühlen um kurze Fristen vorauszueilen. Von diesem Vordersatz ausgehend ist für die Presselschen Pläne zur Zeit in Deutschland keine Aussicht.«[3]

Ganz wohl war Siemens beim Verfassen dieser Sätze nicht, denn auch er wusste, dass es in der deutschen Öffentlichkeit sehr wohl eine Neigung zu orientalischen Abenteuern gab. Während sich deutsche Finanziers und Politiker noch zierten, waren deutsche Geheimagenten und Abenteurer schon längst im Orient unterwegs – zumindest in der Welt von Karl May.

☾

Noch ohne Eisenbahnen reisen Kara Ben Nemsi und seine Freunde durch den Orient. Zu Pferd oder auf dem Rücken eines Kamels, über schlechte Pfade, ständig von feindseligen Wegelagerern bedroht, verfolgen Karl Mays Helden durch die Wüsten der arabischen Halbinsel, von Bagdad über Damaskus und Baalbek nach Konstantinopel, eine Gruppe arabischer Schurken, die eine Verschwörung anführen. Auch in seiner 1882 publizierten Reiseerzählung »Von Bagdad nach Stambul« lässt Karl May seine Leser in dem Glauben, dass die Abenteuer seines Alter Egos auf tatsächlichen Reiseerlebnissen des Autors fußen. Kara Ben Nemsi ist dem Publikum schon aus den vorangegangenen Romanen der Reihe bekannt. Immer wieder wird er bedroht, doch oft reicht schon der Hinweis auf seinen Ruf oder seinen Bärentöter, um die Guten zu entzücken und die Bösen einzuschüchtern. In der Bevölkerung lösten Karl Mays Geschichten Begeisterungsstürme aus. Seine Bücher verkauften sich wie warme Semmeln, und wenn der Autor irgendwo in der Öffentlichkeit auftauchte, kam es zu Menschenaufläufen.

Warum er von Abenteuer zu Abenteuer stürzt, erwähnt der Autor nur einmal ganz kurz: »Ich reise, um über die Länder, die ich sehe, Bücher zu schreiben, die dann zum Kaffee gelesen werden.«[4] Dabei kannte May die Regionen, über die er schrieb, überhaupt nicht, seine Helden sind Stereotypen der aufkommenden Kolportageromane. Den Massen gefiel es, weil sie aus ihrer beengten Realität herausgeführt wurden.

Karl May popularisierte in seinen Romanen das, was unter deutschen Gelehrten, Politikern und Unternehmern schon länger gärte: den Drang nach Osten – Deutschlands orientalische Mission. Nach der Reichsgründung 1871 schien die neue Nation in jeder Hinsicht aus den Nähten zu platzen und suchte nach Auswegen. Zwei Drittel der deutschen Bevölkerung lebten zu dieser Zeit noch auf dem Land. Die Bevölkerung wuchs jährlich um eine halbe Million Menschen, von 1871 bis 1914 von

41 auf über 65 Million, und das Reich musste einen Teil seiner Lebensmittel importieren. Zwar wuchs auch die Industrie rasch – die deutsche Schwerindustrie machte England ernsthafte Konkurrenz und in der Elektro- und Chemischen Industrie übernahm Deutschland sogar die Führung –, doch es gab für die wachsende Zahl an Arbeitskräften nicht genügend Arbeitsplätze in Industrie, Gewerbe und Verwaltung. 2,37 Millionen Deutsche wanderten aus; vorwiegend in die USA, bis dort in den 1890er Jahren die freie Landnahme beendet wurde. Kolonialisierungsgebiete hätte Deutschland gut gebrauchen können und auch Absatzmärkte für die neuen Industrieprodukte fehlten, denn die anderen Handelsnationen sicherten sich durch Abkommen ihre Vorherrschaft. Hinzu kam noch ein politischer Aspekt: Mit dem Erstarken der wirtschaftlichen Kräfte wuchsen im Deutschen Reich die weltpolitischen Begehrlichkeiten. Es schien ein logischer Schluss zu sein, dass ein ökonomisch starkes Deutsches Reich Weltgeltung und Kolonien brauchte – also Rohstofflieferanten, Absatzmärkte und Machtbasen. Auch Deutschland wollte, wie es der spätere Reichskanzler Bernhard von Bülow ausdrücken sollte, »einen Platz an der Sonne«.

☾

Mitte Mai 1888. Kaum hatte Siemens seine ablehnende Haltung zur Anatolischen Eisenbahn begründet, erreichte ihn ein neues Gesuch. Dieses Mal versuchte Alfred Kaulla, Direktor der Württembergischen Vereinsbank, Siemens zu überzeugen. Er hatte gerade die Verhandlungen über die Lieferung von Infanteriegewehren und Munition der Mauser'schen Waffenfabrik in Oberndorf an die osmanische Regierung erfolgreich abgeschlossen und somit bei der Hohen Pforte »einen Stein im Brett«.

Um Siemens umzustimmen, beschrieb Kaulla auch die finanzpolitische Großwetterlage in Konstantinopel: »Von der Position der Banque

Ottomane[5] macht man sich in Deutschland eine total unrichtige Vorstellung. Die Erbitterung ist hier allgemein und insbesondere beim Sultan, derart, dass eine erfolgreiche Konkurrenz kein sonderliches Kunststück ist. Der Finanzminister sagte mir heute noch wörtlich, er betrachte unser Auftreten hier als eine Erlösung aus den Klauen dieser Leute; die Banque Ottomane sei eine Bereicherungsanstalt für ihre Leiter und zweitens eine französische politische Agentur.«[6]

Es wäre ein Akt grober Unhöflichkeit gewesen, wenn Siemens den Direktor der Vereinsbank mit einer leicht durchschaubaren Begründung abgespeist hätte. Siemens zündete eine seiner geschätzten Zigarren an und nahm eine Mappe zur Hand, in der seine Mitarbeiter Material über die wirtschaftliche Lage des Osmanischen Reiches zusammengestellt hatten.

☾

Nach dem Krimkrieg und dem anschließenden Friedensvertrag wurde das Osmanische Reich zum »System Europa« zugelassen. Doch die Ehre, als vollwertiger Geschäftspartner von den europäischen Großmächten anerkannt zu werden, erwies sich als höchst zwiespältig. Bereits 1854 vergab England eine Anleihe von drei Millionen Pfund an den Sultan. Die Hälfte der Summe wurde allerdings sofort für Zinsen und andere Verpflichtungen abgezweigt. Deshalb musste die Hohe Pforte bereits 1855 eine neue Anleihe über fünf Millionen Pfund zeichnen. In den nächsten Jahren folgten zwölf weitere Kredite von Bankhäusern in London, Paris und Wien. Besonders der Börsenkrach in Wien 1873 zog auch die osmanischen Finanzen in Mitleidenschaft; von nun an musste die Hälfte der Regierungseinnahmen für Zinsen und die Tilgung von Krediten aufgewendet werden. Doch selbst das reichte nicht aus, um das Osmanische Reich vor dem finanziellen Ruin zu retten: 1875 mussten die Osmanen einen Staatsbankrott einräumen. »Das durch europäische

Bankanleihen und durch eigene Misswirtschaft verursachte finanzielle Chaos machte das Überleben des Osmanischen Reiches vom Wohlwollen ausländischer Regierungen abhängig«[7], urteilt der Historiker Alan Palmer. Die britische Imperial Ottoman Bank und die französische Société Générale de l'Empire Ottoman überwachten die Finanzen der Hohen Pforte.

Noch schlimmer wurde es nach dem Russisch-Osmanischen Krieg von 1877/78. Nur durch Notkredite aus London und Paris konnte ein Teil der Entschädigungszahlungen an Russland beglichen werden. Die Osmanen mussten der Einrichtung einer »Osmanischen Staatsschuldenkommission« zustimmen. Geführt von einem Direktorium aller Schuldnerländer überwachten rund einhundert europäische Experten und 5000 Angestellte den osmanischen Finanzhaushalt. Zwar steigerten sich dadurch die Steuereinnahmen in den nächsten Jahren beinahe um die Hälfte, doch der Eingriff stellte eine weitere Entehrung der Herrschaft des Sultans dar. Außerdem kam es während der Konferenz zu einer Entfremdung zwischen Briten und Osmanen, als bekannt wurde, dass die britischen Delegierten bereits im Vorfeld mit den Russen über die Aufteilung osmanischer Besitzungen rund um das Schwarze Meer verhandelt hatten.

Abdülhamid II., der neue Sultan, hatte genug von all den eigennützigen Ratschlägen und guten Taten seiner westlichen Helfer und wandte sich von seinen bisherigen Verbündeten ab. Skeptisch blieb er auch gegenüber den europäischen Eisenbahnplänen. Alle boten Geld und Hilfe an, nur um sein Reich am Ende noch mehr zu schröpfen.

Abdülhamid suchte neue Verbündete. In seinen Augen schien das Deutsche Reich, das über eine wachsende Industrie und eine funktionierende Militärmaschinerie verfügte, keine imperialen Interessen im Mittelmeerraum und im Nahen Osten zu verfolgen. Der Anteil des Deutschen Reiches an den Anleihen betrug gerade einmal 4,7 Prozent –

in der Rangliste der Gläubiger nahm es damit einen fernen achten Platz ein.

Als nach dem Berliner Kongress die Hohe Pforte beim deutschen Auswärtigen Amt anfragte, ob das Deutsche Reich Berater für dringend nötige Militär- und Verwaltungsreformen nach Konstantinopel schicken könne, willigte Bismarck nur unter der Bedingung ein, dass die zu entsendenden Experten nicht in deutschem Dienst stünden. Colmar Freiherr von der Goltz, späterer Generalfeldmarschall Preußens, reformierte in den Jahren 1883 bis 1895 nicht nur erfolgreich Verwaltung und Militär des Osmanischen Reiches, er vermittelte auch der deutschen Rüstungsindustrie wichtige Aufträge. Krupp lieferte Artillerie, Loewe Gewehre und die Germaniawerft in Kiel rüstete die osmanische Marine mit Torpedotechnik aus.

Doch auch diese Entwicklungen minderten Siemens' Unbehagen in Bezug auf Investitionen in das Eisenbahnprojekt nicht. Ende Juni 1888 argumentierte er deshalb investitionsstrategisch: »Unser Kapital ist gegenwärtig so groß, daß wir den Schwerpunkt in den Zinsgeschäften suchen müssen.«[8] Auch die lohnendste langfristige Investition in spekulative Geschäfte werde weniger Gewinn bringen als ein Prozent Zinsgewinn im Anlagenbereich.

Aber in den sechs Wochen, die auf seine letzte Ablehnung des türkischen Bahngeschäftes folgten, vollzog der Bankier einen Sinneswandel. Von der Rolle eines Bremsers in Sachen Anatolische Eisenbahn wechselte er zu der des Lokomotivführers. Leider fehlen jegliche persönlichen Dokumente von Siemens aus diesen entscheidenden Tagen, die seine inneren Beweggründe enthüllen könnten. Eine Erklärung liefert Karl Helfferich, Siemens' Nachfolger als Bevollmächtigter für die Bagdadbahngeschäfte und sein späterer Biograf. Helfferich schreibt: »Die großen Perspektiven des Projektes hatten ihn nachhaltig beeindruckt. Je mehr er sich mit dem Plane beschäftigte, desto größer wurde für ihn die Versuchung, hier die Lösung eines Kulturwerkes ersten Ranges zu übernehmen.«[9]

Eine vollkommen ungeschäftliche Rechtfertigung der Entscheidung, die wenig überzeugt. Was war wirklich geschehen? Wie und von wem wurde die Entscheidung beeinflusst? Oder war der entscheidende Grund, dass die Hohe Pforte einen weiteren Schritt auf die Deutsche Bank zuging? Die für den Bau der Bahn vorgesehenen Steuereinnahmen sollten verpfändet und die ganze Abwicklung der Anleihen einem Dritten übertragen werden, dem »Conseil d'Administration de la Dette Publique«, einer 1881 gegründeten Treuhandgesellschaft, die von je einem Franzosen, Engländer, Österreicher, Italiener und Deutschen geleitet wurde. Sie verwaltete die gesamten Auslandsschulden des Osmanischen Reiches und konnte, um die Zinsen für die Anleihen zu zahlen, auf die Steuereinnahmen des Osmanischen Reiches zugreifen, unter anderem auf die Tabak-, Salz- und Alkoholsteuer sowie auf die Tributzahlungen von Bulgarien und Zypern. Deshalb meint Manfred Pohl, der Historiker der Deutschen Bank: »Erst nachdem die türkische Regierung sich bereiterklärte, die nötigen finanziellen Garantien zu übernehmen und dafür bestimmte Steuereinnahmen zu verpfänden, zeigte die Deutsche Bank größere Bereitschaft, auf das Unternehmen einzugehen.«[10]

Und so erreichte der diplomatische Reigen im August 1888 seinen Höhepunkt: Kuriere eilten zwischen dem Büro der Kaiserlichen Botschaft, der Hohen Pforte und dem Telegrafenamt hin und her. Da deutsche Baufirmen keinerlei Erfahrungen mit dem Eisenbahnbau in der Türkei besaßen, bestand Siemens darauf, ein englisches oder ein französisches Unternehmen mit an Bord zu nehmen. Mit dem Bauunternehmen »Régie Générale des Chemins de Fer« wurde er schließlich handelseinig.

Ganz zufrieden war Georg Siemens jedoch immer noch nicht. Er ließ am 15. August eine »ganz gehorsamste Anfrage« an das Auswärtige Amt aufsetzen, ob die Bewerbung um eine Konzession auf politische Bedenken stoße, und, falls dies nicht der Fall sei, ob »eventuell die Kaiserliche Botschaft zu Konstantinopel angewiesen werden könnte, Herrn Kaulla bei seinen Verhandlungen nach Tunlichkeit zu unterstützen«[11].

Die Antwort traf am 4. September in der Deutschen Bank ein. Das Auswärtige Amt erklärte, es bestünden keine politischen Bedenken gegen das kleinasiatische Eisenbahnprojekt, und es stellte in Aussicht, die deutschen Bewerber über die Kaiserliche Botschaft in Konstantinopel zu unterstützen. Doch gleichzeitig sprach sich die Regierung von jeder auch noch so kleinen Verpflichtung frei: »In der Tat gehen deutsche Unternehmer durch Kapitalanlagen in Anatolische Eisenbahnbauten ein Risiko ein, welches zunächst in den Schwierigkeiten der Rechtsverfolgung im Orient liegt, aber durch kriegerische und andere Verwicklungen noch gesteigert werden kann. Die darin für das deutsche Kapital liegenden Gefahren werden ausschließlich den Unternehmen zur Last fallen, und werden die Letzteren nicht darauf rechnen dürfen, dass das Deutsche Reich sie gegen die mit gewagten Unternehmen im Auslande verbundenen Wechselfälle sicher stellen werde.«[12]

Der Schriftsatz trug die steile Unterschrift »Bismarck« und das ganze Schreiben ließ die diplomatische Handschrift des Eisernen Kanzlers erkennen. Bismarck sprach sich gegen jegliche Einmischung in die Vorgänge in Kleinasien und im Nahen Osten aus. Er wollte das diplomatische Vertrauen, das er mühsam zu Großbritannien und dem Zarenreich aufgebaut hatte, nicht leichtfertig wieder verspielen. Doch diese Einstellung verblasste zunehmend, denn ein anderer Mann war gerade dabei, die Zügel der deutschen Politik in die Hand zu nehmen, und den lockte es hinaus in die Ferne.

☾

Am 4. Oktober 1888 kamen die Konzessionsverträge endlich zustande: Die türkische Regierung und die Deutsche Bank vereinbarten den Bau, die Verwaltung und den Betrieb einer Eisenbahnlinie von Haydarpascha über Eskischehir nach Ankara. Die Deutsche Bank musste zunächst die 92 Kilometer lange Bahnstrecke Haydarpascha–Ismid für 6 Millionen Francs kaufen. Außerdem verpflichtete sie sich, die 486 Kilometer lange Strecke Ismid–Ankara zu bauen und die Gesamtstrecke in Betrieb zu nehmen. Im Gegenzug sicherte sie sich das Recht, über die Bodenschätze jeweils 20 Kilometer links und rechts der Strecke zu verfügen. »Bei dieser Bestimmung war ganz sicher noch nicht an Erdöl gedacht worden«, urteilt der Historiker Dietrich Eichholtz, »sie beruht möglicherweise auf Erfahrungen, die die Deutsche Bank während langer Jahre in dem schwierigen Sanierungsgeschäft bei der Northern Pacific Railway gesammelt hatte.«[13]

Die türkische Regierung verpflichtete sich zudem, die Finanzierung der Bahn durch eine sogenannte »Kilometergarantie« abzusichern. Dafür verpfändete sie die Einnahmen aus der Getreidesteuer der Regionen Ismid und Ankara. Pro Kilometer Bahnstrecke Haydarpascha–Ismid bekam die Deutsche Bank 10 200 Francs jährlichen Gewinn garantiert, pro Kilometer Bahnstrecke Ismid–Ankara sogar 15 000 Francs. Im Klartext: Die Bahn würde auf jeden Fall 8,230 Millionen Francs jährlich einnehmen, egal wie viele Züge auf der Strecke fuhren, wie viele Güter und Personen diese Züge transportierten und ob diese überhaupt ankamen. Eine todsichere Sache für Kapitalgeber und Betreiber der Bahn.

Doch was Georg Siemens im November 1899, zehn Jahre nach seiner Zustimmung zu dem Bahnprojekt, in einem privaten Brief schrieb, will so gar nicht zu diesen rosigen Aussichten und zum Wandel seiner inneren Überzeugung passen. »Die anatolische Bahn wird ja augenblicklich von der deutschen Presse, welche sonst so wenig hat, in den Himmel gehoben. Aber als Geschäft? Du lieber Himmel! Da bleibt sie immer eine Nebensache wie der Club der Harmlosen.« Und Siemens fährt fort: »Mir persönlich war diese Bahn recht nützlich, weil seit dieser Zeit die Leute angefangen haben, an mich zu glauben, und das ist nützlich, wenn man ernsthaft große Dinge verfolgt, aber diese Bahn selbst ist ein toter Strang, und die Begeisterung S. Majestät für Mesopotamien ist ohne tieferen Wert für die deutschen Interessen.«[14]

Warum gab er trotzdem am 8. August 1888 grünes Licht für eine deutsche Bewerbung um die Bahnkonzession? Hatte etwa der junge Kaiser schon seine Hände im Spiel?

Drittes Kapitel

Hurra-Rufe am Bosporus

**Kleine und große Deutsche im Orient-Fieber:
Für seine erste Orientreise wählt Wilhelm II. die romantische Schiffsroute und kümmert sich gar nicht um die osmanisch-deutsche Eisenbahn.**

»Heil Dir, Kaiser Wilhelm, dein Erscheinen, / in der viel besung'nen Halbmondstadt, / bleibt ein Weltereignis allen Nationen, / wie die Chronik noch keins vor sich hat.« So dichtete eine Patriotin anlässlich der ersten Orientreise des jungen Kaisers im November 1889. Die Zeilen erschienen im *Levant Herald*, einer Zeitung für die im Osmanischen Reich lebenden Westeuropäer.

☾

Kaum war Wilhelm Kaiser, konnte er endlich uneingeschränkt seiner Lieblingsbeschäftigung nachgehen: dem Reisen. Schon bald wurde Wilhelm II. wegen dieser Leidenschaft der Spitzname »Der fliegende Hohenzoller« verliehen. Seine Hoheit reiste am liebsten per Schiff – auf seiner eigenen Yacht, die eher einem kleinen Kreuzfahrtschiff glich. Doch auch das Automobil für kurze Wege und die Bahn für lange kontinentale Strecken nutzte Wilhelm fleißig: Allein im Jahr 1890 legten die kaiserlichen Sonderzüge 20 000 Kilometer zurück. Spötter dichteten deshalb die Nationalhymne »Heil Dir im Siegerkranze« für Wilhelms II. Bedürfnisse um in »Heil Dir im Sonderzug«.

Im März 1889 begutachtete Wilhelm zunächst einmal seinen neuen Salonwagen, doch er konnte an dieser Ausführung so gar keinen Gefallen finden. In den letzten Monaten waren seine Ansprüche gewachsen: Er wollte keinen Salonwagen und auch keinen »Kaiserwagen« mehr, sondern einen ganzen »Kaiserzug« mit einem Salonwagen für den Herrscher, einem für die Kaiserin, einem Speisewagen, einem Küchenwagen, zwei Gefolgewagen, zwei Dienerwagen, zwei Gepäckwagen und einem Direktionswagen. Alle Waggons sollten außen in Blau-Weiß gehalten sein, damit sein Zug überall schon von Weitem erkannt werden konnte. Wilhelm hielt es für selbstverständlich, dass die Eisenbahn-Gesellschaften ihm diesen Zug zur Verfügung stellten – wie es auch in anderen Ländern üblich war. In seinen eigenen Augen gab es auch keinerlei Trennung zwischen Wilhelm, dem Kaiser, auf Dienstreise und Wilhelm, dem Privatmann, auf Vergnügungsfahrt. Doch diese weigerten sich hartnäckig. Schließlich musste wie so häufig der preußische Staat die Kosten übernehmen.

☾

Ende April 1889. Mit dem anfänglich noch unregelmäßig verkehrenden Orientexpress reiste eine junge Engländerin das erste Mal nach Konstantinopel. Niemand würde in dieser frisch verliebten 21-jährigen Lady die spätere »Desert-Queen« und Beraterin des Lawrence von Arabien, Gertrude Bell, vermuten. Begleitet wurde Gertrude von ihrem Cousin, dem Diplomatensohn Billy Lascelles. Gemeinsam bewunderten sie die flache Kuppel der Hagia Sophia, ritten auf Eseln durch die engen Gassen der Altstadt, bewunderten die schmalen türkischen Holzhäuser und tranken stundenlang türkischen Kaffee. »Absolut köstlich«, schrieb Gertrude nach Hause und meinte damit nicht nur die untergehende Sonne, die sich im Wasser des Bosporus spiegelte. »Sie verwandelt jedes Minarett in Stambul in eine leuchtende Marmorsäule.«[1] Als Höhepunkt hatten sich Gertrude und Billy ein Boot gemietet und sich auf den Bosporus hinausrudern lassen.

Konstantinopel war für die beiden nicht mehr als eine romantische Kulisse, vor der sie sich ineinander verliebten. Doch kaum hatte Gertrude Bell den Orientexpress zur Rückreise bestiegen, ließ ihr Interesse an Billy schlagartig nach. Bei der Ankunft in London sah sie ihn als den, der er war: ein langweiliger Dummkopf, ihr intellektuell und vom Temperament her hoffnungslos unterlegen. Gertrude Bell, Tochter des führenden englischen Stahl-Barons, war nämlich eine emanzipierte junge Dame, eine der ersten Studentinnen in Oxford und noch dazu eine der vorlautesten Frauen in ganz England, die kein Blatt vor den Mund nahm.

Im Rückblick kam ihr die Reise nach Konstantinopel hohl und verlogen vor; vor lauter Verliebtheit hatte sie sich nicht die Zeit genommen, auch nur ein einziges Mal hinter die Kulisse zu schauen. Doch das nächste Mal – und es würde ein nächstes Mal geben – würde sie sich den Orient genau anschauen, ja, sie würde genauer hinschauen als alle anderen vor ihr.

☾

November 1889. Wilhelms Abstecher in den Orient war geschickt eingefädelt. Erst stattete der junge deutsche Kaiser dem russischen Zaren in St. Petersburg einen Besuch ab, fuhr dann weiter nach Athen, um der Hochzeit seiner Schwester Sophie mit dem griechischen Kronprinzen Konstantin beizuwohnen. Statt dann aber sofort die Heimreise anzutreten, nahm das Kaiserpaar anschließend Kurs Richtung Osten nach Konstantinopel.

Der neue Regent war noch etwas unsicher, deshalb hatte er seinem Mitarbeiterstab die Anweisung gegeben, den alten Reichskanzler, Otto von Bismarck, über das letzte Reiseziel erst sehr spät zu informieren. Wilhelm wusste genau, dass er diese Privatreise gegen den Willen Bismarcks und den Willen der Großmutter antrat. Königin Victoria hatte die Trauerzeit um Friedrich Wilhelm noch nicht für beendet erklärt und der »Eiserne Kanzler« konnte für seine Außenpolitik keine eigenmächtigen Türkeiabenteuer gebrauchen. Doch Wilhelm II. hatte nicht vor, sich weiter Vorschriften machen zu lassen. Schon vor zehn Jahren, bevor er zum Militär einrücken musste, hatte der junge Prinz Wilhelm in den Orient reisen wollen. Der Großvater hatte es verboten: Rekruten ausbilden ist wichtiger als Reisen! Wurde der Orient dadurch umso begehrlicher?

Um die Ankunft auf die einzig richtige Art zu genießen, reiste das Kaiserpaar nicht etwa mit dem Orientexpress nach Konstantinopel, was schnell und komfortabel gewesen wäre. Nein, es reiste mit der kaiserlichen Yacht, der alten »Hohenzollern«, die Wilhelm II. von seinem Großvater geerbt hatte. Das dauerte zwar länger, war jedoch sehr standesgemäß und abenteuerlich, denn genau auf diese Weise hatten sich alle großen Abenteurer und Künstler der Stadt am Bosporus genähert.

In seinem 1882 erschienen Reisejournal »Konstantinopel« beschreibt der Schriftsteller Edmondo de Amicis, welche Eindrücke sich den Reisenden boten. »Meine Herren, geben Sie acht!«, schepperte die Stimme des Kapitäns über das Schiffsdeck, bevor er Befehl zum Weiterfahren gab, »jetzt kommt der kritische Moment. In drei Minuten sind wir vor Konstantinopel.« De Amicis, der ganz vorn am Bug des Schiffes stand, durchschauerte es: »Wie schlug mein Herz, mit welch' fiebernder Erregung wartete ich auf das gesegnete Wort: Vorwärts.« Seit Tagen fieberte er diesem Moment entgegen, während das Dampfschiff der österreichischen Lloyd-Linie auf der Route Triest–Smyrna (Izmir)–Konstantinopel sich seinen Weg durch die Ägäis, die Dardanellen-Meerenge und das Marmarameer bahnte. Mit der Ankunft in Konstantinopel geriet de Amicis, der die Erfahrungen einer ganzen Generation Konstantinopel-Reisender in Worte fasste, in Verzückung: »Weiter! Ihr Könige, Fürsten, Krösusse, Ihr Mächtigen und Glücklichen der Erde, in jenem Augenblick hätte ich nicht mit Euch getauscht; mein Platz auf dem Schiff wog mir alle Eure Schätze auf. Eine Minute – noch eine – wir passieren die Serailspitze – eine verworrene Fülle von Licht, seltsamen Dingen und Farben … nun sind wir am Cap vorüber. Da ist Konstantinopel, das unermessliche, prachtvolle, erhabene Konstantinopel, die Glorie der Schöpfung und des Menschen! Solche Schönheit hatte ich mir nicht im Traum vorstellen können.«[2]

Konstantinopel ist vor allem auch eine Stadt am und im Wasser. So wird die Altstadt mit der Palastfestung vom Marmarameer, dem Bosporus und dem Goldenen Horn umgrenzt. Dieser Flussarm trennt die Altstadt vom Stadtteil Pera, auch Galata genannt, der bis ins 20. Jahrhundert hinein überwiegend von europäischen Händlern, Diplomaten und Einwanderern bewohnt wurde. Beide Stadtteile liegen noch auf der europäischen Seite, die der Bosporus vom asiatischen Ufer trennt. Die Schiffspassage durch den Bosporus zum Goldenen Horn kam für die Reisenden einer Art Epiphanie gleich.

De Amicis sieht in der sprachlichen Schilderung dieses Moments eine »Entweihung«, die er dann aber doch riskiert: »Wer wagt es, Konstantinopel zu beschreiben … Vor mir also wie ein weiter Fluss das Goldene Horn, an beiden Ufern zwei Hügelketten, auf denen sich zwei Parallellinien von Städten erheben, welche in einer Ausdehnung von acht Meilen Höhen, kleine Täler, Meerbusen, Vorgebirge umfassen, hundert Amphitheater in Monumenten und Gärten; eine ungeheure doppelte Terrasse von Häusern, Moscheen, Bazars, Serails, Bädern, Kiosken in zahlreichen wechselnden Farben schimmernd. Dazwischen streben viele tausend Minaretts mit erglänzenden Spitzen gleich riesigen Elfenbeinsäulen zum Himmel; überall senken grüne Zypressenwäldchen sich in dunklen Streifen von den Höhen zur See und umkränzen die Ortschaften und Häfen mit Girlanden.«[3] Der Kaiser tat es all den verzückten Orientfahrern gleich – für ihn sollte es die Einleitung zu seinem ganz persönlichen orientalischen Abenteuer werden.

☾

2. November 1889. Programmgemäß lief die kaiserliche Yacht in den Bosporus ein, passierte den Topkapi-Palast und das Goldene Horn und ging vor Anker. So konnte das Kaiserpaar bei strahlendem Sonnenschein auf einer Barkasse am repräsentativen Marmorkai des Dolmabahçe-Palastes anlanden. Der Bau von Dolmabahçe hatte das Osmanische Reich zwar in den Bankrott gestürzt, aber dafür stellte er eine Augenweide dar. Schon von seinem Grundriss her war er keine orientalische Anlage mit vielen Innenhöfen und dezentralen Pavillons, sondern ein nach europäischem Vorbild kompaktes, symmetrisches Bauwerk von knapp 500 Metern Länge mit prunkvollen Fassaden, zu deren Fertigstellung Berge feinsten Marmors, 14 Tonnen Gold und 40 Tonnen Silber verwendet wurden.

Vor dem Palast wurde das deutsche Kaiserpaar vom Sultan des noch immer großen und mächtigen Osmanischen Reiches persönlich empfangen. Schmächtig von Gestalt wollte Abdülhamid nicht so recht in seine Paradeuniform passen. Doch er setzte sein Feiertagslächeln auf, überreichte Ihrer Majestät der Kaiserin einen Strauß Blumen und hakte sich bei ihr ein. Wilhelm II. dagegen musste allein vom Kai durch das Spalier der Sultansgarde in den Palast schreiten. Keine Dame aus dem Harem stand für ihn bereit.

Der Abstecher nach Konstantinopel sollte eine reine »Privat-Reise« sein. Trotzdem hatte sich die Nachricht über die Kaiserreise wie ein Lauffeuer unter den deutschen Kolonialisten und Touristen verbreitet. Stürmisch wurde das Kaiserpaar begrüßt. Die Zuschauermenge bestand neben Touristen vor allem aus Schulklassen, Diplomaten, Kaufleuten und Ingenieuren, die im Handel, in der entstehenden Industrie und im Ausbau des Verkehrsnetzes gutes Geld verdienten. Es gab eine deutsche Schule, ein Krankenhaus und etliche Kultureinrichtungen.

Wilhelm II. und Abdülhamid tauschten nicht nur Orden aus, sondern auch Geschenke. Dabei erwies sich der Sultan als weitaus großzügiger: Die Kaiserin erhielt ein Kollier von unschätzbarem Wert, Wilhelm nahm einen sehr kostbaren Säbel entgegen und außerdem noch »verschiedene wertvolle Erzeugnisse orientalischen Kunstfleißes: gestrickte Stoffe, Möbel mit Mosaikverzierung, ein mit Edelsteinen ausgelegtes Schreibzeug«[4], wie es in der Preußischen Amtspresse hieß. Gegen Abend verließ man den prächtigen Dolmabahçe-Palast und machte sich auf den Weg zum Yildiz-Sarayi, der Residenz, die Abdülhamid sich hoch über dem Bosporus hatte einrichten lassen. Yildiz bedeutet »Stern« – und sternförmig ist die stattliche Ansammlung von Pavillons und kleinen Palästen in einem Landschaftspark rund um einen künstlichen See angelegt. Dort wurde das Kaiserpaar im gerade erst fertiggestellten Merassim-Kiosk untergebracht. Die *Berliner Illustrirte Zeitung*, die einen Reporter zur Hofberichterstattung an den Bosporus geschickt hatte, zeigte ihren Lesern Illustrationen der Salons, in denen die Kaiserin residierte. Auch hier herrschte wie im Dolmabahçe-Palast ein Stilmix aus orientalischer Ornamentik und europäischen Möbeln, Kronleuchtern und schweren Brokatvorhängen.

Die preußisch-deutschen Untertanen verklärten das junge Kaiserpaar durch ihre Ehrerbietung zur Inkarnation von Größe, Glanz und Eleganz. Doch tatsächlich verhielt es sich auf dem diplomatischen Parkett wie ein Elefant im Porzellanladen. Wilhelm II. verteilte überall goldene Uhren und mit Diamanten besetzte Orden wie frühere Entdecker Glasperlen an Eingeborene. Auguste Viktoria, die der Kaiser kurz »Dona« nannte, war – so der englische Historiker Karl Shaw – »eine unscheinbare, unansehnliche Frau, die alle Versuche der besten Modeschöpfer Deutschland zunichte machte, ihr ein majestätisches oder intelligentes Aussehen zu verleihen«[5]. Ausgerechnet ihr wurde eine Ehre zuteil, von der seit Jahrhunderten in allen europäischen Salons geträumt wurde: Sie durfte als eine der wenigen Fremden den Harem des Sultans besichtigen. In den *Neuesten Mittheilungen* der Preußischen Amtspresse vom Freitag, den 8. November 1889, heißt es in der Rubrik »Politische Tagesfragen« dazu: »Von der Kaiserreise. Am Montag war beim Sultan Diner im intimen Cirkel, sodann wohnte Ihre Majestät die Kaiserin in Begleitung der Gemahlin des Botschafters von Radowitz und anderer Damen einem Feste im Harem des Sultans bei und verblieb daselbst bis 1 Uhr Nachts.«[6] Das lange Verweilen in den geheimnisvollsten Gemächern der Welt sollte wohl signalisieren: Ihre Majestät habe sich amüsiert. Doch das Gegenteil war der Fall. Die Kaiserin fand wenig Gefallen an dem, was sie dort vorfand: entsetzlich dicke Frauen, die sich furchtbar zu langweilen schienen und daher unentwegt Schokolade aßen. Und das nicht etwa in orientalischen Gewändern, sondern in anzüglicher Pariser Mode! Über ihren Haremsbesuch kursiert in Großbritannien noch immer folgende Geschichte, die sogar dazu führte, dass die deutsche Kaiserin einen Eintrag in Karl Shaws »Lexikon der Exzentriker« fand. Während des Harembesuchs wurde ihr auch des Herrschers Wächter über Frauen und Kinder, der Obereunuch (türkisch: Kislar Aga), vorgestellt. Plötzlich fiel der Kaiserin doch noch eine interessante Frage ein: »Sagen Sie mein lieber Obereunuch, war Ihr Vater auch schon Eunuch?«[7] Jeder osmanische Untertan wäre für diese Äußerung den Rest seines Lebens in den Kerker gewandert, bei der Kaiserin sah man verlegen lächelnd darüber hinweg.

Überhaupt war die junge Kaiserin auf die orientalische Lebensweise nicht gut zu sprechen: Selbst in ihren Gemächern hatte sie Ungeziefer entdeckt. Bevor sie sich zur Nachtruhe bettete, gingen sie und ihre Damen mit Hutnadeln auf Läusejagd.

5. November. Über das Ausflugsprogramm des Kaisers an diesem Tag heißt es in *Neueste Mittheilungen*: »Auf dem Wege nach Skutari genoß Se. Majestät vom Berge Chamilinoja aus die herrliche Aussicht und stieg sodann nach Haidar Pascha, dem Ausgangspunkte der anatolischen Bahnen, hinunter.«[8] Und interessierte sich Seine Hoheit für das Bahnprojekt? Keine Spur – es zog ihn sogleich weiter. »Von hier aus besuchte Se. Majestät der Kaiser per Schiff das Schloß der 7 Türme und machte sodann einen Spaziergang um die alte Stadtmauer.«[9] Zu diesem Zeit-

punkt, als deutsche Ingenieure die erste Etappe der Anatolischen Eisenbahn bauten, hatte der Kaiser noch keinerlei Interesse daran.

☾

All die Peinlichkeiten, die sich im Lauf dieses Kaiserbesuches ereigneten, übersah der allmächtige Sultan, der sonst dafür berüchtigt war, bei kleinsten Fehlern größte Strafen zu verhängen. Abdülhamid gab sich von seiner besten Seite. Er bat das Kaiserpaar sogar, einen Tag länger zu bleiben als geplant. Der Kaiser fühlte sich außerordentlich geschmeichelt.

Am Mittwoch, den 6. November, ging folgendes Telegramm an Otto von Bismarck: »Im Begriffe abzureisen, spreche Ich Euer Durchlaucht aus, dass Mein hiesiger Aufenthalt in jeder Beziehung zu Meiner vollsten Zufriedenheit ausgefallen ist. Sowohl der Sultan, als auch die gesamte Bevölkerung jedes Standes und Glaubens haben sich in freundlichster Weise bemüht, Mir ihre volle Sympathie kundzugeben. Gez. Wilhelm I. R.«[10] Um Bismarck zu ärgern oder sich selbst zu überzeugen, sandte er am folgenden Tag, den 7. November, noch ein weiteres Telegramm ab: »Nach einem Aufenthalte, der einem Traum gleicht und welcher durch die freigebigste Gastfreundschaft des Großherren zu einem paradiesischen gemacht worden ist, passiere Ich soeben bei schönem Wetter die Dardanellen. Wilhelm I. R.«[11]

Wilhelm II. glaubte, der Orient liege ihm bereits als Beute zu Füßen. Und Abdülhamid glaubte, den jungen deutschen Kaiser an der Leine zu haben. Aber wer war der Jäger und wer das Opfer?

Viertes Kapitel

Baubeginn, Börsenstrategien und Bismarcksturz

Während Bankier Siemens ein Unternehmenslabyrinth für die osmanische Eisenbahn strickt, stellen die Bahnbauer einen Rekord im Gleise legen auf.

Ismid, das alte Nikomedia, 1889. Der Bau der Bahnstrecke in den Orient hat gerade erst begonnen, als es schon so aussieht, als wären die deutschen und französischen Ingenieure und Bauexperten gescheitert. Ismid liegt an einer Bucht des Marmarameeres und erstreckt sich über ein tief eingeschnittenes Tal. Deshalb muss die Gleisanlage mitten durch die Stadt geführt werden. Vielleicht verstehen die Einwohner diese Maßnahme falsch, denn es verschwinden immer mehr Material und Lebensmittel spurlos, schließlich ganze Wagenladungen, und die lokalen Behörden erschweren die Arbeit stetig mit neuen Vorschriften und Auflagen. Vor allem jedoch: Arbeiter und Aufsichtspersonen werden immer wieder ausgeraubt oder erpresst. Dahinter stecken Banden von Tscherkessen, die als besonders skrupellos gelten und die ganze Region unter ihrer Kontrolle haben.

Was sollten die Verantwortlichen der anatolischen Eisenbahnen tun? Sich bewaffnen und gegen diese Räuber wehren oder mit ihnen über Schutzgeldzahlungen verhandeln? Oder sollten sie um die Entsendung einer Einheit des Osmanischen Heeres bitten, das allerdings nicht gerade für seine Rechtschaffenheit berühmt war? Rückblickend konnte der spätere Chef der Bagdadbahn-Gesellschaft, Arthur Gwinner, über die gefundene Lösung schmunzeln: »Das Haupt dieser Banden ist übrigens zur Zeit [1909, W. K.] ein Bahnhofsvorsteher im Dienste der Anatolischen Eisenbahn mit einem Jahresgehalt von 100 Pfund und eine ebenso angesehene Person.«[1] Den Bock zum Gärtner zu machen, war nur eine der ungewöhnlichen Maßnahmen, die das neue Eisenbahnprojekt voranbrachten.

☾

Bevor die erste Schwelle für die Gleisanlage verlegt werden konnte, mussten Finanzierung und Organisation des Baus und des Betriebs der Bahn stehen. Auch im 19. Jahrhundert ließen Männer wie Georg Siemens nicht einfach eine Eisenbahnstrecke bauen, indem sie eine Firma für den Bau und Betrieb einer Eisenbahn gründeten und sofort loslegten …

Was Siemens für die Eisenbahn im Osmanischen Reich in den nächsten zwei Jahren ausheckte, mündete in vier verschiedene Gesellschaften: der »Anatolischen Eisenbahn-Gesellschaft«, der »Betriebsgesellschaft der Orientalischen Eisenbahnen«, der »Gesellschaft für den Bau der Kleinasiatischen Eisenbahnen« und der »Bank für Orientalische Eisenbahnen«.

Zunächst wurde in der Türkei die »Anatolische Eisenbahn-Gesellschaft« als Aktiengesellschaft gegründet, mit einem Kapital von 81 Millionen Mark (umgerechnet auf heutige Verhältnisse: 1,443 Mrd. Euro). Diese neu gegründete Bahngesellschaft kaufte sogleich vom Osmanischen Reich die 93 Kilometer lange Strecke Haydarpascha–Ismid, die schon unter Sultan Abdülaziz erbaut worden war. Doch die vorhandene Bahnanlage war nicht für schweren Durchgangsverkehr gerüstet und deshalb wurde sie im Lauf des Jahres 1888 vollständig umgebaut. 1890 erwarb die »Anatolische Eisenbahn-Gesellschaft« außerdem die »Betriebsgesellschaft der Orientalischen Eisenbahnen«, die die Orientexpressstrecke im europäischen Teil des Osmanischen Reiches unterhielt. Bis auf kleine Nebenstrecken lag das osmanische Schienennetz nun in einer Hand.

Georg Siemens strebte jedoch einen größeren Dachverband an, um auch künftigen Kapitalhunger stillen zu können, und dabei dachte er nicht nur national. Siemens holte den Wiener Bankverein und die Schweizerische Kreditanstalt mit ins Boot. Gemeinsam gründete man die »Bank für Orientalische Eisenbahnen« mit Sitz in Zürich, die wiederum die Aktien der »Betriebsgesellschaft der Orientalischen Eisenbahnen« übernahm.

Das alles hatte mit freiem Handel nichts zu tun, nutzte aber der Anatolischen Eisenbahn-Gesellschaft – und der Deutschen Bank, der ein Einstieg in internationale Geschäfte gelang und die dieses Geschäftsmodell später auch auf andere Investitionsbereiche übertrug. Denn das Schweizer Finanzrecht war liberaler als das deutsche – so Manfred Pohl: »Die neue Rechtsform löste einige Probleme: Es war deutschen Banken vorher nur schwer möglich, langfristige Investitionskonzepte zu verfolgen, denn sie benötigten im Hinblick auf ihre Bilanzen und Dividenden kurzfristige Gewinne.«[2]

Georg Siemens hatte aber noch weiterreichende Pläne. Das erläuterte er 1890 vor dem deutschen Reichstag, bei dem er als Gastredner für einen Freundschafts-, Handels- und Schifffahrtsvertrag zwischen dem Osmanischen und dem Deutschen Reich warb: »Seit einigen Jahren hat das deutsche Kapital begonnen, sich in einer mehr organisierten Form nach dem Orient zu begeben; durch den Bau von Gasanstalten, Eisenbahnen u. dgl. beginnt es, die dortigen Gebiete zu erschließen.« Diese neue Möglichkeit, mittels derer deutsches Kapital im Ausland investiert werden könne, beispielsweise im Osmanischen Reich, »hat eine sehr starke oder verhältnismäßig starke Beschäftigung unserer Industrie in der Gegenwart zur Folge«. Doch sogleich wandte sich Siemens gegen weitergehende Pläne: »Das Deutsche Reich und unsere deutsche

Nation haben im Orient nichts zu erobern und nichts zu wünschen; wir haben nur ein Interesse an der Stabilisierung der dortigen Verhältnisse …«[3] Die Schienen für die Anatolische Eisenbahn wurden in Essener Stahlwerken der Krupp AG gegossen. Die Lokomotiven und Waggons der Bahn wurden in der Esslinger Maschinenfabrik, bei der Hannover'schen Maschinenbau-Actien-Gesellschaft, bei den Borsig-Werken in Berlin, den Lok-Fabriken Krauss und Maffei in München und anderen deutschen Unternehmen bestellt. Selbst Baumaterialien wie Kalk und Dachziegel wurden zum größten Teil aus Deutschland importiert und die deutsche Baufirma Philipp Holzmann war an den Ausführungen des Streckenbaus beteiligt. Auch das dank Siemens' wohlüberlegter Strategie.

Da deutsche Baufirmen keinerlei Erfahrungen mit dem Eisenbahnbau in der Türkei besaßen, hatte Siemens Kontakt zu dem englischen Bauunternehmen Pearson aufgenommen, doch die Verhandlungen verliefen sehr zäh. Da traf Alfred Kaulla auf seinen alten Freund und Studiengenossen Otto Kapp. Der hatte für die französische Baufirma »Régie Générale des Chemins de Fer« einen Teil der Bahnstrecke Belgrad–Konstantinopel gebaut und leitete zu dieser Zeit Arbeiten am Kanal von Konrith – eine Aufgabe, die ihm nicht behagte. Nach etlicher Korrespondenz und einigen Gesprächen wurde Siemens mit Kapp und der »Régie Générale des Chemins de Fer« handelseinig: Das Material würde zu zwei Dritteln bei deutschen Unternehmen bestellt und darüber hinaus würden die Franzosen die Deutschen quasi im türkischen Bahnbau »schulen«.

Man suchte sich Partnerfirmen, mit denen solange kooperiert wurde, bis die deutschen Unternehmen die Aufgaben selbstständig erledigen konnten. Überhaupt hatte die deutsche Industrie, insbesondere die Bahnindustrie, nur deshalb solch einen rasanten Aufstieg erlebt, weil man tüchtig von den Engländern abkupferte. Ob Gottlieb Daimler oder

Max Eyth – es gehörte praktisch zur Ausbildung eines Ingenieurs, einige Jahre in England zu »hospitieren«. Auch Wilhelm Pressel hatte mehrere Jahre in London gelernt, bevor er sich mit einem Kollegen selbstständig machte.

☾

1889. Das Deutsche Reich war 18 Jahre nach der Reichsgründung zur drittgrößten Industrie- und Handelsnation aufgestiegen. Deutsche Ingenieure bauten die ersten Automobile und entwarfen immer effektivere Maschinen. Deutsche Wissenschaftler errangen einen Nobelpreis nach dem anderen. In kurzer Zeit hatte sich die Bevölkerung verdoppelt. Auf Jahrzehnte hin wuchs die Wirtschaft um fünf Prozent jährlich, es gab kaum Arbeitslosigkeit.

Den Preis für dieses Wirtschaftswachstum zahlte vor allem die große Masse der Arbeiter: viele lebten in elenden Verhältnissen. Nicht nur in den berüchtigten Berliner Hinterhöfen, es gab auch regelrechte Slums aus Bretterbuden in der Reichshauptstadt. Die Arbeiter konnten sich noch nicht einmal richtig organisieren, um ihre Situation zu verbessern, denn 1878 hatte Bismarck einen Anschlag auf Wilhelm I. geschickt genutzt, um die ihm verhassten Sozialdemokraten zu unterdrücken. Mit den »Sozialistengesetzen« wurden auch die Gewerkschaften in ihren Handlungsmöglichkeiten stark beschnitten.

Während die anatolische Bahnstrecke und die deutsche Industrie rasche Fortschritte machten, hatte der neue Kaiser trotz seiner vielen Reisen das Gefühl, politisch nicht von der Stelle zu kommen. »Es zeigte sich mir bald«, schrieb er später dazu in seinen Memoiren, »dass die Minister, ganz in Bismarcks Hand befindlich, sich zu ›Neuerungen‹ oder Ideen des ›jungen Herren‹, die Bismarck ablehnte, nicht bekennen konnten. Das Staatsministerium war in der Tat ausschließlich in Bismarcks Hand.«[4]

Wilhelm II. suchte nur nach einer Gelegenheit, um sich mit dem »Eisernen Kanzler« anzulegen. Den Anlass dazu lieferte Bismarck selbst: Die im Deutschen Reich geltenden »Sozialistengesetze« sollten im Herbst 1890 auslaufen. Bismarck wollte sie nicht einfach, wie schon mehrfach, verlängern, sondern zu unbefristeten Gesetzen umwandeln. Wilhelm II. dagegen hatte ganz romantische Vorstellungen von einem Miteinander der Arbeiter und Unternehmer in seinem Reich. Am 4. Februar verabschiedete er zwei Erlasse zu den Arbeiterschutzgesetzen, ohne sie vom Reichskanzler gegenzeichnen zu lassen. Am 14. Februar empfing der Kaiser im königlichen Schloss einen Ausschuss, der ein friedliches Verhältnis zwischen Arbeitgebern und Arbeitnehmern sichern sollte. Politiker saßen dort neben Handwerksmeistern, Unternehmer neben Gewerkschaftsvertretern. In der Frühstückspause unterhielt sich der Kaiser ganz zwanglos mit Schlossermeister Deppe aus Magdeburg. Wilhelm II. hatte wohl doch etwas bei den Versöhnungsveranstaltungen seines Privatlehrers Dr. Hinzpeter gelernt, bei denen der Knabe einfache Leute besuchen oder empfangen musste.

Als Bismarck am 20. Februar im Reichstag mit seinen verschärften »Sozialistengesetzen« scheiterte, sah Wilhelm II. sich in seiner versöhnlichen Ansicht vollends bestätigt. Am 15. März kam es dann zum großen Donnerwetter. In aller Herrgottsfrühe erschien der herausgeputzte 31-jährige Kaiser im Reichskanzlerpalais und orderte den 75-jährigen, noch ruhenden Bismarck herbei. Er verlangte Unmögliches von ihm und man schrie sich an – mehr wollte Wilhelm II. gar nicht. Er ließ Bismarck am 17. März wissen, dass er sein Abschiedsgesuch erwarte – einen Tag später hielt er es in der Hand.

Nun konnte Wilhelm II. endlich selbst das Steuer in die Hand nehmen. Im Deutschen Reich nahm man das Ausscheiden Bismarcks, der nie sehr populär gewesen war, gelassener hin als im Ausland – so urteilt der Wilhelm-II.-Biograf Franz Herre: »Im Ausland wurde der erfahrene Staatsmann Bismarck vermisst, der das durch die Reichsgründung gestörte europäische Gleichgewicht wieder auszubalancieren und im Lot zu halten verstanden hatte. Weniger am Willen als am Vermögen Wilhelms II. wurde gezweifelt, diese Außenpolitik fortzusetzen, weiter mit alter Staatskunst fortfahren zu können, die er nicht gelernt hatte und von der er wenig zu halten schien.«[5]

☾

Noch während die organisatorisch-logistischen Fragen gelöst wurden, hatten Geologen und Landvermesser den Streckenverlauf für die Anatolische Eisenbahn festgelegt: Die bereits bestehende Bahnstrecke bis Ismid folgte dem nördlichen Ufer des Marmarameeres. Es wäre naheliegend gewesen, die Bahnstrecke von dort zum hundert Kilometer südwestlich gelegenen Bursa zu leiten. Denn Bursa, die alte Hauptstadt des Osmanischen Reiches, war noch immer ein wichtiger Handelsplatz. Doch die Stadt wurde buchstäblich »links liegen gelassen«. Schuld daran war der Samanli Daglari, ein bis zu 1600 Meter hoher Gebirgszug, dem die Bahnbauer ausweichen konnten, indem sie die Strecke weiter nach Osten bis nach Adapazari führten und von dort einer Schlucht folgten.

Doch dem prinzipiellen Problem konnte man nicht ausweichen: Ganz Inneranatolien bildet ein riesiges Hochplateau – es erstreckt sich auf 800 bis 1000 Meter Höhe zwischen Eskischehir im Westen, Ankara im Norden, Kayseri im Osten und Konya im Südwesten. Ein regelrechter Gebirgskranz trennt die geschäftigen Küstengebiete von den einsamen Steppen und Salzmeeren im Landesinneren. Irgendwo durch diesen Gebirgskranz mussten sich die Bauingenieure und ihre Mitarbeiter einen Weg für ihre Gleisanlage suchen.

Von Adapazari, das nur 31 Meter über dem Meeresspiegel liegt, beginnt der mühsame Aufstieg. Zunächst geht es noch entlang eines Flusslaufes, des Sakarya. Das Flussbett musste teilweise verlegt werden und Dammanlagen gegen Hochwasser wurden errichtet. Aber ab

Osmaneli musste die Bahnstrecke dann doch mühsam durch die Gebirgswelt geführt werden bis auf eine Höhe von 876 Meter: etliche Bergdurchbrüche, Brücken, Viadukte und 16 Tunnel waren dazu notwendig. Was für die Bahnbauer viel Arbeit, Risiko und unzählige Unfälle bedeutete, erleben die späteren Zugpassagiere als atemberaubendes Panorama, das an ihren Abteilfenstern vorbeizieht. »Der schönste Teil dieser Bahnstrecke ist ihr erstes Drittel am Ufer des blauen Golfs von Ismid entlang und durch den wasserreichen, mit herrlichen alten Laubwäldern bestandenen Teil des nördlichen Kleinasiens«[6], urteilte der deutsche Archäologe Ludwig Curtius. Auch der Reporter Adalbert Zimmermann, der die Bahnstrecke 1912 für die *Tägliche Rundschau* abfuhr, schwärmte: »Die Landschaft entwickelt sich nunmehr schnell zu wilder Großartigkeit: durch tiefe Schluchten längs eines schäumenden Flusses geht es hindurch ... Großartige Einsamkeit bald, und dann wieder bei irgendeiner Erweiterung des Tals, mitten im Gebirge, bestelltes und wie es aussieht, reich tragendes Land mit Feigen und Getreide.«[7]

☾

Für den Bau einer solchen Bahnstrecke mussten aber nicht nur Gleise verlegt werden, die Liste der Vorarbeiten, die von den Ingenieuren und ihren Mitarbeitern zu leisten war, ist lang: Nachdem der genaue Streckenverlauf von Landvermessern festgelegt worden war, mussten die entsprechenden Grundstücke erworben werden. Oft wurde lange über die Entschädigung für die Häuser, Felder und Waldstücke der Bevölkerung verhandelt. An das Feilschen mussten sich die französischen und deutschen Bauleiter aber erst gewöhnen. Unvorstellbare Summen wurden da anfangs verlangt; die Deutschen waren empört. Doch das gehörte – wie man langsam erkannte – zum Ritual, zum Spiel. Feilschen war der beliebteste Zeitvertreib im Orient, und hier gab es viel Zeit, die sich die Menschen vertreiben mussten.

Noch während um das Land gefeilscht wurde, stellten sich die Ingenieure bereits folgende Fragen: Ist der Untergrund fest genug für den Gleiskörper? Wo kann Material für den Bahndamm entnommen werden? Wo finden sich Steinbrüche für den Schotter? Müssen Wasserläufe abgelenkt, Wege verlegt werden? Wo sind Kanäle anzulegen und wo ist der Bau von Brücken für Flüsse und Bäche (die im Frühjahr und Winter gewaltig anschwellen können) unverzichtbar? Brücken, Durchstiche durch Berge und ganze Tunnel verlangten größte Vorarbeiten.

So sehr die Arbeitsweise nach europäischen Maßstäben erfolgte, der Arbeitsalltag musste sich zwangsläufig dem orientalischen Rhythmus anpassen. Denn zu den besonderen Herausforderungen in Inneranatolien gehörte das hier vorherrschende Kontinentalklima: kalte, strenge Winter mit gefrorenen Böden und viel Schnee und heiße Sommer mit Temperaturen von 35 bis 40° C. Schon im Herbst setzten starke Stürme mit heftigem Regen ein und mit der Feuchtigkeit kamen sogleich die Krankheitserreger. Immer wieder überfielen Infektionsepidemien wie Influenza und Denguefieber die Arbeiter. Deshalb wurden die Arbeiterzahlen im Winter auf 3000 bis 3500 reduziert und im Frühjahr wieder auf rund 6000 aufgestockt. Das kurze Frühjahr war für bauliche Aktivitäten die beste Jahreszeit. Der Arbeitstag in den anschließenden heißen Monaten folgte dem orientalischen Lebensrhythmus. Gleich bei Sonnenaufgang zwischen fünf und sechs Uhr morgens beginnt der Arbeitstag mit dem Morgenappell: Die Anwesenheit der einzelnen Arbeiter wird von den Aufsehern registriert. Dann wird bis in die Mittagsstunden gearbeitet, es folgt eine ausgedehnte Mittagspause, ab dem späteren Nachmittag wird bis zum Sonnenuntergang wieder gearbeitet.

Deutsche Ingenieure, die sich aus Pflichtgefühl diesem Rhythmus zunächst wiedersetzten, gaben diesen Widerstand spätestens nach dem ersten durchlittenen Sonnenstich auf. Der Bau einer soliden Gleisanlage verlangte besonders im Bereich der zahlreichen Brücken einen festen Untergrund. Deshalb mussten die Arbeiter immer wieder sumpfigen Untergrund aufgraben und trockenlegen. Dabei verbreiteten sich schnell Fieberkrankheiten wie die Malaria, die im 19. Jahrhundert in Kleinasien noch weit verbreitet war. Außerdem – um das Bild der Leiden abzuschließen – litten die Europäer durchweg an keineswegs harmlosen Durchfallerkrankungen.

Doch auch nach dem Verlegen der Gleise war die Strecke noch lange nicht betriebsbereit. Eine parallel verlaufende Telegrafenverbindung wurde installiert, alle hundert Meter ein Streckenstein aufgestellt, Wegschranken und Einfriedungen errichtet. Es mussten Wasserstationen, Kohlerampen und Löschgruben eingerichtet werden. Gleichzeitig wurden Haupt- und Nebengebäude der Bahnhöfe gebaut. Allein für die Anatolische Eisenbahn (also die Strecken von Haydarpascha bis nach Ankara bzw. Konya) hieß das: 70 Bahnhöfe wurden errichtet, einige davon 1. Klasse (zum Beispiel in Eskischehir, Ankara und Konya), einige 2. Klasse (zum Beispiel in Afyon), die meisten jedoch mussten nur der 3. Klasse genügen. Hier würde nur die einheimische Landbevölkerung aus- und zusteigen. Anschließend erhielten die Bahnhöfe zweisprachige Namensschilder, auf »Türkisch«, also mit arabischen Schriftzeichen, und auf Französisch. Abschließend musste die Bahngesellschaft auch Wohngebäude für die Bahnmeister, Betriebskontrolleure und Bahnunterhaltsingenieure errichten lassen. Besonders die kleinen Bahnhöfe 3. Klasse wie in Mekedje oder Osmaneli tragen die deutliche Handschrift deutscher Bauherren: Die weißgekalkten Gebäude mit ihren Ziegeldächern sind so schnuckelig-klein und dabei so korrekt angelegt, dass deutsche Fahrgäste sogleich an die Schwäbische Alb oder die Pfälzische Weinstraße erinnert werden.

☾

Während die Bautrupps vor Ort von Juni 1890 bis Juni 1892 an der schwierigen Strecke Adapazari–Eskischehir arbeiteten, wurde bereits um die Rechte für neue Bahnstrecken gekämpft. Die Deutschen hatten mit ihrer Konzession ein Tor geöffnet. »Bewerber für alle möglichen Eisenbahnprojekte tauchten auf und setzten dem Sultan und seinen Ministern mit dem diplomatischen Druck ihrer Botschaften und Gesandtschaften scharf zu«[8], urteilt Siemens-Biograf Karl Helfferich. Eine italienisch-englische Gruppe beantragte eine Konzession für eine Strecke vom Marmarameer ins armenische Hochland – also eine Durchquerung Kleinasiens von West nach Ost. Eine belgisch-französische Gruppe dagegen wollte eine Eisenbahn bauen, die von Samsun am Schwarzen Meer nach Alexandrette am östlichen Mittelmeer führte, also Kleinasien von Nord nach Süd durchfuhr.

Die ausländischen Delegationen und Gläubiger setzten den Sultan unter Druck; der wiederum versuchte, die Deutschen und die »Anatolische Eisenbahn-Gesellschaft« unter Druck zu setzen. Das erste Mal beschäftigte sich Sultan Abdülhamid nun auch ernsthaft mit den Eisenbahnplänen von Wilhelm Pressel; die Idee zur Bagdadbahn hatte sich endlich auch im Kopf des wichtigsten Entscheidungsträgers eingenistet. Bereits im August 1891 musste Kaulla zu einer persönlichen Audienz im Yildiz-Palast erscheinen. Der Sultan wünschte eine Bahnlinie von Ankara über Sivas bis nach Bagdad. Als besonderen Anreiz erklärte er sich bereit, sich mit seinem persönlichen Vermögen an dem Unternehmen zu beteiligen. Kaulla war Feuer und Flamme, doch Siemens reagierte wieder einmal extrem zurückhaltend. Schließlich einigte man sich darauf, dass eine deutsche Expertengruppe eine Voruntersuchung der »schwierigen Strecke« Ankara–Sivas durchführen sollte – die Kosten sollten die Deutschen tragen »mit einer bescheidenen Beihilfe der türkischen Regierung«.

Doch der Sultan wollte nicht auf die Ergebnisse dieser Expedition warten und wandte sich direkt an die deutsche Regierung. Er gab seinem Botschafter in Berlin sogar den Auftrag, sich direkt an Wilhelm II. zu wenden mit der Bitte einer »moralischen Förderung« des Projektes. Die Ergebnisse der Voruntersuchung, die im Frühjahr 1892 vorlagen, gaben Siemens' Gespür wieder einmal recht: Die Strecke verlief mitten durch das gebirgige Ostanatolien, weit entfernt von Küsten und Handelsplätzen. Der erhebliche Aufwand, der für ihren Bau erforderlich gewesen wäre, stand in keinem Verhältnis zu ihrem Nutzen.

☾

Frühjahr 1892. Als der gerade erst 30 Jahre alt gewordene und in Dresden aufgewachsene Heinrich August Meißner zum Chef einer Bausektion der Strecke nach Ankara ernannt wurde, fragte sich mancher: Ist der nicht zu jung und unerfahren? Doch Meißner war bereits ein alter Hase beim türkischen Eisenbahnbau. Direkt nach dem Abschluss des Ingenieurstudiums und eines türkischen Sprachkurses war er 1885 seinem Onkel nach Konstantinopel gefolgt, der dort als Ingenieur in einer Glasfabrik arbeitete. Nach kurzer Tätigkeit für die türkische Eisenbahn kehrte Meißner zwar wieder nach Dresden zurück, blieb dann aber ab 1887 den osmanischen Schienen treu. Schnell entdeckte das französische Bauunternehmen »Régie Générale« Meißners technische und organisatorische Talente und setzte ihn auf leitende Positionen.

Als Meißner zur »Anatolischen Eisenbahn-Gesellschaft« stieß, hatte der Streckenbau gerade die anatolische Hochebene erreicht: endlose Weiten, grenzenlose Steppen, auf denen Schafe und Ziegen weideten, nur hier und dort wurde Getreide angebaut. Weit hinten am Horizont zeichneten sich einzelne Gebirgszüge ab. Ein Kollege von Meißner, der schon weit herumgekommen waren, verglich diese Gegend mit dem amerikanischen Westen.

Diese mystische Landschaft, die auch die deutschen Ingenieure in ihren Bann zog, hielt allerdings auch Enttäuschungen bereit: »Die genauere Bekanntschaft mit dem Inneren Anatoliens hatte manche Illusionen zerstört«, berichtet Helfferich. »Es hatte sich herausgestellt, dass hier die Verhältnisse viel schwieriger lagen als in dem reichen Hinterland von Smyrna/Izmir, das bisher allein in größerem Umfang durch Eisenbahnen erschlossen war. Die im Altertum durch ihre Fruchtbarkeit und ihren Mineralreichtum berühmten Gebiete lagen seit Jahrhunderten im tiefsten Zerfall; das anatolische Hochland war durch Waldzerstörungen, Verfall der Bewässerungsanlagen, Rückgang der Kulturen, Verarmung und Schwund der Bevölkerung nahezu eine Wüste geworden.«[9]

Aber diese endlosen Weiten, in denen sich der Blick der Ingenieure hin und wieder verlor, spornten sie mit ihren Arbeitern zu Höchstleistungen an. Seit der Streckenbau das Hochplateau erreicht hatte, ging es viel schneller voran. Hier gab es nur kleine landschaftliche Unebenheiten und viel Bodenmaterial, mit dem diese ausgeglichen werden konnten. Aber meistens ging es einfach nur immer geradeaus. So konnten die Bahnbauer für die Strecke nach Ankara einen richtigen Rekord hinlegen.

Inzwischen machte nicht nur die Hohe Pforte, sondern auch die deutsche Regierung Druck auf Siemens. Letztere wollte auf keinen Fall, dass Unternehmen anderer Länder beim anatolischen Bahnbau zum Zug kommen. Erstere ließ verkünden, der Sultan werde auf keinen Fall eine Bahn nach Bagdad unterstützen, deren Strecke auf das Mittelmeer zusteuere. Siemens wiederum dachte nicht im Traum daran, eine Strecke über Sivas nach Bagdad zu finanzieren – mitten durch größte Gebirgslandschaften und jenseits allen Handels.

Aber Siemens war kein Starrkopf, er suchte einen Kompromiss: Eine Verlängerung der Strecke von Eskischehir in südöstlicher Richtung über Afyon nach Konya war möglich und würde einen großen Teil Inneranatoliens erschließen. Vor allem jedoch war der Bahnbau auf dem

Hochplateau viel einfacher und kostengünstiger durchzuführen und vielleicht würde die weitere Verlängerung dieser Strecke ja doch ans Mittelmeer führen – oder nahe daran vorbei. Also erhielt die »Anatolische Eisenbahn-Gesellschaft« im Februar 1893 eine Konzession sowohl für die Strecke Ankara–Sivas–Bagdad als auch für die Eskischehir-Konya-Strecke. Gebaut wurde vorerst jedoch nur letztere.

☾

Frühjahr 1894. Nachdem die Fragen von Kilometergeld-Garantien und deren Absicherung gelöst waren, wurde die Strecke Eskischehir–Konya in Angriff genommen – nun endlich unter Leitung der Philipp-Holzmann-Gruppe aus Frankfurt. Das hieß aber nicht, dass deutsche Ingenieure und Vorarbeiter nun allein mit türkischen Mitarbeitern loslegten; es wurden viele leitende Mitarbeiter aus den vorangegangenen Streckenarbeiten übernommen. Außerdem war gerade in Griechenland der Kanal von Korinth fertiggestellt worden und viele europäische Bauexperten kehrten nicht in ihre Heimatländer zurück, sondern heuerten gleich beim Eisenbahnbau an. Allerdings mussten auch Abgänge verzeichnet werden: Heinrich August Meißner ließ sich für die Strecke Saloniki–Monastir im europäischen Teil des Osmanischen Reiches abwerben.

Aus diesem Hin und Her ergab sich ein buntes Nationengemisch: Schweizer, Franzosen, Italiener, Österreicher, Russen, Griechen, Levantiner, Armenier, Türken und Deutsche. Zur allgemeinen Verständigung wurde weiter Französisch gesprochen. Der deutsche Landvermesser Edmund Naumann schildert seine Eindrücke: »Eigenartige Bilder boten die Barackendörfer, lange, rohe Holzbuden mit arbeitenden Frauen. Da waren abenteuerliche Gestalten europäischer Arbeiter zu sehen, die mich nicht selten an alte Bekanntschaften aus den Gebieten Californiens erinnern. Fahrendes Volk mit Frauen und Kindern machte den Eindruck von Auswanderungszügen. Dazu kamen die bunten Trachten der Orientalen, der Türken, Armenier und Tscherkessen.«[10]

Von der Zusammenarbeit mit den Franzosen hatten die deutschen Ingenieure und Vorarbeiter der Philipp-Holzmann-Gruppe tüchtig profitiert und sie erwiesen sich als kluge Schüler, die ihren Meister übertrumpfen wollten. Kaum hatte die Firma Holzmann die alleinige Verantwortung der Baumaßnahmen übernommen, entwickelten ihre Ingenieure ein kleines technisches Wunderwerk mit dem sehr prosaischen Namen »Gleislegemaschine«.

Zwar musste auch weiterhin ein kleiner Bahndamm aus festem Bodenmaterial errichtet und entlang der gesamten Strecke Schotter als Gleisbett aufgeschüttet werden, doch dann ging es rapide voran: Auf langen Waggonreihen wurden die bereits in den Betriebshöfen vormontierten Gleise herangefahren. Die Legemaschine, die wie ein halb ausgefahrener Leiterwagen aussah, kam zum Einsatz: Auf ihren schrägen Schienen rutschte das Gleisstück vom Waggon herab auf den vorgesehenen Platz im Gleisbett. Das Verbindungsstück wurde festgeschraubt – und weiter ging's …

☾

20. Juli 1896. An diesem Tag vollendeten die deutschen Ingenieure und das internationale Bauteam die Gleisanlagen nach Konya – einige Wochen vor dem vereinbarten Termin. Die Montage der letzten Schienen wurde im Beisein von viel Prominenz und Hunderten von Schaulustigen ausgeführt, auf etlichen Fotografien festgehalten und mit einem großen Fest abgeschlossen. Sie feierten ihre Leistung und ihren Erfolg. Aber war die Eisenbahnverbindung Konya–Eskischehir–Konstantinopel wirklich eine historische Leistung?

Konya am südwestlichen Rand der zentralanatolischen Hochebene liegt am Kreuzungspunkt alter Handelswege, von denen der nördliche Ausläufer der Seidenstraße der berühmteste ist. Ihre Blütezeit erlebte die Stadt noch vor dem Aufstieg des Osmanischen Reiches. Denn was wenig bekannt ist: Nicht die Osmanen waren die Gründer des islamischen Reiches in Anatolien, sondern die Rumseldschuken, die im 13. Jahrhundert ganz Anatolien beherrschten. Sie erbrachten große kulturelle Leistungen, trugen den Islam nach Anatolien und ermöglichten die Einwanderung der Turk-Völker. Rund einhundert Jahre, nachdem sich im 10. Jahrhundert aus den Nomadenvölkern Vorderasiens die Herrscherdynastie der Seldschuken herausgebildet hatte, grenzten sich die Eroberer des byzantinischen (oströmischen) Anatoliens von den Großseldschuken in Persien ab und nannten sich »Rum«-Seldschuken – »die von Rum (Rom)«. Zwar wurden die Anfänge des neuen Reiches ganz von Eroberungen und Grenzkonflikten bestimmt, aber in nur zwei Generationen wandelten sich die Rumseldschuken von Nomaden zu Kulturstiftern. Sie erneuerten das seit der Antike verfallene Wegenetz Kleinasiens und legten über einhundert Karawansereien an. Mit der Eroberung zahlreicher Häfen am Schwarzen Meer und am Mittelmeer fanden sie schließlich Anschluss an den überregionalen Handel. Auf dem Höhepunkt der Macht unter der Herrschaft von Alaeddin Kaykobad I. (1220–1237) erblühte das zentralanatolische Konya zu einer Metropole multikulturellen Lebens: Während die Turkmenen die wichtigste Rolle im Heer innehatten, wurden die Staatsgeschäfte von Persern geführt. Die Herrscher stifteten zahlreiche Moscheen und Rechtsschulen (Medresen), in denen arabische Gelehrte die islamischen Gesetze weitergaben. Gleichzeitig lockte der wachsende Reichtum der Stadt italienische, jüdische und fränkische Kaufleute an, die sich hier niederlassen konnten, ohne zum Islam übertreten zu müssen. Unter dem Einfluss armenischer, georgischer und griechischer Baumeister setzte im 13. Jahrhundert eine Blüte in der Architektur ein, deren Stil nicht verschwenderische Pracht, sondern eine Vielfalt der Formen kennzeichnete. Während Festungen, Brücken und Karawansereien ausschließlich mit Steinornamenten und -skulpturen verziert waren, glänzten Moscheen, Grabbauten und Paläste durch Fayencedekor. Mit diesen emaillierten Mosaiken war beispielsweise der gesamte Innenhof der Sirçali Medrese ausgeschmückt. Aber auch Stuckreliefs und arabische Kalligrafien gehörten zur Dekoration.

Doch auch für Konya galt, was auf ganz Anatolien im 19. Jahrhundert zutraf: Von dem alten Glanz war nichts mehr erhalten, als Helmuth von Moltke Mitte des 19. Jahrhunderts als erster Deutscher seit langer Zeit die Stadt besuchte. »Die türkischen Städte sehen überhaupt sehr verödet aus, aber keine mehr als Konya; es ist weniger verfallen durch die Zeit, als zerstört durch Menschenhände. Ein Jahrhundert hat hier immer seine Denkmäler erbaut aus den Trümmern der vorangehenden; in der christlich-römischen Zeit riss man die Tempel ein, um Kirchen zu bauen; die Moslems verwandelten die Kirchen in Moscheen ...«[11]

Doch auch die Moscheen lagen mittlerweile in Trümmern, selbst das berühmte Mevlana-Kloster war halb verfallen. »Nur die heutige Generation hat gar nichts gebaut als eine Kaserne und die Lehmhütten, in welchen sie sich verbirgt. Konya liegt gegenwärtig außerhalb der alten Mauern und bildet eigentlich eine weitere Vorstadt einer Stadt, die nicht mehr existiert.«[12] Dieser Zustand war symptomatisch für das späte Osmanische Reich. Nicht eine einzige türkische Lira von den üppigen Darlehen, die der Sultan bei den europäischen Banken in den letzten Jahrzehnten gezeichnet hatte, erreichte die anatolische Hochebene. Bürokratie und Vetternwirtschaft machten weite Teile des Landes unregierbar. Doch vor allem – darauf verweist der Islamexperte Bernhard Lewis – geriet das Reich, das lange Zeit in Staatsführung, Handel und Kultur absolut führend war, gegenüber Europa in technologischen Rückstand. Es fehlten Geld und Know-how, um die Infrastruktur, um Wege, Dämme und Bewässerungsanlagen, Krankenhäuser und Moscheen instand zu halten.[13]

☾

Erst im Zuge des Bahnbaus erblühte das legendäre Konya zu neuem Leben. Menschen zogen in die alten Gassen, der Handel belebte sich und Moscheen, Medresen sowie das Mevlana-Kloster wurden allmählich wieder aufgebaut. Konya wurde wieder zu einer religiösen Wallfahrtsstätte – dank der Bahnverbindung!

Die deutschen Bauingenieure engagierten sich noch weit über den Bau der Eisenbahnlinie hinaus. Schon bald nach Baubeginn richteten sie einen sogenannten Agrikulturdienst ein. Die meisten Anatolier waren Hirten, die mit ihren Ziegen und Schafen und kleinen Gemüsefeldern weitgehend autark, aber auch sehr ärmlich lebten. Deutsche Agrarberater richteten deshalb kleine Versuchs- und Lehrpflanzungen ein. Dort zeigten sie den anatolischen Bauern, wie sie Getreide, Kartoffeln, Obst und Gemüse wirtschaftlich anbauen konnten. Sie führten gutes Saatmaterial ein und stellten den Bauern moderne Landwirtschaftsgeräte vor: Es gab nicht nur neue Pflüge und Eggen, die das Erdreich optimal aufbereiteten, sondern auch schon von Pferden gezogene Erntemaschinen, die mähten und das Getreide sofort zu kleinen Bündeln schnürten. Den Rest übernahm dann die vollmechanische Dreschmaschine.

Die deutschen Bauingenieure und Agrarexperten beschränkten sich nicht darauf, sich um die Bahnstrecke und die angrenzende Landwirtschaft zu kümmern. Sie zeigten auch Interesse an den geologischen Formationen der anatolischen Hochebene, der Flora und Fauna und an den vielen altertümlichen Ruinen. Sie wurden von Wissenschaftlern und Institutionen wie der »Deutsch-Asiatischen Gesellschaft« dazu ermuntert, die Regionen, in denen sie sich aufhielten, in größtmöglicher

Breite zu erkunden. An die Ingenieure wurden daheim verfasste kleine »Anleitungen für wissenschaftliche Beobachtungen« verteilt: Wie erstelle ich eine Landschaftskarte? Wie erfasse ich Flora und Fauna einer Region? Wie lassen sich geologische Gesteinsschichten dokumentieren? Woran erkenne ich, ob ein in der Landschaft aufragender Hügel ein von Menschenhand entstandener Grabhügel oder gar ein vor langer Zeit aufgegebener Siedlungshügel sein kann?

Was die deutschen Ingenieure nicht wussten: Während sie das Land dezent, aber bestimmt erkundeten, wurden sie selbst ständig ausspioniert. Abdülhamids Geheimdienst sah und hörte alles, denn auf eine Frage wollte der erhabene Sultan Antworten bekommen: Führten die Deutschen doch mehr im Schilde als nur den Bau der Eisenbahn?

Fünftes Kapitel

In Abdülhamids Schattenreich

Während hinter der Touristenkulisse von Konstantinopel Misstrauen und Verschwörung herrschen, fahndet ein deutscher Pfarrer nach den Pogromen gegen die Armenier.

Konstantinopel, Ende April 1896. Einer der ersten deutschen Passagiere auf den neuen anatolischen Bahnstrecken ist ein deutscher Teppichhändler mit seinem Begleiter. Ein Teppichhändler? Johannes Lepsius gibt sich alle Mühe, wie ein weitgereister Geschäftsmann zu wirken, doch sein wahres Interesse gilt nicht der orientalischen Teppichknüpfkunst, sondern der armenischen Bevölkerung im Osmanischen Reich. Lepsius' Interesse für das Schicksal der Christen im Nahen Osten kommt nicht von ungefähr. Sein Vater war niemand Geringeres als Carl Richard Lepsius, der die erste deutsche Archäologie-Expedition nach Ägypten geleitet hatte und mit seiner Beute das Ägyptische Museum in Berlin füllte. Bereits der Vater hatte sich für christliche Minderheiten im Osmanischen Reich und in Ägypten eingesetzt und Johannes Lepsius selbst war nach dem Theologiestudium einige Jahre als Prediger und Lehrer nach Jerusalem gegangen, und nun wollte er den Gerüchten und Berichten über systematische Massaker an der armenischen Bevölkerung des Osmanischen Reiches auf den Grund gehen. Immerhin genügen die Tarnung als Teppichhändler und ein wenig Bakschisch, um neugierige Wirte und türkische Beamte zu beruhigen. Zumindest vorläufig.

☾

»Sultan der Sultane«, »Kalif aller gläubigen Muslime« wird Abdülhamid II. ehrfürchtig von seinen Untertanen genannt, auch »Schutzherr der Heiligen Städte« und »Herr zweier Erdteile und Meere«. Doch zur gleichen Zeit wird er an anderen Orten als »Abdül der Verdammte«, »Monster von Yildiz« und »Grand Assassin (»großer Attentäter«) verurteilt. Und viele Diplomaten, die persönlichen Umgang mit ihm hatten, kommen zu einem noch verächtlicheren und vor allem antisemitischen Urteil: »Ein schlaffer, nervöser, überall Gespenster sehender Mann!« »Schmerbäuchig, ohne Haltung – wie ein wohlhabender jüdischer Geschäftsmann!«[1]

Neue Rechtssicherheit auf der einen, islamische Unruhen auf der anderen Seite; wirtschaftlicher Aufschwung hier, Krisen und Zerfall dort; verlässlicher Bündnispartner und Kriegstreiber zugleich; Weltoffenheit gegen orientalische Verschlossenheit und Misstrauen – der ganze Zwiespalt, in dem sich das Osmanische Reich gegen Ende des 19. Jahrhunderts befand, spiegelte sich in der Person, die ab 1876 die Geschicke des Reiches lenkte: Sultan und Kalif Abdülhamid II.

Angetreten hatte der damals 34-Jährige seine Regierungszeit als Reformer. »Ein freundliches Wesen« und »aufklärerische Absichten« wurden ihm zu Beginn seiner Amtszeit bescheinigt. Er ließ die Scharia abschaffen und das Bankenwesen reformieren, er setzte eine Verfassung ein und ließ Wahlen zu. Im großen Thronsaal des Dolmabahçe-Palastes eröffnete er am 19. März 1877 persönlich das erste türkische Parlament. Doch nur zwei Monate später ließ er es wieder auflösen. Daraufhin urteilte der englische Botschafter Lord Salisbury kurz und kompromisslos: »Ein elendes, schwaches Geschöpf!«[2] Nach und nach trat der andere Teil seiner Persönlichkeit und seines Regierungsstils zutage. »Keine Folgerichtigkeit, keine Ausdauer, beständiger Wechsel in den höchsten Ämtern wegen plötzlicher, meist ganz grundloser Anfälle schwersten Misstrauens«, bescheinigte ihm schließlich der deutsche Diplomat Ludwig Raschdau. »Unerhörte Grausamkeit, Günstlingswirtschaft, Verschwendung hier und Versagen des Notwendigsten dort, hartherzige Selbstsucht, die vor allem an die persönliche Sicherheit dachte und ein böses Angebertum züchtete, diese Eigenschaften haben es dahin gebracht, dass unter seiner Herrschaft der Auflösungsprozess des Reiches immer bedenklichere Fortschritte machte.«[3]

Abdülhamid der Unstetige. Selbst auf Bestechungsversuche reagierte er unvorhersehbar: Obwohl sein ganzes System auf Korruption fußte, reagierte er höchst pikiert auf einen kleinen Bestechungsversuch der Direktoren der ersten Orient-Eisenbahn-Gesellschaft. Sie überreichten dem Sultan einen luxuriösen königlichen Salonwagen. Er ignorierte das Geschenk jedoch vollkommen und nutzte es nur ein einziges Mal und das höchst unfreiwillig, als er nämlich 1909 abtreten musste.

Beständig an Abdülhamid blieb während seiner ganzen Regierungszeit nur eines: sein Misstrauen. Es führte dazu, dass er nach und nach die ganze Macht in seinen Händen zusammenführte – doch es waren die Hände eines höchst labilen Charakters. Aus Argwohn schränkte der Sultan die Rechte, die er seinen Untergebenen in besonnenen Momenten erteilt hatte, kurze Zeit später wieder ein. Besonders misstrauisch war Abdülhamid auch gegenüber den europäischen Großmächten. Zu Recht, da das Osmanische Reich von ihnen eingekesselt und geschröpft wurde. Besonders hasste er es, dass sich die europäischen Diplomaten in alle seine Angelegenheiten einmischten. »Während überall sonst in Europa die Aufgabe der Diplomatie in erster Linie eine berichtende und vermittelnde ist, gab es am Goldenen Horn keine politische oder religiöse Angelegenheit, keine Frage des Handelns und Verkehrs, selbst keine größere Ausschreibung eines Regierungsgeschäfts, bei dem die fremden Vertreter nicht ihre Hand im Spiel hatten.« So schilderte Diplomat Raschdau die Lage. »Und sie gingen in allen diesen Dingen nicht bloß an die höchsten Behörden, sie machten sich an den Sultan persönlich heran. Dann entwickelte er seine Kunst, in dem Wettstreit der fremden Vertreter für sein eigenes Interesse zu arbeiten, indem er die Eifersüchteleien ausnützte.«[4] Die Deutschen wurden vom Sultan bevorzugt behandelt, ihnen gab er etwas mehr Handlungsspielraum als den anderen Großmächten. Lag es daran, dass er die Deutschen mochte? Lag es daran, dass sie keine Kolonialinteressen im Nahen Osten verfolgten? Oder hatte der »listenreiche« Abdülhamid für das Deutsche Reich eine ganz besondere Aufgabe vorgesehen?

☾

Seit der Gründung des Deutschen Reiches 1871 wurden zahlreiche Kolonialverbände und -vereine gegründet, der bekannteste war die »Deutsche Kolonialgesellschaft«, die schnell an Einfluss in der deutschen Politik gewann; seit 1890 gab es eine eigene Kolonialabteilung im Auswärtigen Amt. Die Kolonialverbände und die Kolonialabteilung hielten Kontakt zu deutschen Landsleuten, die ausgewandert waren oder sich als Händler irgendwo in der Welt niedergelassen hatten, und sie forderten, dass das Deutsche Reich einen seiner Größe und Macht entsprechenden Teil von den Kolonialgebieten in Afrika, Asien und in der Südsee beanspruchen sollte.

Bismarck hatte jedoch kategorisch erklärt: »So lange ich Reichskanzler bin, treiben wir keine Kolonialpolitik.«[5] Doch trotzdem hatte er am 24. April 1884 in einem Telegramm dem Bremer Tabakwarenhändler Adolf Lüderitz zugesichert, dass sein erworbenes Land an der Bucht von Angra Pequena (Küste von Namibia) nun unter dem »Schutz des Deutschen Reiches« stehe. »Damit hatte Bismarck – wenn auch widerstrebend – den Startschuss für den noch jungen deutschen Nationalstaat als Kolonialmacht gegeben«, urteilt der Historiker Joachim Zeller. »In den folgenden Jahren raffte das wilhelminische Kaiserreich eine Reihe von Kolonien zusammen, die mit ihrer Fläche von 2,9 Millionen Quadratkilometern sechsmal so groß waren wie das ›Mutterland‹ selbst.«[6] Darunter befanden sich Deutsch-Südwestafrika (Namibia), Togo, Kamerun, Deutsch-Ostafrika (Tansania, Ruanda, Burundi), Deutsch-Samoa und Deutsch-Neuguinea. Doch diese Ländereien spielten weder eine Schlüsselrolle bei den wichtigsten Rohstoffen wie Gold, Silber, Edelsteine, Kupfer, Salpeter, noch bei der Produktion von Baumwolle, Seide, Gewürzen und Kautschuk, und auch als Absatzmärkte taugten sie nicht viel. »Darüber, dass den Deutschen bei ihrem kolonialen Beutezug zu großen Teilen solche Gebiete zugefallen waren, die die anderen Kolonialmächte bei der Aufteilung der südlichen Erdhalbkugel übrig gelassen hatten, machten sich die Zeitgenossen keine Illusionen«[7], resümiert Zeller, und deshalb entstanden Anfang der 1890er Jahre militante Organisationen wie der »Alldeutsche Verband«, die nach Alternativen suchten. Interessante Gebiete, die noch nicht zu Kolonialreichen gehörten, waren Marokko, Persien, China und Teile des Osmanischen Reiches, die sich nun wie von allein anzubieten schienen.

☾

Für die Touristen, die immer zahlreicher mit dem Orientexpress anrückten, stellte sich eine ganz andere Frage: Begann in Konstantinopel wirklich noch der Orient? Die Realität, die die Touristen in der Stadt am Bosporus vorfanden, hatte nur noch wenig mit dem zu tun, was sie in den Reisegeschichten von de Amicis und anderen gelesen hatten.

Entlang des nördlichen Ufers des Goldenen Horns erstreckt sich der überwiegend von Europäern bewohnte Stadtteil Pera, auch Galata genannt, nach dem auf einer Anhöhe gelegenen, ehemaligen Gefangenen-Turm. Früher musste man die rund 60 Meter Höhenunterschied zum Turm durch das enge und steile Gassenlabyrinth emporsteigen, 1888 konnte man bereits ein sehr modernes Verkehrsmittel nutzen: eine Zahnrad-Untergrundbahn, die von Schweizer Ingenieuren entworfene und erbaute »Tünel-Bahn«. Sichtbar war die Veränderung des Weiteren auf dem Wasser: Europäische und asiatische Stadtteile wurden durch moderne Fährdampfboote verbunden.

Wo das Goldene Horn in den Bosporus mündet, thront auf einer Anhöhe am Ufer der Topkapi-Palast, über viele Jahrhunderte Sitz der osmanischen Herrscher. In rund 400 Jahren war der Palast zu einem trostlosen funktionalen Labyrinth ausgewuchert. Mehrere Brände hatten außerdem die Anfälligkeit der Anlage demonstriert. Die Sultane hatten ihre Regierungssitze bereits Mitte des 19. Jahrhunderts in neue Paläste am Bosporus verlegt – Topkapi wurde eine Art Altersheim. Hierher schob der Sultan Damen des Harems und Beamte ab, die in seiner Gunst gefallen waren. Schließlich wurde sogar ein Teil der Befestigungsmauer am steilen Bosporusufer für die Gleisanlage des Orientexpresses abgerissen. Da ein großer Teil des Palastes inzwischen funktionslos war, wurde er für Besucher freigegeben.

Ebenso exotisch wie die unzähligen Moscheen galt lange Zeit die Brücke über das Goldene Horn. Jahrhundertelang stand dort die alte Ponton-Brücke, die von aneinandergebundenen Holzbooten getragen wurde. Kleine und große Boote hatten dort festgemacht, Fischer, Händler und Garküchen-Betreiber boten Vorbeiziehenden, die sich in dichten Trauben über die Brücke schoben, ihre Waren an. Doch inzwischen war dieses Holzkonstrukt ersetzt worden durch eine Metallbrücke, entworfen von deutschen Ingenieuren.

Auch dem deutschen Archäologie-Stipendiaten Ludwig Curtius fiel auf, dass »Konstantinopel nicht mehr so orientalisch wie die Städte Kleinasiens oder wie Kairo« war. Doch als der angehende Archäologe länger auf der Goldenen-Horn-Brücke stand, machte er eine andere exotische Erfahrung: »Aber nun merke ich, dass ich durch zu langes Verweilen auf der Brücke die Aufmerksamkeit zweier elegant gekleideter Fremdenführer auf mich gelenkt habe, die schon ebenso lange herumstehen wie ich, also kaum Fremdenführer, sondern wahrscheinlich Geheimpolizisten des Sultans sind. Denn auch der überall spürbare Druck der Sultansregierung mit ihrem Heer von Spionen, ihrer Launenhaftigkeit, Attentatsfurcht und ihre virtuosen politischen Intrigenspiele und die geflüsterten Gerüchte von niedergeschlagenen Verschwörungen und Meuchelmorden gehörten zur Atmosphäre der Stadt.«[8]

☾

Yildiz-Palast, ein Tag im Jahr 1892. Der Tag beginnt idyllisch. Der Sultan spaziert kurz nach dem Aufstehen durch seinen Park, bleibt an einem Kaffeekiosk stehen und kauft sich seinen Morgentrunk, einen starken Mokka. Der absolute Herrscher über das Osmanische Reich, der Kalif, der über 300 Millionen Muslime wacht, der Gebieter über einen Harem von über 200 Frauen zahlt für seinen morgendlichen Mokka mit abgezählten Münzen. Glaubt er, dass er den Tag mit einer gerechten Tat beginnen sollte? Oder ist er davon überzeugt, dass ein Kaffee, den er eigenhändig bezahlt, nicht vergiftet sein kann? Denn Abdülhamid hat Angst um sein Leben, und seine Angst ist mindestens ebenso groß wie seine Macht. Fand nicht sein Onkel Abdülaziz kurz nach seiner Absetzung 1876 den Tod? Die Gerüchte, dass er auf traditionelle Weise von hinten mit einem Halsknebel erdrosselt worden war, waren nie verstummt. Nur Abdülhamid selbst wusste, was dort im Sommerpalast Ciragan wirklich geschehen war. Auch Abdülaziz' Nachfolger, Abdülhamids Bruder Murat V., wurde nach kurzer Amtszeit abgesetzt. Doch der neue Sultan verschonte ihn, und so lebte Murat V. noch 27 Jahre als Gefangener seines Bruders im hoch über dem Bosporus gelegenen Ciragan-Palast. Dort lebte auch Abdülhamids jüngerer Bruder Mehmet unter Hausarrest, den der Sultan ebenfalls nicht hatte erdrosseln lassen, wie es eigentlich Tradition war, um Nebenbuhler auszuschalten. War der Sultan letztlich weniger grausam, als allgemein angenommen wird?

In Sichtweite dieses wahrlich goldenen Käfigs hatte Abdülhamid sich sein eigenes Reich errichten lassen: Yildiz-Kiosk. Die Anlage hatte kein wuchtiger Palast, sondern eine Ansammlung vieler kleiner Pavillons und Parks werden sollen, die sich sternförmig um einen kleinen See anordnen. Doch Yildiz-Kiosk, auch Yildiz-Palast genannt, wurde zum architektonischen Abbild des Seelenlebens des Sultans und seiner Politik, es wurde zur Yildiz-Festung und zum Yildiz-Labyrinth mit zahlreichen Geheimgängen. Abdülhamid machte kein Geheimnis daraus, dass er ständig unter Todesangst litt – bei Tag und bei Nacht. Deshalb ließ er seine eigenen Mitarbeiter bespitzeln. Deshalb entschied er sich jeden Abend erst in letzter Minute, in welchem Raum seines riesigen Palastes er sich zur Ruhe legte. Deshalb wurde die berüchtigte Geheimpolizei, die »Hafiye«, immer größer und mächtiger: Sie lieferte dem Sultan Stimmungsberichte aus ganz Konstantinopel, besonders aus dem Großen Basar, aber auch aus den anderen großen Städten, sogar aus kleinen Dörfern Inneranatoliens.

Abdülhamids Misstrauen gegenüber den europäischen Großmächten führte dazu, dass er ein eigenes Büro für ausländische Informationsbeschaffung einrichten ließ. Hier ließ er von gut ausgebildeten Mitarbeitern politische und ökonomische Nachrichten und Kommentare aus westeuropäischen Zeitungen übersetzen und auswerten, aber auch Aufsätze diverser politischer Zirkel und sogar Arthur Conan Doyles Detektivgeschichten. Der Sultan war weit besser über die politischen Diskussionen im Deutschen Reich informiert, als viele Deutsche annahmen und heute noch annehmen.

Gleichzeitig war Abdülhamid auch ein Gefangener seines eigenen Landes und nicht einmal in Konstantinopel konnte er sich frei bewegen. Denn auch seinem eigenen Volk gegenüber war der Sultan äußerst misstrauisch. Deshalb überquerte er nur zweimal im Jahr das Goldene Horn, um zu offiziellen Anlässen die Moscheen Süleyman, Faith Muhamet und die Hagia Sophia sowie den alten Topkapi-Palast zu besuchen.

Diese Durchquerung der Stadt wurde für ihn zu einem Albtraum, daran konnte auch das Riesenaufgebot an Geheimdienstlern nichts ändern. Deshalb ließ er sich zum wöchentlichen Freitagsgebet nur zu einer kleinen Moschee fahren, die ganz in der Nähe des Yildiz-Palastes lag. Aber nicht einmal hier ließen sich »Zwischenfälle« verhindern, wie Gertrude Bell einen erlebte, als sie 1892 erneut in Konstantinopel Station machte.

Die drei Jahre seit ihrem letzten Konstantinopel-Aufenthalt hatten ihr einige Enttäuschungen beschert und sie reifen lassen. Ihre emanzipierte, vorlaute Art hatte dazu geführt, dass auch nach der dritten Ballsaison kein Verehrer um ihre Hand angehalten hatte. Vor allem diese Schmach wollte die inzwischen 24-Jährige vergessen, als sie Verwandte in Persien besuchte. Diese Reise sollte ihr Leben verändern. Gertrude Bell erwies sich als eine gute Beobachterin und der Orient wurde ihre Leidenschaft.

In Konstantinopel konnte Bell vom Balkon eines dem Yildiz-Palast gegenüberliegenden Hauses die Ankunft des Sultans in einer von weißen Pferden gezogenen Kutsche beobachten und wunderte sich darüber, dass eine Militärkapelle einen Walzer spielte: »Gerade als er zur Moschee einbog, brach ein Mann durch die Menge und stürzte, laut rufend und eine Papierrolle über den Kopf schwenkend, auf das Wagenfenster zu. Er bahnte sich seinen Weg mit so ungestümer Gewalt, dass er durch zwei Postenketten vordrang, die dritte aber stieß ihn, der sich noch wehrte und die Bittschrift über den Kopf schwenkte, zurück. Die Walzermelodien übertönten seine Schreie, der Sultan verschwand in der Moschee, und der Bittsteller wurde, nachdem man ihn von einem zum anderen weitergeschoben und gestoßen hatte und er bei der Balgerei sein Papier und den besseren Teil seiner Kleidung verloren hatte, elend und zerlumpt heimgeschickt.«[9]

☾

Konstantinopel gegen Ende des 19. Jahrhunderts. Dunkelhäutige Regimenter kleinasiatischer Truppen durchqueren die Stadt ebenso wie elegante Karossen mit verschleierten Haremsdamen und Kutschen europäischer Botschafter und Kaufleute. Mekkapilger aus Buchara oder Afghanistan mit Kaftanen aus kostbaren Brokatstoffen und kugelförmigen Turbanen stehen orientierungslos mitten im Menschengewühl. Sie werden von einer Sänfte abgedrängt, auf der sich eine verschleierte Dame durch das Gassenlabyrinth tragen lässt. Dort drängen sich Matrosen aus aller Herren Länder mit Kurden, Tataren, Tscherkessen und Schwarzen, von denen einige sogar noch Sklaven sind.

Konstantinopel ist nur bedingt Teil des Orients, es bleibt allein schon dank seiner geografischen Lage immer Ort der Begegnung von Morgen- und Abendland. Hier treffen die Landwege Europas und Asiens aufeinander, hier verbindet der Bosporus das Mittelmeer mit der Schwarzmeerregion. Konstantinopel – das politische, wirtschaftliche und kulturelle Zentrum des Osmanischen Reiches – ist gleichzeitig eine multikulturelle Handelsmetropole. In der Stadt leben rund eine Million Menschen, und die Hälfte der Bevölkerung sind Griechen, Venezianer, Juden und Armenier. Das führt dazu, dass die unterschiedlichen religiösen Bräuche die Stadt weitgehend lahmlegen: freitags feiern die Muslime, samstags die Juden und sonntags die Christen. Dazu kommt der Ramadan, währenddessen einen Monat lang das öffentliche Leben ruht – zumindest tagsüber. »Die Vorschriften lasten schwer auf den ärmeren Schichten, die sie als einzige genau einhalten ...«[10], beobachtet Gertrude Bell.

Verschiedene Kriege ließen immer neue Ströme muslimischer Flüchtlinge in die Hauptstadt strömen. Da die hygienischen Verhältnisse katastrophal waren, konnten sich Epidemien wie die Pest immer wieder ausbreiten. Feuersbrünste zerstörten ganze Stadtteile Konstantinopels, da die Häuser noch immer überwiegend aus Holz gebaut waren.

1884 zählte der Große Basar exakt 4994 Stände. Doch es waren kaum Türken, die den Handel betrieben, sondern vor allem Griechen, Armenier und Juden. Besonders die aus Sicht des Islams schmutzigen Geldgeschäfte überließ man Juden und Armeniern. Kriege und Wirtschaftskrisen legten immer wieder die Versorgung der Bevölkerung lahm. Dann kochte der Volkszorn hoch und entlud sich in fanatischen Ausschreitungen gegen Ungläubige.

☾

Konstantinopel 1895. Auf der Suche nach *seinem* Orient spricht ein selbstbewusster Deutscher bei der Hohen Pforte vor: der 35-jährige Max von Oppenheim aus dem Haus der mächtigen rheinländischen Bankiersfamilie Oppenheim. In seinen unveröffentlichten Erinnerungen bekennt er sich freimütig dazu, orientsüchtig zu sein, seit er in seiner Jugend die Erzählungen aus »Tausendundeine Nacht« verschlungen hatte. Doch tatsächlich war er bereits im Jahr 1883 als 22-Jähriger das erste Mal nach Konstantinopel gereist, ohne sich sonderlich für die exotische Welt zu interessieren. Stattdessen hatte er sich nur in diplomatischen Kreisen bewegt.

Möglicherweise war der Orientwunsch in ihm entstanden, als der Druck auf ihm lastete, das Studium der Rechtswissenschaften zu beenden, Erfahrungen in Verwaltungsbehörden zu sammeln, um schließlich eine Aufgabe in der Bank der Familie zu übernehmen. Er sah ein graues Alltagsleben vor sich. Der einzige Ausweg: eine diplomatische Laufbahn. Doch die Regierung in Gestalt des Sohnes des früheren Reichskanzlers, Herbert von Bismarck, hatte Einwände wegen seiner Herkunft: »Ich bin … dagegen, weil Juden, selbst wenn sie Begabung haben, doch immer taktlos und aufdringlich werden, sobald sie in bevorzugte Stellungen kommen.«[11]

Oppenheim reiste, so oft es ging – nach Ägypten, nach Marokko. Nach dem Examen zum Regierungsassessor 1892 siedelte er für einige Zeit nach Kairo über, wo er Arabisch lernte und sich mit dem Islam vertraut machte. 1893 unternahm er seine erste Expedition: Am 24. Juni brach er mit einer kleinen Karawane von Damaskus aus auf, quer durch die syrische Wüste nach Mossul. Von dort fuhren sie auf dem Tigris stromabwärts bis nach Basra – entlang der späteren Strecke der Bagdadbahn. In Basra schiffte er sich nach Indien ein, reiste weiter nach Deutsch-Ostafrika. Dort erwarb er ein Grundstück für eine Farm und suchte in Deutschland Kontakt zu den führenden Köpfen der Kolonialbewegung wie dem berühmten Afrikaforscher Gerhard Rohlfs oder Paul Kayser, der die Kolonialabteilung des Auswärtigen Amtes leitete.

Auf Vorschlag von Kayser wollte er eine Expedition von Libyen aus zum Tschadsee starten, um die dortige Region für das Deutsche Reich in Besitz zu nehmen. Doch der sudanesisch-ägyptische Feldherr Rabeh kam ihm zuvor. »Max von Oppenheim suchte nach neuen Reisezielen im Osmanischen Reich, und um sich politische sowie gesellschaftliche Rückendeckung für seine Pläne zu verschaffen, reist er 1895 nach Konstantinopel«[12], schildert seine Biografin Gabriele Teichmann. Aber was waren das für Pläne?

Als Oppenheim 1895 in Konstantinopel eintraf, wusste er besser als alle Touristen: Das hier ist nicht der Orient. Aber hier residierte der Herrscher über den Orient und zu niemand anderem wollte er: Max von Oppenheim bat um eine Audienz – nicht bei einem der Beamten der Hohen Pforte, nicht beim Großwesir, nicht beim Sekretär des Sultans, sondern beim Sultan selbst. Die Audienz wurde ihm gewährt und stolz erzählte er später über diese Zusammenkunft, und dass sie statt der üblichen 20 Minuten über zwei Stunden gedauert habe: »Ich wusste, dass der Sultan gerade damals dem panislamischen Gedanken nachhing und insbesondere die arabischen Momente benutzen wollte, um seine Stellung als Kalif, als Beherrscher aller Gläubigen, als Hüter der heiligen Städte Mekka und Medina, zu festigen und tatsächlich die Mohammedaner der ganzen Welt unter seinem Einfluss zu vereinigen.«[13] Die Verwirklichung von Max von Oppenheims Reiseplänen machte Fortschritte, doch dann geschah etwas Unerwartetes: Durch die Beziehungen seiner Familie wurde Max von Oppenheim an die deutsche Botschaft in Kairo berufen.

☾

Ende April 1896, Bahnfahrt auf der Strecke von Haydarpascha nach Ankara. Hinter dem Fenster des Zuges sieht Lepsius zierliche Bahnhöfe, kleine ärmliche Dörfer und eine abwechslungsreiche Landschaft. Doch für diese Eindrücke ist er nicht empfänglich, denn er sucht nach Anzeichen von Vertreibung, Einschüchterung und Terror. Hier in den östlichen Provinzen Anatoliens siedelten christliche, gut situierte Armenier jahrhundertelang neben armen muslimischen Kurden, die zum größten Teil noch als Nomaden lebten.

Um die verhassten Armenier zu unterdrücken und zu vertreiben, ließ Abdülhamid nach dem Vorbild der russischen Kosaken seit 1891 Kurden zu paramilitärischen Verbänden zusammenstellen, die zu seinen Ehren »Hamidiye« genannt wurden. Diese kurdischen Freikorps fackelten nicht lange mit den Armeniern, denn es waren alte Rechnungen zu begleichen.

Ankara, die Endstation der Bahn, ist nicht mehr als ein unansehnliches und schmutziges Provinznest. Von hier aus müssen Lepsius und seine Begleiter auf Pferden weiterreisen, sie wollen über Kayseri nach Zeitun und Marasch – zu den Orten der Geschehnisse. Statt wie ein richtiger Teppichhändler von Teppichhaus zu Teppichhaus zu laufen und stundenlang bei einem Glas Tee mit einheimischen Händlern zu feilschen, irrt Lepsius durch die Stadt und stellt viele Fragen. Vor nicht einmal einem halben Jahr ist es hier in der Altstadt zu Massakern gekommen. Einzelne Augenzeugen erinnern sich.

Doch dann wird Lepsius auf die örtliche Polizeistation geschleppt. Seine Aufenthaltsgenehmigung wird nicht verlängert und er darf nicht weiter Richtung Osten reisen, wo es in Zeitun, seit Jahrhunderten eine Hochburg der Armenier, zu starken Kämpfen gekommen sein soll. Lepsius bleibt nichts anderes übrig, als Richtung Süden nach Mersina am Mittelmeer zu ziehen. Die Schergen des Sultans können jedoch nicht verhindern, dass Lepsius weiterhin Informationen sammelt, denn fast in allen Städten Ostanatoliens und des Taurusgebirges hat es Massaker gegeben – auch in Kayseri.

Was Lepisus und sein Begleiter sahen und hörten, was ihnen berichtet wurde und was ausgebrannte Häuser, Höfe und Kirchen dokumentierten, hielt Lepsius in Notizheften fest. Daheim reiste er quer durch Deutschland und hielt Vorträge über die Massaker an den Armeniern. Dabei schonte er sein Publikum in keinster Weise: »Das eintönige Geschäft, Hunderte von waffen- und wehrlosen Armeniern aus ihren Häusern und Schlupfwinkeln zu zerren, Mann für Mann zu köpfen, zu erstechen, zu erdrosseln, zu erhenken, mit Knütteln, Äxten und Eisenstangen zu erschlagen, ermüdete bald. Der joviale Pöbel verlangte nach Abwechslung. Wie wäre es, ein Feuer anzuzünden und die Verwundeten darin zu braten, etliche an Pfählen die Köpfe nach unten aufzuhängen, andere mit Nägeln zu spicken ... Das Ausstechen von Augen, das Abschneiden von Nasen und Ohren wird zur Spezialität ausgebildet.«[14]

Im August 1896 erschien eine Serie seiner Berichte in *Der Reichsbote*. Dem zufolge hatten die kurdischen Freikorps die Armenier so sehr mit unverschämt hohen Steuerforderungen bedrängt, dass es in Marsovan und Tokat 1892/93 zu ersten Widerständen gekommen war. Eine Revolte in Sassun 1894 wurde von den Hamidiye hart und brutal niedergeschlagen. Und dann folgten die grausamen Ereignisse des Jahres 1895. Es begann Ende Januar damit, dass in Konstantinopel im europäischen Stadtteil Pera innerhalb einer Stunde 17 Personen ermordet wurden, die der Mob für Armenier hielt. Als erste Berichte darüber Europa erreichten, wuchs überall die Empörung gegen den osmanischen Herrscher – nur nicht im Deutschen Reich, wie Lepsius festhielt: »Die deutsche Presse schrie wie aus einem Munde: ›Englische Lügen! Englische Lügen!‹«[15]

Im Mai 1895 überreichen die Botschafter Englands, Frankreichs und Russlands dem Sultan ein Memorandum zur armenischen Frage. Sie verlangen die Gleichstellung der Christen mit den Muslimen und die Ernennung christlicher Beamter in Bezirken, in denen Christen die Mehrheit bilden. Der Sultan lehnt diese Forderung brüsk ab. Am 30. September 1895 demonstrieren radikale Armenier in Konstantinopel für ihre Rechte. Rund 2000 von ihnen geraten auf dem Weg zur Hohen Pforte in einen Kampf mit einer Polizeitruppe. Den ganzen Tag und die folgende Nacht wurde in den Straßen der Hauptstadt Jagd auf Menschen gemacht, die vermeintlich Armenier waren. Am 17. Oktober unterschreibt der Sultan ein von den europäischen Mächten vorgelegtes Reformprogramm. Es ist nicht das Papier wert, auf dem es gedruckt ist. Nichts davon lässt Abdülhamid II. umsetzen, stattdessen verbreiten seine Geheimdienste gezielt Hetzkampagnen im Land – so der Publizist und Armenier-Experte Rolf Hosfeld: »Gerüchte machten die Runde und schaukelten sich hoch, dass die Europäer mit ihren Reformplänen nur den Zweck verfolgten, den Armeniern zu einer bevorzugten Stellung auf Kosten der Muslime zu verhelfen.«[16] Die Gewalt eskaliert: Ende Oktober kommt es in Erzincan und Erzurum zu Massakern, Anfang November in Malayata und Diarbekir, dann in Amasia und Kayseri. Im Dezember erreichen die Ausschreitungen in Urfa, dem antiken Edessa, ihren Höhepunkt: Zu Hunderten werden Männer und Kinder erschlagen, Frauen werden auf dem Markt als Sklavinnen verkauft, die Kathedrale, in der viele Armenier Zuflucht gesucht haben, wird angezündet und die Zufluchtsuchenden kommen in den Flammen grausam zu Tode.

Bis dahin war es nur zu einem einzigen echten Aufstand der Armenier gekommen, in Zeitun. Hier hatten sie der Belagerung durch die Hamidiye und die regulären Truppen trotzen können. Zeitun blieb als einzige Region der Armenier von Massakern verschont.

Bis zum August 1896 blieb es dann relativ ruhig. Nach Aufständen in Kreta drängten die europäischen Großmächte den Sultan dazu, den Kretern mehr Freiheiten zu geben. Am 25. August 1896 stimmte der Sultan einem Reformprogramm zu. Einen Tag später überfielen armenische Extremisten die Zentrale der Ottomanischen Bank im europäischen Teil Konstantinopels. Sie nahmen Geiseln, verteilten Sprengstoff im Gebäude und forderten die Reformen, die Kreta gewährt wurden, auch für die von Armeniern bewohnten Provinzen.

Es wurde heftig darüber spekuliert, ob eine noch größere Aktion geplant war und wer die Drahtzieher waren – so schildert es Alan Palmer: »Kaum hatte der armenische Überfall auf die Ottomanische Bank stattgefunden, rätselten die Diplomaten bereits über Fragen, auf die es keine eindeutigen Antworten gab. Wer hatte vorher von dem Überfall gewusst? ... Warum schickten die Italiener in der Woche, in der das Massaker in Konstantinopel stattfand, ›leise‹ Kriegsschiffe nach Saloniki und Smyrna? ... Warum fuhr die britische Mittelmeerflotte von Malta nach Limnos?«[17]

Die britischen Diplomaten ihrerseits verdächtigten die Russen, den Anschlag mitgeplant zu haben: »Der gegenwärtige Augenblick ergebe eine hervorragende Gelegenheit für einen russischen Coup de main auf Konstantinopel.«[18] Doch statt zu einem Staatsstreich oder einem Angriff eines fremden Heeres kam es in Konstantinopel zu einer Hetzjagd: Innerhalb von 36 Stunden erschlug der Mob über 5000 Armenier auf offener Straße.

Die Verzweiflungstat radikaler Armenier, als die der Überfall auf die Ottomanische Bank zu werten ist, nutzte der Sultan für seine Zwecke aus: Von nun an galten die Armenier offiziell als Staatsfeinde, die einen Umsturz planten und deshalb selbst schuld daran seien, wenn man sie in Gegenden deportiert, in denen sie keinen Schaden anrichten können. Um Verbündete wie deutsche Politiker, Ingenieure und Archäologen von dieser Version zu überzeugen, wurden ihnen immer wieder die Einschusslöcher in der Ottomanischen Bank gezeigt, die man lange Zeit nicht beseitigte.

Es ist bis heute nicht geklärt, ob Abdülhamid direkt Anweisungen zu den Massakern gab. Selbst wenn er sie nicht befohlen hatte – was trieb ihn dazu, diese schmutzige Strategie zumindest zu tolerieren und die halbe Welt gegen sich aufzubringen? Vor allem wenn man bedenkt, dass er selbst armenische Wurzeln hatte, denn seine Mutter war Armenierin. Seine Herkunft hinderte ihn jedoch nicht an seinem eiskalten politischen Kalkül. »Abdülhamid wusste, dass der Balkan auf lange Sicht für das Osmanische Reich verloren war«, urteilt Rolf Hosfeld. »Immer mehr wird nun Anatolien zum eigentlichen Kern des Reiches, zu einem neu zu gestaltenden islamischen ›Lebensraum‹ für Türken und muslimische Flüchtlinge aus dem Balkan und dem Kaukasus. Durch eine strikt zentralistische Politik will Abdülhamid Anatolien vor dem Schicksal des Balkans bewahren. Doch dort leben nicht nur Türken, sondern auch Armenier und Kurden.«[19]

Aber die westliche Öffentlichkeit ließ sich nicht länger täuschen. Abdülhamid wurde als Schlächter verdammt: »Monster von Yildiz«, und »roter/blutiger Sultan«! Selbst Wilhelm II. konnte sich dem Abscheu nicht entziehen. Er urteilte über Abdülhamid: »Ein elender Schurke, der nicht mehr Beachtung verdient.« Auf den Rand einer Depesche seines Botschafters notierte er: »Der Sultan muss abgesetzt werden!« Und an seine Großmutter Königin Victoria schrieb der Kaiser: »Möge ihn Allah bald dahin holen, wo es sehr heiß ist – er scheint darauf zu bestehen, sich auf Kosten der Mächte zu amüsieren.«

Doch schon einige Wochen später änderte Wilhelm seine Meinung wieder. Gemeinsam mit dem österreichischen Kaiser und dem russischen Zaren kam er zu dem Schluss, dass das Osmanische Reich noch lange existieren könne, wenn man es »mit ausländischer Einmischung verschonte«[20]. Zum Geburtstag am 1. September schickte Wilhelm dem Sultan eine handsignierte Fotografie von seiner Familie – der Kaiser und die Kaiserin umgeben von ihren Söhnen und der Tochter. Ein Foto von den Majestäten mit Familie und mit persönlicher Widmung zu bekommen, stellte eine allerhöchste Gunstbezeugung dar. Abdülhamid war entzückt und bedankte sich überschwänglich.

Anfang Februar 1897 kam es trotz des Reformprogramms zu einem erneuten Aufstand auf Kreta. Ein Komitee kretischer Revolutionäre erklärte den Anschluss an Griechenland und prompt schickte der griechische König eine Flotte von Torpedobooten zur Insel der Minoer, um sie in Besitz zu nehmen. Zwar machte der griechische König auf Druck Russlands bereits zwei Tage später einen Rückzieher, doch schon hatten sich Tausende von griechischen Freiwilligen auf den Weg gemacht.

Als alle diplomatischen Vermittlungen scheiterten, erklärte Abdülhamid in der zweiten Aprilwoche Griechenland den Krieg. Wilhelm II. stellte sich wieder auf die Seite des Sultans. Der Aufmarsch der türkischen Soldaten wurde dieses Mal nach einem Mobilisierungsplan vollzogen, den der deutsche Militärberater General von der Goltz ausgearbeitet hatte. Das Osmanische Heer rückte an, stellte die Griechen an ihrem Militärlager bei Larissa und trieb sie in die Flucht.

Griechenland musste eine Entschädigung an das Osmanische Reich zahlen und gewährleisten, dass Muslime aus dem Balkan nach Anatolien abziehen konnten. England bot Russland an, eine gemeinsame Flotte an den Bosporus zu schicken. Russland lehnte zwar ab, aber nun war deutlich geworden, dass England der Meinung war, das Osmanische Reich nicht mehr als Bollwerk gegen Russland zu benötigen. Abdülhamid wurde bei der Suche nach Verbündeten ganz offensichtlich in die Arme des deutschen Kaisers getrieben. Er lud den deutschen Kaiser ein, sein persönlicher Gast in Konstantinopel zu sein und anschließend eine Reise durch das ganze Osmanische Reich zu unternehmen – am besten sofort.

Nun war der Kaiser seinerseits ganz außerordentlich entzückt. »Das war genau das, was sich Wilhelm erhofft hatte«, urteilt Hopkirk, »und so nahm der deutsche ›Drang nach Osten‹ machtvoll seinen Anfang.«[21]

Sechstes Kapitel

Tourist, Pilger oder Kreuzritter?

Allen Legenden zum Trotz – während seiner zweiten Orientreise engagiert sich der Kaiser mehr für das Christentum, den Zionismus und die Muslime als für die Bagdadbahn.

»Der Sultan der Türkei und die 300 Millionen Mohammedaner in aller Welt, die in ihm ihr geistliches Oberhaupt verehren, können dessen versichert sein, dass zu allen Zeiten der deutsche Kaiser ihr Freund sein wird!«[1] Seine zweite Orientreise war ein derartiger Triumph für Kaiser Wilhelm II., das ganze Morgenland lag dem Kaiser zu Füßen, er konnte gar nicht anders, als sich zum Schutzherren der Muslime und insbesondere des Nahen Ostens zu erklären. Ob ihm zu diesem Zeitpunkt klar war, welche Folgen dieser Schritt nach sich ziehen würde?

☾

Konstantinopel, Frühsommer 1898. Seit knapp einem Jahr war Adolf Freiherr Marschall von Bieberstein der neue deutsche Botschafter am Bosporus. Böswilligerweise könnte man auch sagen: Er wurde hierher abgeschoben. Denn zuvor war er Staatssekretär im Auswärtigen Amt gewesen, bis ihn der ehrgeizige Vertraute des Kaisers, Bernhard von Bülow, abgelöst hatte. Marschall von Bieberstein gab auch hier sein Bestes, doch mit den Gepflogenheiten an der Hohen Pforte war er noch nicht allzu vertraut und deshalb wurde er im Lauf des Frühjahrs und Sommers 1898 zunehmend nervöser. Immer wieder wurde er zu einem der Sekretäre des Sultans, zum Großwesir oder gar zu einer Audienz des Herrschers selbst bestellt. Dort wurde ihm nach einer langen und ausschweifenden Einleitung in blumigen Worten zu verstehen gegeben, dass der Sultan der Sultane, der Kalif aller gläubigen Muslime langsam die Geduld verliere und endlich eine klare Antwort in der Bagdadbahn-Frage erwarte. Wenn die Deutschen nicht mehr an einer Zusammenarbeit interessiert seien, sollten sie das endlich deutlich sagen. Es gebe noch andere Interessenten. Nach diesen Unterredungen mit der Hohen Pforte liefen die Telegrafenleitungen nach Berlin heiß …

In der Reichshauptstadt gewann auch Georg Siemens zunehmend den Eindruck, dass der Zeitpunkt für den Weiterbau der Bahn Richtung Bagdad gekommen sei. Aber nicht um jeden Preis: Für Siemens war klar, dass die Strecke erstens möglichst nahe an den Handelsplätzen des östlichen Mittelmeeres vorbeiführen musste und nicht durch das gebirgige Hinteranatolien, und zweitens musste die Finanzierung, die dieses Mal gewaltige Ausmaße annehmen würde, durch Garantien der Türkei und möglichst auch durch eine Beteiligung deutscher Staatsinstitutionen wie der preußischen Staatsbank »Seehandlung« abgesichert werden. »Insbesondere stand für ihn fest«, urteilt sein Biograf Helfferich, »dass die Bagdadbahn nur als eine bis zum Persischen Golf durchgehende transkontinentale Verbindungslinie mit Indien eine Zukunft haben werde und dass diese Voraussetzung nur im Wege einer Verständigung und einer Zusammenarbeit mit England verwirklicht werden können.«[2]

Doch weder England noch Frankreich zeigten Interesse an einer Beteiligung. Stattdessen hatten sie eigene Pläne: Die französischen Betreiber der Smyrna-Kassaba-Bahn bewarben sich um eine Konzession von Konya nach Bagdad, eine englische Gruppe wollte eine Strecke Alexandrette–Aleppo–Bagdad errichten und der russische Botschafter in Wien reichte eine Bewerbung für den Bau einer Bahn von Nordsyrien an den Persischen Golf ein.

Hatten alle Interessenten wirklich ernsthafte Absichten, eine Bahnlinie zu bauen und zu betreiben? Oder wollten sie nur an der großen Pokerrunde teilnehmen und das Spiel um die Konzession möglichst lange hinziehen? Oder hatte gar der Sultan die Hände im Spiel und die Beteiligten durch kleine Gesten dazu ermuntert, sich zu engagieren, um die europäischen Mächte nun geschickt gegeneinander auszuspielen? Immerhin schien es so, als machte er den Deutschen mehr Hoffnung als den übrigen Bewerbern.

Jedenfalls schickte Marschall von Bieberstein bis zum Herbst 1898 immer dringlichere Appelle nach Berlin, jetzt endlich etwas zu unternehmen, und im Vorfeld seiner zweiten Orientreise geriet die Bagdadbahn endlich auch ins Visier Seiner Majestät Wilhelm II.

☾

Für viele Zeitgenossen war Wilhelm II. immer noch der harmlose Reisekaiser: Wilhelm »I. R.« hieß im Volksmund nicht »Imperator Rex« sondern »Immer Reisefertig«! Seine Majestät unternahm jedoch zunehmend Anstrengungen, Weltpolitiker zu werden. Das unterstrich er 1896 bei seiner Rede zum 25-jährigen Jubiläum des Deutschen Reiches: »Überall in fernen Teilen der Erde wohnen Tausende unserer Landsleute. Deutsche Güter, deutsches Wissen, deutsche Betriebsamkeit gehen über den Ozean. Nach Tausenden von Millionen beziffern sich die Werte, die Deutschland auf der See zu fahren hat. An Sie, meine Herren, tritt die ernste Pflicht heran, Mir zu helfen, dieses größere Deutsche Reich fest an unser heimisches zu gliedern.«[3]

Otto von Bismarck war bekannt geworden als der Jongleur, der mit den fünf Kugeln – den Großmächten England, Frankreich, Österreich-Ungarn, Russland und Deutschland – zu spielen vermochte. Kaiser Wilhelm I. hatte freimütig zugegeben, dass er dazu nicht in der Lage war. »Auch Wilhelm II. konnte das nicht«, urteilt sein Biograf Herre. »Ihm fehlte die Kunstfertigkeit, und er bemühte sich auch nicht, sie zu erlangen. Er beanspruchte die Spielführerschaft, aber er ließ sich auf dem Spielfeld nicht immer blicken, und wenn er auftauchte, störte er durch abruptes Eingreifen mitunter das Spiel.«[4]

Deshalb suchte der Kaiser sich in den eigenen Reihen passende Mitspieler: Am 18. Juni 1897 ernannte er Konteradmiral Alfred von Tirpitz zum Staatssekretär im Reichsmarineamt, am 26. Juni wurde Bernhard von Bülow stellvertretender Staatssekretär im Auswärtigen Amt und am 20. Oktober bereits Staatssekretär und Preußischer Staatsminister. Die erste Bewährungsprobe dieser neuen Mannschaft kam im Spätherbst desselben Jahres.

Als der Kaiser sich entschloss, 1898 eine zweite Orientreise anzutreten, wollte er nichts dem Zufall überlassen: Die Welt sollte mitbekommen, dass er in den Orient reist. Die Reiseagentur »Thomas Cook« wurde mit der Planung und Durchführung der Reise beauftragt.

1841 hatte der Baptist Thomas Cook einen Sonderzug organisiert, um Arbeiter preisgünstig zu einem Abstinenzler-Kongress zu befördern, einige Jahre später organisierte er Ausflugsfahrten für erschöpfte Arbeiter und gestresste Großstädter in die freie Natur. Das Konzept wurde zu einem Erfolg und mit Aufkommen der ersten großen Reisewelle Ende des 19. Jahrhunderts war der Name Thomas Cook gleichbedeutend mit »zuverlässiger Organisation auch in der Fremde«.

Währenddessen versuchte der Kaiser, die politischen, religiösen und wirtschaftlichen Dimensionen seiner Pilgerfahrt auszuloten. Als seine Reisepläne bekannt wurden, suchten die unterschiedlichsten Politiker, Industriellen und Lobbyisten aus der Kolonialbewegung, den Kirchen und anderen Interessenverbänden die Nähe des Kaisers.

Auch Georg Siemens trat im August mit seinem Anliegen an den Kaiser heran und lud Seine Majestät zu einer Fahrt mit der Anatolischen Eisenbahn ein. So geriet die Bagdadbahn nun endlich ins nähere Blickfeld des Herrschers. Als er von den Plänen hörte, war Seine Hoheit sogleich elektrisiert: Eine deutsche Bahn sollte in das Land führen, in dem die Wurzeln der abendländisch-christlichen Kultur lagen! Wilhelm II. ließ Siemens ausrichten, dass er sich persönlich für diese Angelegenheit beim Sultan einsetzen würde.

Unter den Politikern, Unternehmern und Lobbyisten, die um die Gunst des Kaisers warben, war auch ein österreichisch-jüdischer Schriftsteller: Theodor Herzl. Seit er 1895 den ersten Entwurf seiner Vision *Der Judenstaat* verfasst hatte, wollte er ausgerechnet den antisemitisch eingestellten Kaiser als Bündnispartner gewinnen: »Unter dem Protektorat dieses starken, großen sittlichen, prachtvoll verwalteten, stramm organisierten Deutschland zu stehen, kann nur die heilsamsten Wirkungen für den jüdischen Volkscharakter haben.«[5]

Es mussten allerdings erst einige einflussreiche Persönlichkeiten wie William H. Hechler, der exzentrische deutsch-britische Kaplan an der englischen Botschaft in Wien, und der Großherzog Friedrich von Baden Vermittlungsarbeit leisten, bis Seine Majestät bereit war, das an ihn gesendete Material über den Zionismus an seinen Botschafter in Wien, den Grafen Philipp zu Eulenburg, weiterzuleiten. Als dann noch der deutsche Botschafter Marschall von Bieberstein aus Konstantinopel berichtete, der Sultan habe eine gewisse Sympathie für die zionistischen Pläne erkennen lassen, standen die Türen am Hof für diese Idee plötzlich offen. Ende September reiste Eulenburg zum kaiserlichen Jagdschloss in Rominten. Dort bot sich die Möglichkeit, mit Seiner Majestät das Material über den Zionismus durchzuarbeiten und zu einem Standpunkt über diese Angelegenheit zu kommen. Wilhelm II. hörte sich die Ausführungen Eulenburgs an und war sofort Feuer und Flamme – wie er in einem Brief an den Großherzog von Baden großspurig darlegte. Obwohl er vor dem Zusammentreffen mit Eulenburg noch recht ahnungslos war, schreibt er nun, dass ihn der Grundgedanke des Zionismus »stets interessiert, ja sogar sympathisch berührt [habe].«[6] Er sei bereit, eine Delegation der Zionisten in Jerusalem zu empfangen. Denn eine Besiedlung Palästinas durch »das kapitalkräftige und fleißige Volk Israel«[7] müsse zu einem erneuten Aufblühen der Region und damit auch zu einer Stabilisierung des Osmanischen Reiches führen. Theodor Herzl wurde unterdessen mitgeteilt, er solle sich ab dem 18. Oktober in Konstantinopel bereithalten, um den Kaiser für eine mögliche Unterredung mit dem Sultan zu instruieren.

☾

Als Kaiser Wilhelm II. und seine Gattin Auguste Viktoria im Oktober und November 1898 Konstantinopel, Jerusalem, Damaskus und Beirut besuchten, galt die Devise: Offizieller Anlass der Reise war ein Besuch der Heiligen Stätten; der Kaiser sollte dort die neu gebaute Erlöserkirche, deren Bau sein Vater vor 29 Jahren während seiner Orientreise auf den Weg gebracht hatte, einweihen.

Doch gleichzeitig wollte der deutsche Kaiser Präsenz zeigen in einem Gebiet, das Großbritannien, Frankreich und Russland als ihr Areal ansahen. Außerdem hofften er und seine begleitenden Berater, das Tor des Osmanischen Reiches für den deutschen Handel aufstoßen zu können.

Diplomatisch gesehen war die Reise Seiner Majestät allerdings äußerst ungeschickt. Denn der osmanische Herrscher, Sultan Abdülhamid, wurde seit über drei Jahren von der christlichen Staatengemeinschaft geächtet, weil er nicht die geringsten Anstrengungen unternahm, Leben und Besitz der christlichen Armenier in seinem Reich zu schützen. Der Besuch des deutschen Kaiserpaares in Konstantinopel kam einer politischen Rehabilitation gleich und wurde vor allem in Frankreich und England von Politikern und Zeitungskommentatoren mit entsprechender Empörung kommentiert. Oder sie spotteten wie die Wiener

Neue Freie Presse, dass sich »die Staatsmacht in Person von Wilhelm und seinen Ministern in den Dienst der nationalen Ökonomie stelle«[8].

Die Reise begann am 11. Oktober 1898. Mit dem Zug erreichten Wilhelm II. und sein Tross Venedig, dort bestiegen sie am 12. Oktober die Schiffe. Auf der Kaiseryacht hatten rund 80 Gäste Platz, das war angesichts der Heerschar an Begleitern viel zu wenig, denn neben Kaiserin Auguste Viktoria und drei ihrer Hofdamen nahmen an der Reise weitere Bedienstete sowie Vertreter aus Handel, Industrie und Finanzwelt teil. Doch viele, die den Kaiser bei seiner Pilgerfahrt begleiten wollten, reisten auf dem Landweg nach Konstantinopel und von dort weiter ins Heilige Land. Auch Theodor Herzl und vier Kollegen des zionistischen Kongresses bestiegen am 13. Oktober in Wien den Orientexpress.

Am 17. Oktober war die neue »Hohenzollern« samt ihren Begleitschiffen von der Ägäis in die Dardanellen-Meerenge eingefahren und von den dortigen Kommandanten und einigen Ministern des Sultans empfangen worden. Gemeinsam ging es weiter durchs Marmarameer und am folgenden Tag erreichten die Schiffe den Bosporus. Türkische Kriegsschiffe feuerten ihre Kanonen ab, die deutschen Kreuzer antworteten mit den üblichen 21 Schüssen. Der Empfang war dieses Mal noch aufwendiger als beim ersten Besuch. Auf der Meerenge wimmelte es von Booten, traditionellen Kaiks (bemalte osmanische Holzboote mit goldenem Schnabel und zwölf Ruderern) und Dampfschiffen, die die Gäste willkommen hießen und bis auf die Höhe des Dolmabahçe-Palastes begleiteten. Am geschmückten Kai standen Ehrengarden Spalier, dahinter hatten sich Hunderte von Schaulustigen versammelt, allen voran die Mitglieder der deutschen Kolonie in Konstantinopel. Später wurde eine gewaltige Militärparade zu Ehren des Kaiserpaares vor dem Yildiz-Palast abgehalten.

Noch am Abend des kaiserlichen Ankunftstages fand die heimliche Zusammenkunft zwischen Herzl und dem Kaiser im Beisein des

Staatssekretärs Bernhard von Bülow statt. Der Kaiser sah sich dabei nicht genötigt, seinen antisemitischen Grundton zu unterdrücken. Herzl war darüber zwar zunächst irritiert, präsentierte dem Kaiser jedoch trotzdem seine Pläne. Dieser fand das Anliegen »ganz natürlich«, und als Bülow einwendete, die Türken könnten etwas dagegen haben, war der Kaiser bereits in seinem Element: »Es wird doch wohl einen Eindruck machen, wenn der Deutsche Kaiser sich darum kümmert ... Schließlich bin ich doch noch der einzige, der zum Sultan hält.«[9]

Das stimmte in der Tat: Die beiden eitlen Regenten, die sich ungerechtfertigterweise auf dem internationalen Parkett isoliert sahen, umschmeichelten einander offensichtlich. Der Sultan teilte mit der Kaiserin eine Kutsche, deren Pferde er selbst lenkte, und der Kaiser, sonst die Ungeduld in Person, brachte es sogar fertig, vor der Moschee von Selamlik zu warten, während der Sultan dort ein kleines Gebet verrichtete. Vor allem jedoch umwarb man einander mit Geschenken. Dies nahm derartige Dimensionen an, dass man zu Recht den Eindruck gewinnt, hier versuchten zwei Menschen auf exzessive Art und Weise Zweifel, böse Gedanken und Scham mit Ritualen zu vertreiben. Der Historiker Verroen führt aus: »Jeden Morgen wechselten Juwelen oder andere goldene Gegenstände, kostbare Waffen oder Porzellan den Besitzer.«[10]

☾

Georg Siemens hatte es so geplant, dass die Bahnstrecke nach Konya, die ja bereits 1896 fertiggestellt worden war, zum Kaiserbesuch offiziell eingeweiht werden sollte. Natürlich hätte die Anwesenheit Seiner Majestät dem Bahnbau eine angemessene symbolische Bedeutung verliehen. Doch Konya lag zu entlegen mitten im anatolischen Hochland. Die Kaisergesellschaft hätte die ganze Strecke wieder zurückfahren oder über

Land Richtung Mittelmeer zurückreisen müssen, was jedoch zu anstrengend, zeitaufwendig und gefährlich gewesen wäre.

Der Kaiser konnte sich ohnehin nur zu einer kleinen Fahrt mit der Anatolischen Eisenbahn durchringen: von Haydarpascha nach Hereke am Marmarameer; genau genommen war dies nicht einmal ein Teil der neugebauten Strecke der Anatolischen Eisenbahn.

Am 20. Oktober brachen sie frühmorgens auf. Das Kaiserpaar wurde mit einem Kaik über den Bosporus gefahren. Am asiatischen Ufer bei Haydarpascha war ein Triumphbogen errichtet worden, durch den das Kaiserpaar über Teppiche schritt, die bis zum Bahnsteig ausgelegt waren. Der Bahnhof war prächtig mit Fahnen, Girlanden und Blumentöpfen geschmückt. Der Kaiser verteilte auf dem Bahnsteig eifrig Orden an viele leitende Mitarbeiter der Anatolischen Eisenbahn und an Georg Siemens. Dann bestieg das Kaiserpaar mit etlichen Begleitern den kaiserlichen Aussichtswagen, der noch bis zum letzten Moment poliert worden war, während eine türkische Militärkapelle »Heil Dir im Siegerkranz« spielte. Soldaten standen entlang der ganzen Strecke bis Hereke.

Doch das bemerkte das Kaiserpaar kaum, denn die meiste Zeit der Fahrt war es mit dem Büfett beschäftigt, das im Wagen angerichtet worden war – darüber berichtet Siemens' Tochter Marie, die ihren Vater auf dieser Reise begleitete: »Unterwegs zeigte der Kaiser großes Verständnis für die ganze Sache ... Auch das Büffet fand Anerkennung. Erst wollte der Kaiser nichts von Essen wissen und sagte zur Kaiserin, die ihn dazu aufgefordert hatte: ›Ach das ewige Essen, da wird man bloß so dick.‹ Dann aber meinte die Kaiserin: ›Wilhelm, sieh Dir's bloß mal an, das sieht doch sehr gut aus.‹ Da ging er hin und ließ sich die Sachen gut schmecken.«[11]

Nebenbei lobte er die Eisenbahn und erklärte, dass Abdülhamid ihm gegenüber die Bereitschaft signalisiert habe, die Konzession über die Verlängerung der Bahn bis Bagdad an eine deutsche Gesellschaft zu vergeben. Doch zu einer verbindlichen Unterredung mit Georg Siemens, der in Rufweite auf diese Gelegenheit wartete, kam es nicht. Stattdessen musste Siemens die Angelegenheit mit Staatssekretär Bernhard von Bülow besprechen. Dieser erklärte Siemens, dass ihm Finanzminister Johannes von Miquel eine feste Zusicherung gegeben habe, die »Seehandlung« werde sich an der Bahnfinanzierung beteiligen. Doch nun habe der Finanzminister in einer Art Wortbruch dem Kaiser das Gegenteil geraten. »Bülow fragte mich, ob er noch einen Versuch beim Kaiser machen solle, dem die Bahn ganz ausgezeichnet gefallen hat«, erzählte Siemens später. Natürlich wollte er das. »Bülow kam nach einiger Zeit vom Kaiser zurück mit dem Bemerken, dass Miquel einen neuen Immediatbericht gemacht habe, in dem er von einer Beteiligung abgeraten, dass Bülow aber während der Reise noch einmal einen Versuch machen wolle. Auf den Kaiser habe Miquels Bericht großen Eindruck gemacht.«[12]

Am Bahnhof von Hereke wurde der Sonderzug von einem größeren Empfangskomitee erwartet. Hereke liegt rund 30 Kilometer westlich von Ismid und war berühmt für seine Seiden- und Teppichfabrik. Die Besichtigung der Teppichfabrik zog sich hin und schließlich wurden dem Kaiserpaar einige der besten Teppiche und Seidentücher als Geschenk überreicht. Eigens für den Empfang des deutschen Kaiserpaars hatte der Sultan am Ufer des Marmarameeres einen Pavillon errichten lassen, wo man sich zum Tee niederließ.

Zurück nach Konstantinopel reiste das Kaiserpaar mit der kaiserlichen Yacht, die bereits vor Hereke ankerte. Es stimmt also nicht, dass der Kaiser die Konzession für die Bagdadbahn quasi als Gastgeschenk mit nach Hause genommen hat, wie immer wieder geschrieben wird. Weder Abdülhamid noch Wilhelm II. drängte es, in dieser Angelegenheit Nägel mit Köpfen zu machen.

Seiner Frau gegenüber klagte Siemens in einem Brief über diese Ereignisse: »Der Kaiser hat mich übrigens ziemlich kühl behandelt. Während er mit allen anderen sehr nett sich unterhielt, mit Kapp über Dreyfuss, mit Großholz über Kreta usw. – hat er sich mir gegenüber auf das Nötigste beschränkt.«[13] Auch den Orden, den er vom Kaiser erhalten hatte, spielte er herab. Dagegen bemerkte er über die Auszeichnung, mit der ihn der Sultan geehrt hatte: »Aber der Osmanie 1. Klasse gibt mir das Recht, vier regelrechte, gesetzmäßige Frauen zu besitzen! Und ich schaue mich schon fleißig um.«[14]

Statt eines Gespräches mit dem Kaiser hatte Siemens eine Audienz beim Sultan erhalten, dessen entscheidende Gesprächsmomente er in einem Bericht an den Direktor der »Anatolischen Eisenbahn-Gesellschaft«, Arthur Gwinner, genau wiedergab. Nachdem sie die im Orient üblichen Höflichkeiten ausgetauscht hatten, ging Siemens aufs Ganze. »Eure Hoheit, ziehen Sie die Linie Konya–Alexandrette–Aleppo–Bagdad (Euphratlinie), 950 Kilometer durch die syrische Wüste, vor? Oder wäre es Ihnen lieber, wir würden die Strecke Ankara–Diarbekir–Mossul–Bagdad (Tigrislinie) bauen, 900 Kilometer durch die Taurischen Gebirge?« Ohne Zögern antwortete der Sultan: »Wir ziehen die Fortsetzung über Ankara vor!« Einen Moment überlegte Siemens und entgegnete: »Wären Sie damit einverstanden, wenn man von Ankara weiterbaue, zugleich aber auch von Bagdad anfange?« »Das wäre denkbar!«[15]

Soweit die Audienz. Dann führte Siemens aus, wie er sich die Dinge nun zurechtgelegt hatte: »Wir sind in einer taktisch ganz guten Lage. Wir haben unsere Bereitwilligkeit erklärt, sowohl den Türken, wenn sie einige Garantien geben, als auch der deutschen Regierung, wenn sie uns offiziell hilft; und es liegt nicht an uns, wenn nichts zustande kommt ... Jedenfalls können wir jetzt zusehen.«[16]

Deshalb dachte Siemens auch nicht einen Moment daran, dem Kaiser nach Jerusalem nachzureisen, um vielleicht doch noch eine kaiserliche Zustimmung zu erwirken. Mit seinen beiden ältesten Töchtern trat er im kaiserlichen Sonderzug die Bahnfahrt nach Konya an, worüber Marie berichtet: »Eine solche Reise werden wir so bald nicht wieder machen. Einmal im kaiserlichen Extrazug mit allen nur erdenklichen Bequemlichkeiten, alles zur freien Verfügung, mit der Erlaubnis, im Fahren von einem Wagen zum anderen zu gehen, und wo es Dir gefällt, hält der Zug nach Belieben.«[17]

☾

Seine Majestät schiffte sich am 24. Oktober zur Seereise nach Palästina ein, bereits einen Tag später traf die kaiserliche Yacht mit ihren drei Begleitschiffen in Haifa ein. Für die Organisatoren von Thomas Cook begann mit diesem Reiseabschnitt eine besondere logistische Aufgabe: Der Kaiser wollte während seines Aufenthaltes in Palästina in einem Zelt wohnen, genauer gesagt: Er wollte, wie ein orientalischer Pascha, über eine ganze Zeltstadt verfügen. Neben einem Heer Geistlicher begleiteten über 500 weitere Teilnehmer das Kaiserpaar. Da die Zelte für alle zusätzlich mitgeführt werden mussten, besaß die Kaiserkarawane, die sich von Haifa aus in Bewegung setzte, feldzugartige Ausmaße: 1300 Pferde und Maultiere, 100 Kutschen, zwölf Packwagen mit 230 Zelten und rund 600 Treiber. Beschützt wurden sie von einem Regiment türkischer Soldaten und vor der Küste warteten die deutschen Kriegsschiffe, die den Kaiser mit Kanonensalven verabschiedeten und begrüßten. Auf dem Weg nach Jaffa (Tel Aviv) besichtigten sie deutsche Kolonien und als die Karawane später an der jüdischen Siedlung von Mikve Israel vorbeizog, begegneten sich der Kaiser und Theodor Herzl zum zweiten Mal.

Doch Seine Majestät Kaiser Wilhelm II. hatte weder Zeit für eine längere Unterredung noch weiteres Interesse an dieser Angelegenheit, denn er hatte vom Sultan einen glatten Dämpfer verpasst bekommen: »Wir wissen nicht, bei welcher der Unterredungen mit dem Sultan die Frage eines deutschen Protektorats in Palästina angeschnitten wurde. Fest steht nur, dass Abdülhamid die Idee so schroff von sich wies, dass der kaiserliche Gast die Angelegenheit nicht weiter verfolgen konnte.«[18]

Abdülhamids Tochter gab in ihren Memoiren wieder, was der Sultan antwortete: »Ich kann selbst kein Fuß Land verkaufen, denn es gehört nicht mir, sondern meinem Volk. Die Juden können sich ihre Millionen sparen. Wenn einst mein Reich geteilt ist, können sie Palästina vielleicht umsonst bekommen.«[19]

Am 29. Oktober erreichte der Zug die Heilige Stadt. Für seinen Einzug wurde eigens ein Stück Stadtmauer neben dem Jaffa-Tor eingerissen. Von der Zitadelle tönte es am 29. Oktober: »Gepriesen sei, der da kommt im Namen des Herren«. Hoch zu Ross, auf seinem Lieblingspferd Kurfürst, in einer selbst entworfenen weißen Tropenuniform ritt der Kaiser die extra für diesen Anlass gepflasterte Jaffa-Straße entlang, dazu schmetterten türkische Militärkappellen »Heil Dir im Siegerkranz« und die »Wacht am Rhein«.

Am 2. November fand die unumgängliche, weil zugesagte Unterredung vor Jerusalem statt. Der Kaiser empfing Herzl und seine vier Mitstreiter und hielt sie mit unverfänglichem Geplänkel hin. Er sprach von der Notwendigkeit guter Bewässerungssysteme und wie die deutschen und jüdischen Siedlungen hierfür ein gutes Beispiel gäben. Als Herzl antwortete, mit finanzieller Unterstützung ließe sich der Jordan aufstauen, entgegnete Seine Majestät nur: »Na, Geld haben Sie ja genug!« Und so entließ er die enttäuschten Zionisten ohne ein klares Ja oder Nein. Der Gedanke, das deutsche Protektorat im Nahen Osten auszuweiten, ging dem Kaiser jedoch scheinbar nicht mehr aus dem Kopf. Allerdings hatte er dabei schon längst nicht mehr die ihm verhassten Juden vor Augen ...

In Damaskus nahm er am 8. November wieder eine ordentliche Parade türkischer Streitkräfte ab und besuchte das Grab des legendären Sultans Saladin. Danach ging es weiter nach Baalbek, im heutigen Libanon gelegen. Vor dem Venus-Tempel, der häufig fälschlicherweise als Bacchus-Tempel tituliert wird, ließ Abdülhamid eine riesige Gedenktafel enthüllen, auf der er seine Freundschaft mit dem Kaiser lobpries: »Sultan Abdülhamid II. / Kaiser der Ottomanen / Seinem erlauchten Freunde / Wilhelm II. / Deutscher Kaiser, König von Preussen / und / der Kaiserin / Augusta Viktoria / Zur Erinnerung / an / Die gegenseitige unwandelbare / Freundschaft / und / Den Besuch der Kaiserlichen Majestät / in Baalbek / ... November 1898.«

Später ließ der Sultan die Tafel auf der Innenwand des Venus-Tempels zwischen gigantischen Halbsäulen anbringen. Der Kaiser bestaunte die Ruinen, aber er sah auch mit geschultem Blick, wie sehr Erosion und Raubbau den Tempelanlagen mitgespielt hatten und wie gefährdet die Bauwerke deshalb waren. Er versprach, für ihre Rettung zu sorgen.

Der Besuch der antiken Ruinen und auch die überschwängliche Freude der Bevölkerung überwältigten den Kaiser, was nicht ohne Folgen blieb. Während seiner Tischrede in Damaskus verkündete er: »Der Sultan der Türkei und die 300 Millionen Mohammedaner in aller Welt, die in ihm ihr geistliches Oberhaupt verehren, können dessen versichert sein, dass zu allen Zeiten der deutsche Kaiser ihr Freund sein wird!« Ob zu diesem Zeitpunkt schon gewollt oder nicht – dieser Ausspruch enthielt eine Kampfansage, denn die beiden weltlichen Herrscher mit der größten mohammedanischen Bevölkerung waren der russische Zar und die englische Königin, die zugleich das indische Staatsoberhaupt darstellte.

Bei allen Freundschaftsbekundungen war es dem Kaiser während seines Besuches nicht gelungen, eine endgültige Zusage für die begehrte Baukonzession der Bagdadbahn zum Persischen Golf zu erhalten. Am 12. November bestieg seine Majestät wieder seine geliebte »Hohenzollern« und trat die Heimreise an, ohne in der Frage Bagdadbahn große Fortschritte erzielt zu haben.

Am 1. Dezember zog der Kaiser feierlich, mit großem Brimborium in Berlin ein. Der Historiker Gründer urteilt: »Nicht wie ein zurückgekehrter Tourist, sondern wie ein Kriegsherr nach siegreichem Feldzug.«[20] Kaum zurück in Berlin veranlasste der Kaiser höchstpersönlich, dass eine wissenschaftliche Expedition sich um die Rettung der Ruinen von Baalbek kümmerte. Noch vor Jahresende machte sich ein Team von Experten unter der Leitung des Archäologen Otto Puchstein, der schon mit Carl Humann den legendären Pergamonaltar freilegt hatte, auf den Weg nach Palästina. Nicht so sehr die Bagdadbahn, sondern die antiken Stätten des Morgenlandes lagen dem Kaiser am Herzen.

Es wurde auch allmählich Zeit, dass deutsche Archäologen im Nahen Osten tätig wurden, denn Berliner Kunst- und Altertumswissenschaftler hatten bereits gewarnt: Während Engländer, Franzosen und Amerikaner sich durch großartige Ausgrabungen in den Besitz von Altertümern gesetzt haben, begnügen die Deutschen sich damit zu erklären, was jene fanden.

1 *Feldherr oder Tourist? Wie viele seiner Zeitgenossen fühlte sich Kaiser Wilhelm II. vom Orient angezogen und wurde so zum obersten Förderer der Bagdadbahn – hier ist er bei seinem zweiten Orientbesuch 1898 auf dem Weg nach Baalbek zu sehen.*

2 Abdülhamid II. begann seine Regierungszeit als Reformer, doch schon bald wurde der undurchschaubare Herrscher für den Westen zum Inbegriff des Bösen: »Abdül, der Verdammte«.

3 Erst nach langem Zögern konnte sich Georg von Siemens, von 1870 bis 1900 Vorstandssprecher der Deutschen Bank, für das Projekt Bagdadbahn begeistern.

4 Diplomat, Lebemann mit orientalischem Harem und Archäologe: Max Freiherr von Oppenheim erkundete die Bagdadbahnstrecke und sorgte im Ersten Weltkrieg für antibritische Propaganda in der islamischen Welt.

5 Heinrich August Meißner-Pascha: Er konnte türkisch sprechen und orientalisch denken – wie kein zweiter Deutscher tauschte der Erbauer der Hedschas- und Bagdadbahn in die Welt des Osmanischen Reiches ein.

6 Gertrude Bell, bekannt als »Desert-Queen«. Von der Liebe schwer enttäuscht, suchte die Tochter eines englischen Industrie-Barons das Abenteuer in der arabischen Wüste und setzte sich in der Männerwelt durch.

7 Mehr Mythos als Realität – Thomas Edward Lawrences Beitrag zum Aufstand der Araber gegen die Osmanen war weitaus bescheidener als es uns die Legenden erzählen wollen.

8 Ohne jede Reiseerfahrung weckte er das deutsche Orientfieber mehr als jeder andere: Karl May im Jahr 1896, verkleidet als sein Alter Ego Kara Ben Nemsi.

9 Waren die deutschen Ingenieure, die sich da 1912 nördlich von Aleppo vor dem Zelt ihres Arbeitscamps ausruhten, als Helfer oder als Eroberer ins Osmanische Reich gekommen?

10 Frühkonzert statt Morgenappell – Mitarbeiter der Bagdadbahn posierten mit Grammophon vor ihrem Streckenlager in der nordsyrischen Wüste.

11 *Auf seiner Reise entlang der Bagdadbahn-Route fotografierte der Schriftsteller Ewald Banse diese für Südostanatolien typische »Osmanli-Frau«, die gerade Baumwolle aufwickelt.*

12 *An den kurdischen Musikern, die Ewald Banse in Nordwestmesopotamien fotografieren konnte, bemerkte er, dass sie halb kurdisch und halb arabisch gekleidet waren.*

13 In einer Erdhütte mussten diese indischen Kriegsgefangenen während des Ersten Weltkrieges hausen. Abbildung aus dem Jahr 1917

14 Englische Soldaten, die sich in Kut el-Amara ergeben hatten, wurden über Bagdad ins Taurus- und Amanusgebirge gebracht, wo sie zu den schweren Tunnelarbeiten für die Bahnstrecke herangezogen wurden.

Siebtes Kapitel

Babylon statt Bagdadbahn – die einen graben, die anderen nicht!

Der Vorvertrag über die Bagdadbahn löst im Deutschen Reich eine unvergleichliche Euphorie aus, obwohl sich die anschließenden Hauptverhandlungen endlos hinziehen.

Am 24. Januar 1898 wurde in Berlin im Säulensaal des Ägyptischen Museums die Deutsche Orient-Gesellschaft gegründet. Der Initiator des Projektes, der Berliner Textilgroßhändler James Simon, hat jeden eingeladen, der im Deutschen Reich in Politik oder Industrie Rang und Namen hat. So zählen zu den Gründungsmitgliedern auch der Direktor der Deutschen Bank Georg Siemens, der Geheime Kommerzienrat Friedrich A. Krupp, Ernst und Conrad von Borsig und der AEG-Generaldirektor Ernst Rathenau. Zum Vorsitzenden wählen die Anwesenden Prinz Heinrich zu Schönaich-Carolath, zum Stellvertreter den Kaiserfreund Admiral Friedrich von Hollmann. »Schon die erste ›Kassen-Aufstellung‹ konnte daher Einnahmen in Höhe von 68 488,30 Mark verzeichnen«[1], berichtet der heutige Vorsitzende der Deutschen Orient-Gesellschaft, Gernot Wilhelm.

Nach lebhaften Diskussionen beschlossen daraufhin Vorstand und wissenschaftliche Berater der Deutschen Orient-Gesellschaft, nicht zu kleckern, sondern zu klotzen: 1899 sollte mit groß angelegten Ausgrabungen in Babylon begonnen werden. Es wurde Zeit, dass Deutschland auf diesem Gebiet im Nahen Osten endlich Flagge zeigte.

☾

Kairo 1898. Während die deutschen Archäologen und Bahnbauer sich erst auf den Weg in den Orient machen, ist Max von Oppenheim schon mittendrin. Seit 1896 dient er an der deutschen Botschaft in Kairo. Wegen der Vorbehalte gegen seine jüdische Abstammung wurde er allerdings nie offiziell in den diplomatischen Dienst aufgenommen. Er wurde als Sonderbeauftragter geführt – mit lockerer Anbindung an die Botschaft. Doch das Diplomatenleben schien Oppenheim nicht zu genügen, so hat er seine lockere Anbindung dazu genutzt, sich ein regelrechtes Doppelleben zuzulegen. Offiziell ist er Diplomat – und was für einer. »Kopf hoch! Mut hoch! Humor hoch!«, pflegt er bei jeder mehr oder weniger passenden Gelegenheit zu sagen. Max Freiherr von Oppenheim ist ein Mann mit Prinzipien. Er ist mit 1 Meter 69 zwar kein großer Mann, doch gegen seine Körperhaltung wirkt jeder Türrahmen krumm, er gleicht einer Granate, die jeden Moment platzen kann. Dieser Mann mit Prinzipien und Charakter hat auch eine Leidenschaft: ein orientalisches Leben.

In Kairo mietet er sich ein Haus am Rand des alten Souks statt im Viertel der europäischen Kolonie, und teilt es in zwei streng voneinander getrennte Areale: Nach vorn heraus liegt der offizielle Bereich, in dem er Besucher empfängt und regelmäßig Gesellschaften gibt. Im hinteren, für Besucher unzugänglichen Areal befinden sich seine Privatgemächer im orientalischen Stil. »Er wechselte zwischen beiden Seiten, hielt jedoch die Mitglieder der jeweiligen Kreise sorgsam voneinander getrennt und verbarg seine traditionelle arabische Lebensweise mit wechselnden ›Zeitfrauen‹ vor seinem europäischen Bekanntenkreis«, urteilt die Kulturhistorikerin Brigitte Majlis. Über die üppige Sammlung orientalischer Textilien, die Oppenheim hinterließ, spekuliert sie: »Vielleicht stammen aus diesem weiblichen Umfeld einige der erhaltenen Seidenkleider seiner Sammlung, die deutliche Gebrauchsspuren tragen.«[2]

Jedenfalls bezeichnete Oppenheim später seine Jahre in Kairo als die herrlichste Zeit seines Lebens. Doch selbst dieses Doppelleben schien ihm nach zwei Jahren nicht mehr zu genügen. Als ihn 1898 Georg Siemens fragte, ob er eine Expedition durch das Gebiet der künftigen Bagdadbahn unternehmen würde, die Verhältnisse entlang dieser Strecke zu untersuchen und um eine geeignete Trasse zu finden, war er sogleich Feuer und Flamme.

☾

So sehr Georg Siemens sich vom Kaiser während dessen Orientreise vernachlässigt fühlte, so sehr wurden er und seine Bagdadbahn im Verlauf des Jahres 1899 zu Objekten der kaiserlichen Aufmerksamkeit und Fürsorge. Immer häufiger wurde er vom Kaiser zu Beratungen hinzugezogen – so ließ Wilhelm sich von Siemens beispielsweise alles Wichtige über die Eisenbahn in Afrika erzählen, bevor er den britisch-südafrikanischen Politiker Cecil Rhodes empfing. Und genau nach diesem Gespräch – so hat es Seine Majestät zumindest später dargestellt – wurde er zum überzeugten Verfechter der Bagdadbahn. Cecil Rhodes erzählte dem Kaiser nämlich in entwaffnender Offenheit, dass er jeden Abend eine Weltkarte mit ins Bett nehme und nach Regionen suche, die noch zu kolonialisieren seien. Mesopotamien sei so ein Land, auf das der Kaiser ein Auge werfen sollte. Und Wilhelm soll darauf geantwortet haben: »Sie haben vollkommen recht und genau das haben wir auch vor.«[3]

Im März wurde Siemens bereits zum zweiten Mal vom Kaiser zum Tee eingeladen, worüber seine Frau berichtet: »Georg war heute beim Kaiser zum Tee, zusammen mit Bülow und Miquel. Er kam ganz begeistert von dem Verstande, der Klarheit und dem sicheren Wissen des Kaisers nach Hause.«[4] Im November 1899 schließlich wurde Siemens vom Kaiser in den erblichen Adel erhoben: Georg von Siemens hieß er nun. Am schwersten tat sich der Geadelte selbst mit dieser Namensänderung. Während des ganzen Jahres ließ der Kaiser seinem neuen Freund alle paar Tage Berichte, Zeitungsartikel und seine Notizen zu den Entwicklungen weiterreichen. Und es gab eine Menge zu berichten:

Am 3. Februar 1899 hatte der deutsche Diplomat Marschall von Bieberstein einen dringenden Bericht über die Bagdadbahn-Verhandlungen an das Auswärtige Amt verfasst. Darin betonte er, dass die Deutsche Bank ein Eingreifen der Regierung über die »Seehandlung« gar nicht nötig habe, dass es trotzdem gute Gründe gebe, dem Wunsch von Siemens nachzukommen. »Soll die Bahn Ankara–Bagdad das werden, was die Anatolische Bahn heute ist, nämlich ein deutsch-nationales Unternehmen, das als solches durchgeführt, verwaltet und betrieben wird, oder soll sie ein internationales Unternehmen sein, dessen Geist, solange das Aktienmaterial flottiert, durch die wechselnden Mehrheiten der Generalversammlungen bestimmt wird, bis eine fremde Regierung, wie einst beim Suezkanal, die Mehrheit der Aktien an sich bringt und damit dem eigenen Lande die Früchte sichert, zu denen deutsche Arbeit die Saat gelegt hat?«[5]

Das Deutsche Reich – so führte er weiter aus – benötige für die Entwicklung seiner Kolonien und die Schaffung neuer Absatzmärkte private Kapitalgeber, die bereit seien, ein Risiko einzugehen. Und deshalb müsse das Reich durch vorsichtige Beteiligungen zeigen, welche Unternehmungen von nationalem Interesse seien.

Schließlich ließ er es sich nicht nehmen, ein Zukunftsbild auszumalen: Wenn Deutschland fortführe, »sich im Orient wirtschaftlich auszustrecken – der Hafen von Haydarpascha, dem zu erheblichem Teil auf deutschen Schiffen deutsche Waren zugeführt werden, die Bahnlinie von dort bis Bagdad ein deutsches Unternehmen, das nur deutsches Material verwendet und zugleich für Güter und Personen die kürzeste Linie bildet aus dem Herzen Deutschlands nach seinen ostasiatischen Besitzungen.«[6] Dafür würde es sich auch lohnen, diese Besitzungen militärisch zu schützen. Deutlicher wollte und musste der Diplomat Marschall von Bieberstein nicht werden.

☾

Die Verhandlungen über die Bahnkonzession kamen zwar nicht voran, dafür erhielten die deutschen Bahnbauer jedoch zwischenzeitlich eine Art Trostpflaster. Am 24. März 1899 unterzeichneten sie eine Konzession für die Errichtung und den Betrieb von Hafenanlagen in Haydarpascha. Die Anlagen waren großzügig konzipiert, denn hier sollten sämtliche Baumaterialien für den westlichen Teil der Bagdadbahn umgeschlagen werden und später einmal alle Waren, die auf der Schiene bis nach Bagdad rollen würden. So entstand in den nächsten drei Jahren hinter einem gewaltigen Damm eine 150 mal 300 Meter lange Kaianlage mit zwei großen Lagerschuppen und einem Getreidespeicher, an der drei Laufkräne Hochseedampfer be- und entladen konnten. Da der »Anatolischen Eisenbahn-Gesellschaft« außerdem der Auftrag für den Bau eines neuen, repräsentativen Bahnhofs für die Bagdadbahn in Aussicht gestellt wurde, wurde bei den Aufschüttungsarbeiten der Platz hierfür gleich mitgeschaffen.

Doch diese Entscheidung löste scharfe Proteste seitens der Franzosen aus, denn deren »Société des Quais de Constantinople« hatte bisher ein Monopol auf den Bau von Hafenanlagen am Bosporus. Der Einspruch des französischen Botschafters Constans wurde von englischer und russischer Seite bekräftigt. Es sah nach einer Verhärtung der Fronten aus, bis sich Constans Mitte April mit Marschall von Bieberstein traf und vorschlug, Frankreich und Deutschland sollten eine »Entente« über ihre wirtschaftlichen Unternehmungen in der Türkei eingehen. Tatsächlich vereinbarte man auf einer Konferenz in Berlin Anfang Mai, die Bagdadbahn gemeinsam weiterzubauen. Französische Kapitalgruppen sollten sich mit 40 Prozent beteiligen, die Deutschen die restlichen 60 Prozent aufbringen. Noch nie war Siemens der Verwirklichung seiner Idee von einer internationalen Bagdadbahn näher gekommen als in dieser Zeit. Noch im gleichen Monat reichte die Leitung der »Anatolischen Eisenbahn-Gesellschaft« in Konstantinopel ein offizielles Gesuch um die Konzession für den Bau der Strecke Konya–Bagdad und weiter nach Basra ein. Siemens hatte sich letztlich für diese Strecke entschieden, weil sie die kürzeste und billigste Variante darstellte. Auch der Sultan war inzwischen umgeschwenkt, da ein militärisches Gutachten zu dem Ergebnis gekommen war, dass die Konya-Linie die wichtigere Verbindung war, da sie auf kürzestem Weg in den Nahen Osten führte.

Doch die Pläne waren ohne die Engländer gemacht worden und diese holten nun zum Gegenschlag aus. Wie aus dem Nichts tauchte ein ungarischer Bankier namens Rechnitzer an der Hohen Pforte auf, behauptete, eine britische Finanzgruppe um das Haus Rothschild zu vertreten, und reichte den Vorschlag ein, eine Bahnlinie von Konya nach Bagdad bauen zu lassen und zwar – das war sein Köder – ohne eine Kilometergeld-Garantie zu verlangen. Gleichzeitig ließ er bei Siemens anfragen, ob er sich eine englische Beteiligung an seinen Bahnplänen vorstellen könne?

Siemens, der sich von Anfang an für eine englische Beteiligung ausgesprochen hatte, antwortete, er würde entsprechende Vorschläge gern prüfen. Natürlich fragte sich Siemens sofort: War das alles nur ein Bluff, um die deutsch-französisch-türkischen Verhandlungen zu torpedieren? Da die Gegenseite keine Beteiligungsvorschläge einreichte, wurde er in seinem Verdacht bestätigt.

Anscheinend hatte es schon geheime Verhandlungen zwischen dem britischen Botschafter, Rechnitzer und der Ottomanenbank, die alle Finanzgeschäfte des Osmanischen Reiches kontrollierte, gegeben. Man wollte – so schien es – die Deutschen klammheimlich aus dem Geschäft drängen. Siemens war am Boden zerstört, wie er seiner Frau schrieb: »Dass meine Stimmung nicht sehr schön ist, nachdem es immer wahrscheinlicher wird, dass die Bagdadbahnkonzession verloren geht, kannst Du Dir vorstellen. Ich kämpfe auch kaum noch um den Erfolg, sondern denke bloß darüber nach, wie ich mich vor dem Schimpf der Lächerlichkeit in den Augen ernsthafter Geschäftsleute persönlich sicher stelle.« Zehn Jahre Verhandlungen sollten für die Katz' gewesen sein.

Vor diesem Hintergrund wird der bereits erwähnte Brief an seinen Schwiegersohn Theodor Wiegand verständlich, in dem er die Bagdadbahn selbst als toten Strang beschimpfte. Es ging Siemens um sein Ansehen als Verhandlungsführer und Finanzier langfristiger und schwieriger Projekte. Es war schließlich der deutsche Botschafter, der den gordischen Knoten der geheimdiplomatischen Verstrickungen zerschlug, wenn auch mit einem stumpfen Messer.

Im September 1899 schlug er dem Sultan vor, der »Anatolischen Eisenbahn-Gesellschaft« eine Konzession zu erteilen unter Vorbehalt der Einzelheiten wie Trassenführung, Finanzierung und Zeitplan. In den Augen von Siemens war so ein Vertrag, der weder die genaue Streckenführung, noch die Finanzierung und nicht einmal eine zeitliche Festlegung enthielt, nicht das Papier wert, auf dem er gedruckt wurde. Doch in diesem Moment ging es nicht um geschäftliche Vorteile, sondern darum, das Gesicht zu wahren, und der Sultan erklärte sich bereit, eine solche »Vorkonzession« zu erteilen.

Abdülhamid wäre nicht Abdülhamid gewesen, wenn er nicht kurz vor Aushandlung der Einzelheiten des Vertrages noch versucht hätte, alles über den Haufen zu werfen. Er schlug vor, dass ein deutsches Baukonsortium die Bahnstrecke für eine türkische Staatsgesellschaft errichten sollte. Siemens sah sich nun seinerseits genötigt, seine Grundüberzeugung noch einmal klipp und klar zu formulieren: »Ich wiederhole meine Überzeugung, dass die Bahn nur gebaut werden kann durch ein

Privatunternehmen unter deutscher Führung, an welchem Deutschland, England und Frankreich beteiligt sind … Es muss eine Privatunternehmung sein, weil nur eine solche die für den Bau erforderlichen Mittel in den drei Ländern aufbringen kann und weil nur eine solche der anglo-indischen Regierung dasjenige Vertrauen einflößen wird, welches erforderlich ist, um derselben die anglo-indische Post anzuvertrauen. Ohne Post aber würde der Bahn der notwendige internationale Verkehr fehlen.«[7]

Schließlich beriet Ende November der türkische Ministerrat zehn Stunden lang über jede kleine Klausel des Vertragswerkes und gab dann den Weg frei. Abdülhamid verlangte, dass Siemens den Vertrag persönlich für die deutsche Seite gegenzeichnen sollte. Also fuhr der Bankier Mitte Dezember mit dem Orientexpress nach Konstantinopel, um die Verhandlungen schnell zu beenden.

Doch wie die Uhren im Osmanischen Reich nun einmal tickten, musste Siemens zu seinem Verdruss Weihnachten am Bosporus verbringen: »Hier scheint alles zweifelhaft. Der Kaiser hat direkt interveniert und quasi gedroht. Da hat der Sultan nachgegeben und wird sich rächen, indem er alles in die Länge zieht.«[8] Bis zur letzten Minute wurde in bester orientalischer Tradition herumgefeilscht, bis am 24. Dezember 1899 Georg Siemens und der türkische Arbeitsminister Zihni Pascha die Vereinbarung über die Vergabe einer Vorkonzession unterschrieben, für den Bau der Eisenbahnverbindung von Konya zu einem noch nicht festgelegten Endpunkt jenseits des Taurusgebirges im Nahen Osten auf einer noch nicht festgelegten Trasse an ein deutsches Konsortium. Fest stand nur: Die Bahn sollte innerhalb der nächsten acht Jahre fertiggestellt werden. Doch selbst das würde nicht geschehen.

Der feierliche Akt zur Unterzeichnung fand im Theater des Yildiz-Palastes statt. Alle Gäste mussten sich dem Wunsch des Sultans beugen und eine Aufführung der Mozart-Oper »Die Entführung aus dem Serail«

anschauen. Das war nach Abdülhamids Geschmack: Der höchste orientalische Sultan zeigt seinem westlichen Publikum eine westliche Oper über ein höchst orientalisches Thema.

☾

Während Abdülhamid und seine Untertanen sich nach dieser Entscheidung verhalten gaben, löste das Projekt im ganzen Deutschen Reich euphorische Begeisterung aus. »Von Hamburg nach Basra« und »Die deutsche Weltthat« titelten Zeitungen und Zeitschriften zwischen Hamburg und München. Der kämpferische Alldeutsche Verband setzte noch eins drauf und jubelte in seinen *Alldeutschen Blättern* siegesgewiss: »Also Volldampf vorwärts nach dem Euphrat und Tigris und nach dem Persischen Meer und damit der Landweg nach Indien wieder in die Hände, in die er allein gehört, in die kampf- und arbeitsfreudigen deutschen Hände.«

Obwohl noch keine Schwelle der Bagdadbahnstrecke verlegt worden war, ließ der unterzeichnete Vorvertrag die Wogen auch in der internationalen Presse hoch schlagen, und schließlich hatte diese Propaganda Auswirkungen bis in die Geschichtsschreibung hinein. Doch es gab auch damals Medien, wie zum Beispiel *Die Frankfurter Zeitung*, die immer sehr genau über die Vorgänge am Bosporus und dessen weites Hinterland informiert waren und seriös darüber berichteten. Ebenso unterschiedlich, wie in der Presse berichtet wurde, war auch der Stil der Debatten und Forderungen der vielen Verbände und Gesellschaften, die sich rund um die Themen »Übersee«, »Orient«, »Kolonien« und »Handel« in den letzten Jahrzehnten gegründet hatten.

Das ging von »grobschlächtig« beispielsweise im Alldeutschen Verband über »hitzig« in der Deutschen Kolonialgesellschaft bis zu »sehr sachlich« in der Deutsch-Asiatischen Gesellschaft. All diesen neu gegründeten Verbänden und Interessensgemeinschaften war jedoch gemein, dass ihre Mitglieder sich auf einmal für die Gegebenheiten in den verschiedenen Regionen des Nahen und Fernen Ostens interessierten: Flora und Fauna, Bevölkerungsdichte, Klima, Niederschlagsmengen.

Das Material für Vereinsvorträge und Mitgliederzeitschriften lieferten Geografen, Vermessungstechniker und diverse Reiseschriftsteller. Einer von ihnen war Dr. Paul Rohrbach, der zu den wenigen gehörte, die sich noch vor der Jahrhundertwende auf den Weg gemacht hatten, um sich selbst ein Bild von der Lage vor Ort zu machen. Darüber hielt er nun Vorträge und publizierte den schmalen Band »Die Bagdadbahn«.

Rohrbach sah sich angesichts der überall aufflammenden Diskussionen genötigt, zunächst klarzustellen, was »Kleinasien« eigentlich ist und was nicht: »Unter Kleinasien oder Anatolien ist nur die eigentliche Halbinsel westlich einer Linie, die von Trapezunt am Schwarzen Meer nach dem Golf von Alexandrette verläuft, zu verstehen; östlich dieser Grenzlinie liegen Armenien und Kurdistan und südlich von diesen beiden das ebene Stromland des Euphrat und Tigris; in seiner nördlichen Hälfte herkömmlich Mesopotamien genannt, in seiner unteren Babylonien oder das ›arabische‹ Irak.«[9]

An Schreibtischen oder in Vereinsklubs im sicheren Berlin wurde eifrig darüber diskutiert, wie gefährlich es im Taurusgebirge oder an den Oberläufen von Tigris und Euphrat wirklich wäre, wie fruchtbar die Böden dort wären und wie viel Anbaufläche bei entsprechender Bewässerung zur Verfügung stünde.

Besondere Aufmerksamkeit erlangte die möglichst vollständige kartografische Erfassung der Regionen im Nahen Osten. Die geschah natürlich nicht nur aus rein wissenschaftlicher Neugierde. Ganz objektiv und aus historischer Perspektive benannte Colmar Freiherr von der Goltz das Problem: »Die mohammedanische Bevölkerung, welche den Grundstock für die Kraft der osmanischen Herrschaft bildet, ist selbst in der Zeit der großen türkischen Eroberungskriege zu wenig zahlreich gewesen, um das ehemalige ausgedehnte Staatsgebiet sich dauernd zu eigen machen und sich dort behaupten zu können. Ein solches Missverhältnis zwischen Kraft und Ausdehnung war in der Geschichte das Verhängnis fast aller orientalischen Staaten.«[10]

Das hieß also: Gesund schrumpfen oder das Vakuum ausfüllen? Für Letzteres reichte die muslimische Bevölkerung des Balkans, die peu à peu nach jeder kriegerischen Konfrontation ins anatolische Hinterland abwanderte, bei Weitem nicht aus. Hier sahen der Alldeutsche Verband und die Deutsche Kolonialgesellschaft ihre Chance für deutsche Auswanderer. Doch dem widersprach in zahlreichen Beiträgen Professor Dr. Ernst von Düring-Pascha. Der Mediziner, der ab 1889 vorübergehend einen Lehrstuhl an der Istanbuler Universität innehatte, erläuterte nach seiner Rückkehr in die Heimat, dass eine Kolonialisierung weder in kleinem noch in großem Stil möglich wäre: »Im Kleinen, darüber sind alle einig, geht es bei den heutigen Rechtsverhältnissen in der Türkei nicht. Aber auch im Großen … ist es nicht möglich. Alle diejenigen, welche für eine Besiedlung eintreten, rechnen nicht mit den tieferen Gründen, welche in dem Charakter des türkischen Volkes, in der Religion, in den grundlegendsten Erfordernissen der Selbsterhaltung des türkischen Reiches liegen.«[11]

☾

Kairo 1899. Während Oppenheim im Lauf des Jahres seine zweite Orientexpedition vorbereitete, erschien sein Reisebericht »Vom Mittelmeer zum Persischen Golf«, in dem er die Erlebnisse seiner ersten Expedition verarbeitet hatte. Er galt nun in deutschen Kreisen als *der* Orientexperte. Eigentlich sollte seine zweite Expedition der Erkundung der Bagdadbahnstrecke dienen. Das war Oppenheim jedoch zu eintönig und deshalb wollte er stattdessen schnell Syrien durchqueren und dann weiter auf die arabische Halbinsel – mitten ins unerforschte, heiße und gefährliche Herz des Orients. Doch das Auswärtige Amt machte ihm einen Strich durch die Rechnung. Eine Reise durch diese unruhige Gegend, in der Scheiche und Stammesfürsten jede Gelegenheit zu Aufständen und Fehden nutzten, wäre eine Provokation gewesen. Notgedrungen musste Oppenheim die arabische Halbinsel aus seinen Plänen streichen, dafür nahm er sich vor, im Grenzgebiet zwischen Syrien, der Türkei und Mesopotamien ausführlich nach Kultur- und Siedlungsresten zu suchen.

So kam es, dass Max von Oppenheim mit seiner kleinen Expeditionskarawane zunächst gegen seinen Willen zu seinem Schicksalshügel geführt wurde. Als sie nahe dem Chabur, dem größten Zufluss des Euphrats, bei einem Beduinenstamm zu Gast waren, hörte von Oppenheim folgende Geschichte: Als Tscherkessen des Dorfes Ras el-Ain einen Angehörigen auf einem nahe gelegenen Hügel beisetzen wollten, kamen beim Ausheben des Grabes große steinerne Tierskulpturen mit Menschenköpfen zum Vorschein. Die Trauernden rannten davon. Der Name des Hügels, antwortete der Erzähler auf Oppenheims Frage, sei Tell Halaf. War das eine dieser fantastischen Geschichten ohne jede Substanz, wie sie überall im Orient erzählt werden?

Oppenheim wollte der Sache auf den Grund gehen und reiste baldmöglichst nach Ras el-Ain. Doch die dort siedelnden Tscherkessen weigerten sich zunächst, dem Deutschen den Platz zu zeigen, denn sie glaubten, dass die Störung der Geister dort im Boden für eine Missernte verantwortlich war. Oppenheim jedoch hatte weder Respekt vor Geistern noch vor seinen Gastgebern. Als die Tscherkessen gar leugneten, einen solchen Dämonenhügel zu kennen, ließ Oppenheim einen Koran herbeibringen und forderte von den Dorfältesten, darauf zu schwören, nicht gelogen zu haben. Als diese ihren Schwur leisteten, geriet Oppenheim außer sich und beschuldigte sie, einen Meineid auf den Koran geleistet zu haben.

Daraufhin zogen einige Tscherkessen ihre Messer heraus und Oppenheims Abenteuer hätte ein wenn auch dramatisches, so doch vorschnelles Ende gefunden, wenn nicht einige der Alten dazwischengesprungen wären. Aber nicht etwa, weil sie Oppenheim schützen wollten, sondern weil das Töten eines Gastes ihr Unglück nur noch vergrößert hätte. Und so wurde Oppenheim am nächsten Tag zum Tell Halaf geführt.

Dort musste er nur ein bisschen am Boden kratzen und die ersten Skulpturen tauchten auf. Doch Oppenheim wusste, dass es nicht ratsam war, ohne Grabungslizenz weiterzumachen. Deshalb ließ er das Loch wieder zuschaufeln und machte sich schleunigst auf den Rückweg: über Diarbekir nach Konya und von dort mit der Eisenbahn nach Konstantinopel. Für seinen Bericht über die Bagdadbahn glaubte er, sich auch genug umgesehen zu haben. Doch aus dem Plan einer schnellen Ausgrabung sollte nichts werden.

Berlin im Januar 1900. Ein neues Jahrhundert hatte begonnen, und besonders in Berlin war es euphorisch begrüßt worden. Man blickte nach vorn im Deutschen Reich. Nach vorn hieß: nach Übersee, nach Afrika, in den Orient. Eigentlich hätte Georg Siemens sich diesen Abend frei nehmen müssen. Seit die Verhandlungen für die Bahnstrecke Konya–Bagdad liefen, kam er nur noch wenig zur Ruhe. Doch den Vortrag »Kleinasien als deutsches Kolonisationsland«, zu dem die Berliner Abteilung der Deutschen Kolonial-Gesellschaft eingeladen hatte, musste er besuchen. Vortragender war der bayerische Major a. D. Max Schlagintweit, der sich bereits durch zahlreiche Aufsätze in Zeitschriften der Kolonial- und Orientgesellschaften einen Namen als eifriger Verfechter einer systematischen kolonialen Erschließung des Nahen Ostens gemacht hatte. Sozusagen vor seiner Haustür wollte man Siemens' Projekt missbrauchen, um sich obskuren Kolonialträumen hinzugeben.

Statt sich zu den Honoratioren der Veranstaltung zu gesellen, ließ Siemens sich im Publikum nieder und hörte sich den Vortrag an. Natürlich hatten ihn einige, auch der Vortragende, im Lauf der Veranstaltung erkannt und schickten ihm eine Grußadresse. Sie hatten vielleicht auch damit gerechnet, dass Georg Siemens sich nach dem Vortrag zu Wort melden würde, um ein paar Kleinigkeiten anzumerken. Tatsächlich bat er um die Aufmerksamkeit, doch was er dann anmerkte, sprengte doch den üblichen Rahmen: »Ich danke Herrn Major Schlagintweit für seine freundlichen, an die Adresse der Anatolischen Eisenbahn gerichteten Worte. Um so mehr, da ich das Unternehmen von seinem Anbeginn leite ...«

So höflich leitete Siemens seinen Wortbeitrag ein, doch dann sprach er folgendermaßen weiter: »... aber gerade deshalb halte ich mich für verpflichtet, einige Irrtümer des Vortragenden zu korrigieren: Zunächst einmal ist die Anatolische Eisenbahn-Gesellschaft keine deutsche, sondern eine unter türkischem Recht in Konstantinopel errichtete türkische Gesellschaft. Auch wenn der Vorsitzende und verschiedene Mitglieder des Verwaltungsrats sowie der Generaldirektor Deutsche sind. Außerdem: die türkische Regierung hat mit ihrer nichtmuslimischen Bevölkerung so schlechte Erfahrungen gemacht, dass es mir zweifelhaft erscheint, ob die Türkei in Kleinasien, dem Kernland ihrer Herrschaft und dem Zentrum ihrer mohammedanischen Bevölkerung, die Ansiedlung Andersgläubiger dulden werden.«

Dann ging er auf das türkische Steuer- und Eigentumsrecht ein und wies im Detail nach, wie wenig Ahnung der Vortragende davon besaß und wie aussichtslos der Versuch wäre, Kolonien dort zu gründen. »Wenn deutschen Auswanderungslustigen der Vorschlag gemacht werde, sich in Kleinasien unter einer Bevölkerung anzusiedeln, deren Tradition der unsrigen widerspricht, dann kann ich nur abraten. Es ist viel leichter und vorteilhafter, die Schwierigkeiten der Natur zu überwinden, als eine dauernd gegnerische Haltung einer an Zahl stärkeren, manchmal recht religionseifrigen Bevölkerung. Der Kampf gegen eine anders geartete Zivilisation dauert ewig und gestattet keinen Frieden.« Schließlich holte er noch einmal tief Luft und fasste für das vermutlich überforderte Publikum die Sachlage kurz und knapp zusammen: »Noch einmal klipp und klar: Die Anatolische Eisenbahn-Gesellschaft – oder wie sie in der breiten Öffentlichkeit auch genannt wird: die Bagdadbahn – verfolgt keine politischen oder kolonisatorischen Zwecke! Sie ist ein Verkehrsunternehmen, das die asiatische Türkei für unsere Industrie aufschließt und unseren Technikern Arbeit und Verdienst verschafft und auf diese Weise unserem Vaterland nützt.«[12] Nach dieser Stellungnahme sank Siemens erschöpft auf seinen Stuhl.

Peinliche Stille breitete sich unter den zahlreich erschienenen Besuchern aus, bis einer der Gastgeber alle Anwesende dazu aufforderte, sich an der Meinungsbildung zu beteiligen. Doch Siemens hörte gar nicht mehr hin, denn seine Gedanken drehten sich immer schneller im Kreis: Er wollte eine Eisenbahn bauen, die Länder, Menschen und Kulturen verbindet, keine Bahnverbindung, die die Menschen entzweie. Aber immer mehr Agitatoren sprangen auf seinen anfahrenden Zug auf und ihm schwanden die Kräfte. Konnte er sicher sein, dass hinter seinem Rücken nicht auch die große Politik im Umfeld des Kaisers derartige Pläne schmiedete?

Der Kaiser zeigte immer weniger Verständnis für Siemens' internationales Engagement; so berichtet Siemens' Frau Ende Januar 1900 an ihre Tochter: »Übrigens wurde dem Vater auf dem Auswärtigen Amt die strenge Weisung gegeben, wenn er nach England ginge, den Engländern in keiner Weise Zugeständnisse, ja nicht einmal Höflichkeiten zu erweisen, weil jetzt von Seiten Russlands zu scharf aufgepasst werde.«[13]

☾

Details interessierten Seine Majestät zu dieser Zeit vor allem auf einem anderen Gebiete: der Archäologie. Da kannte er sich aus, denn schon in Jugendjahren hatte er bei den Ausgrabungen des römischen Kastells von Saalburg assistiert, und kaum war er Kaiser geworden, befahl er dessen glanzvolle Restaurierung. Doch der Blick des Kaisers richtete sich 1900 weniger auf die Römer, sondern vor allem in den Nahen Osten. Deutsche Archäologen waren schon länger dabei, die antiken Wurzeln Kleinasiens zu erforschen, doch erst mit den Ausgrabungen bei Babylon, wo Robert Koldewey mit seinen Arbeitern seit zwei Jahren gegen die ungeheuren Lehmmassen ankämpfte, waren auch die deutschen Forscher zu den eigentlichen Ursprüngen der menschlichen Kulturgeschichte vorgedrungen. Mit Freuden übernahm Seine Majestät 1901 die Schirmherrschaft der Deutschen Orient-Gesellschaft und leistete einen Beitrag aus seiner eigenen Schatulle.

☾

Major a. D. Max Schlagintweit erholte sich schnell von dem Tiefschlag, den ihm Georg Siemens erteilt hatte. In zahlreichen Vorträgen und in seinem leider stark gekürzten Aufsatz »Die Eisenbahnlinien im westlichen Vorderasien«, der in der Zeitschrift *Asien – Organ der Deutsch-Asiatischen Gesellschaft* erschien, lenkte er nun alle Hoffnung auf Mesopotamien: »Man denke nur an die hohe Kultur, welche die von der Bagdadbahn durchzogenen Gebiete im Altertum besessen haben, an die Rolle, welche Anatolien als Kornkammer der alten Welt, das nördliche Mesopotamien und Syrien als Zentren des Baumwollbaues, Babylonien [das heutig Irak] als reichstes Land der Vorzeit gespielt haben! Und dass diese Landstriche durch die neue Weltverkehrsader zu neuem Leben erweckt werden, daran ist nicht zu zweifeln.« Zu der Frage einer möglichen Kolonialisierung dieser Gebiete äußerte er sich als gebranntes Kind nicht mehr, sondern zog ein versöhnliches Resümee: »Den Hauptnutzen der Bagdadbahn hat ganz naturgemäß die Türkei selbst; doch wird der Gewinn, den die deutsche Industrie und der deutsche Handel aus dem unter deutscher Leitung befindlichen Unternehmen ziehen werden, gewiss ein großer sein.«[14]

Doch tatsächlich gab es im Ringen um die Bagdadbahn Ende 1901 einen herben Rückschlag: Völlig überraschend stirbt Georg Siemens, der Kopf der Organisation und Finanzierung des Bahnprojektes, das schon Weltgeschichte schrieb, bevor es auch nur ansatzweise vollendet wurde.

Achtes Kapitel

Mit Bakschisch nach Bulgurlu, mit Spenden nach Medina

Statt der Bagdadbahn wird zunächst eine Pilgerbahn nach Medina gebaut. Als der Bagdadbahnvertrag endlich steht, wird der Sultan entmachtet.

September 1904. Sultan Abdülhamid II. verleiht einem deutschen Bauingenieur den Titel Pascha. Aber nicht etwa wegen der Verdienste am Bau der Strecke Konstantinopel–Bagdad. Nein, der Sultan hat ganz andere Prioritäten. Er zeichnet den in Leipzig geborenen und in Dresden aufgewachsenen Heinrich August Meißner, jetzt Meißner-Pascha, aus, weil er in kurzer Zeit einen wichtigen Abschnitt der Bahnverbindung Damaskus–Medina fertiggestellt hat.

Zu den fünf Geboten, auf denen der Islam fußt, gehört – neben dem Bekenntnis zum alleinigen Gott, den regelmäßigen Gebeten (fünfmal täglich), dem Fasten während des Ramadans und der Almosenpflicht gegenüber Armen – eine Wallfahrt nach Mekka, die jeder Gläubige einmal in seinem Leben unternehmen sollte, um dort die Kaaba, das zentrale Heiligtum seiner Religion, zu umrunden. Die Wallfahrt (auf arabisch: Hadsch oder Hedschas) soll immer am neunten oder zehnten Tag des zwölften Monats des islamischen Kalenders erfolgen. Dieser Kalender wird nach den Mondzyklen bestimmt und da die zwölf Mondmonate nur 354 Tage haben, rücken die islamischen Feiertage jährlich um elf bzw. zwölf Tage im Sonnenkalender nach vorn.

Dezember 1900. Die Kunde wurde in jedes Dorf zwischen dem Balkan und den Golf von Bengalen getragen, jeder Imam zwischen der Wüste Gobi und der westafrikanischen Küste verkündete es bei seiner Freitagspredigt: Der Sultan lässt eine Eisenbahn bauen, die Gläubige aus aller Welt zur Wallfahrt nach Mekka und Medina befördern wird – die Hedschasbahn. Mit diesem Vorhaben kann der Sultan sein Prestige als Kalif, als oberster Aufseher über die Muslime fördern. Doch Abdülhamid hat kein Geld, um den Bau der Bahn aus der Staatskasse des Osmanischen Reiches zu bestreiten. Also wurden die Muslime in aller Welt aufgerufen, Spenden zu sammeln. Und das taten sie auch, besonders eifrig beispielsweise in Indien, wo zu dieser Zeit noch Hindus und Muslime bunt verteilt über den ganzen Subkontinent lebten.

Bis Ende des Jahres 1900 kamen 13 Millionen Franken zusammen, bis 1908 waren bereits 74,25 Millionen bei der Ottomanenbank in Konstantinopel eingelagert. Zunächst wollte man diese religiös-bedeutsame Bahn natürlich nur von muslimischen Fachkräften bauen lassen.

Doch es gab ein Problem, wie *Die Frankfurter Zeitung* am 10. Dezember 1900 berichtete: »Schon bei der ersten im Yildiz-Kiosk in Konstantinopel abgehaltenen Konferenz stellte sich heraus, dass niemand wusste, wo und wie die Sache anzufangen war. Man berief deshalb nur als konsultative Beiräte zu den Sitzungen einige nichtmuselmanische Fachmänner einer anderen Eisenbahn, welche die Beratung etwas in den Gang brachten. Beim ersten Schritt weiter vorwärts blieb der Kommission die Entdeckung nicht erspart, dass es mit muselmanischen Ingenieuren sehr schlecht bestellt sei und ohne die Anstellung europäischer Praktiker der Bahnbau aus dem Stadium des Projektes nicht heraustreten werde.«[1] Kurze Zeit nach dieser Sitzung konnte der deutsche Botschafter Marschall von Bieberstein nach Berlin melden, Heinrich August Meißner, der seit 1896 als wissenschaftlicher Leiter der osmanischen Eisenbahnbauten in Konstantinopel residierte, habe die Berufung zum Oberingenieur der Hedschasbahn angenommen.

Meißner verlegte seinen Dienstsitz Anfang 1901 nach Damaskus. Über den Hedschasbahn-Fonds, aus dem er jährlich eine Million Türkische Pfund für den Bau der Bahn erhält, äußerte sich der neue Bauleiter durchweg positiv: »Dieser Fonds sei der einzige durchaus redlich verwaltete in der ganzen Türkei, und niemand dürfe es wagen, sich an ihm zu vergreifen. Die kleinste Entwendung würde einen religiösen Skandal durch die ganze Welt des Islams geben«[2], und den Sultan um seine Verdienste als Kalif bringen. Anders sah es dagegen mit Meißners unternehmerischen Freiheiten aus, denn er konnte nicht schalten und walten, wie er wollte.

Er musste sich mit dem Leiter einer lokalen Kommission in Damaskus, Kiazim-Pascha, und mit der Oberkommission in Konstantinopel, deren Leiter der Großwesir war, abstimmen. Mit diesen technischen Laien hatte Meißner seine liebe Not, bis man 1902 dem einsichtigen Nazim-Pascha die Oberleitung übertrug. Er hatte fortan die Streckenführung der Schmalspurbahn festzulegen, das notwendige Personal und gute Messinstrumente bereitzustellen.

Für den Christen Meißner gab es allerdings ein Problem: Er durfte das Gebiet südöstlich von Maan aus religiösen Gründen nicht betreten. Da ein Übertritt zum Islam für ihn nicht infrage kam, musste er muslimische Ingenieure so gut einweisen, dass sie sich mit Messinstrumenten ausgerüstet den Pilgerkarawanen nach Mekka anschließen konnten. Meißner hatte eine spezielle Vorgehensweise entwickelt, die er hier bei der Vermessung der Bahnlinie (Trassierung) und auch später beim Bau des östlichen Teils der Bagdadbahn verfolgte: Die Strecke wurde in mehrere Einheiten aufgeteilt und dann wurde synchron gearbeitet, was viel Zeit sparte, aber auch höchste Präzision erforderte. Doch im Deutschen Reich und insbesondere in den Bauingenieurkreisen wurde am erfolgreichen Ausgang des Projektes gezweifelt, wohl nicht zuletzt aus eitlen Gründen: Die Hedschasbahn war das erste Bahnprojekt unter türkischer Regie nach dem Bau der kleinen Strecke Konstantinopel–

Ismid, und man wollte einfach nicht, dass die Türken aus eigener Kraft eine Bahn bauten.

Viele lokale Unzulänglichkeiten wurden durch Meißners Wirken aufgewogen. Alle, die ihn kannten, waren sich einig: Sein ungeheures Organisationstalent paarte sich mit einem großen Geschick im Umgang mit Menschen. Doch selbst Meißner kam beim Bau mitten durch die Wüste an die Grenzen seiner organisatorischen und technischen Fähigkeiten, wie sein Biograf Herbert Pönicke schildert: »Die Bauunternehmer, die hauptsächlich den Unterbau ausführen sollten, waren schwer zu finden, weil sie die ihnen bevorstehenden Entbehrungen und Strapazen scheuten, und an Arbeitern war in jenen fast unbewohnten Gebieten großer Mangel. Die Beduinen aber gaben sich zu Erdarbeiten überhaupt nicht her. So kam es, dass die Schienen auf einer Strecke der Bahn oftmals schon gelegt waren, auf der die Unterbauten, Brücken, Durchlässe usw. noch sehr im Rückstande waren.«[3]

Für den Streckenbau waren von Anfang an auch Soldaten herangezogen worden, deren Zahl durch den Arbeitermangel im Lauf der Zeit drastisch erhöht werden musste: Von 2600 Mann im Jahr 1900/1 stieg die Zahl 1901/2 auf 5600 Mann und erreichte 1907 den Höchststand mit 7500 abgestellten Soldaten. Ein noch größeres Problem war die Versorgung mit Wasser. Regelmäßige Wasservorkommen gab es nur zwischen Damaskus und Amman, bis Maan fanden sich hier und da Zisternen, die zum großen Teil noch aus der römischen Zeit stammten, und hinter Maan sah es dann noch schlechter aus. Meißner ließ bis zu einer Tiefe von 54 Metern nach Wasser bohren, ohne viel Erfolg. Das Problem ließ ihn nicht mehr los: Wo nehmen wir das Wasser her?

☾

Konya, 26. Juli 1903. Die Bauarbeiten begannen nach türkischem Brauch mit einem Opferritual. Es scheint geholfen zu haben, denn die Arbeiten gingen zügig voran, obwohl sämtliche Materialien – außer Holz, Zement, Wasser und die Nahrungsmittel – mit der Bahn von Haydarpascha quer durch Anatolien herantransportiert werden mussten. Im März des Jahres war endlich der Vertrag zwischen der »Anatolischen Eisenbahn-Gesellschaft« und der türkischen Regierung zum Weiterbau der Bagdadbahn geschlossen worden. Um das Risiko für alle zu minimieren, wurde die Strecke bis Bagdad in Abschnitte von 200 Kilometern unterteilt. Die daraufhin erteilte Konzession galt also für die Strecke Konya–Eregli–Bulgurlu am Fuß des Taurusgebirges. Für den Bau wurde eigens die »Gesellschaft für den Bau der Eisenbahn Konya–Eregli–Bulgurlu GmbH« gegründet.

Auf Befehl von Wilhelm II. beteiligte sich auch die Preußische Staatsbank an der Bagdadbahn-Finanzierung. Nun sprach Seine Majestät endlich von »Meiner Bahn« und zerschlug einmal mehr diplomatisches Porzellan: »Dass wir bald mit einer Verbeugung vor dem britischen Löwen, bald mit einem Knicks vor dem russischen Bären unsere Bahn bis Kuwait am Persischen Golf hindurchschlängeln.«[4] Nach nur 15 Monaten hatten die Bahnbauer 200 Kilometer Schienen für den Sultan verlegt und erreichten am 25. Oktober 1904 Bulgurlu.

Das zügige Vorankommen lag natürlich auch daran, dass die Strecke nur durch flaches Land führte. Die große Herausforderung, das zu überwindende Taurusgebirge, lag nun in Sichtweite vor den Arbeitern. Zum schnellen Erfolg trugen auch die mittlerweile gut gefüllten »schwarzen Kassen« der Bahnbau-Gesellschaft bei – wie Siemens' Nachfolger Arthur Gwinner freimütig bekennt: »Wer sich in der Türkei geschäftlich betätigt, weiß, dass am Bosporus das Bakschisch regiert und bisher eine unvermeidliche Bedingung eines jeden Vertrages war. Wir hatten entsprechend der Bedeutung eines Geschäftes Werte von einigen 20 Millionen Pfund zu zahlen. Der Sultan selbst schickte uns von Zeit zu Zeit unter den tollsten Vorwänden neue Leute auf den Hals, die befriedigt werden mussten.«[5]

Solche pikanten Details, die sicherlich auch in den Berichten für den Kaiser Erwähnung fanden, interessierten Wilhelm II. jedoch wenig. Er telegrafierte wohlgelaunt nach Bulgurlu: »Aus Ihrer Meldung vom 20. ds. Mts. habe ich mit großer Befriedigung ersehen, dass am heutigen Geburtstag Meines Erlauchten Freundes, Seiner Majestät des Kaisers der Osmanen, die erste Teilstrecke der Bagdadbahn von Konya nach Bulgurlu feierlich eröffnet wird. Ich freue Mich, dass es gelungen ist, das bedeutungsvolle Unternehmen deutschen Unternehmungsgeistes und deutscher Ingenieurkunst trotz mannigfacher entgegentretender Schwierigkeiten bis zu diesem wichtigen Abschnitt zu fördern, und kann Ich es Mir nicht versagen, Ihnen wie allen an dem großen Werk Beteiligten Meine volle Anerkennung zu dem bisher Erreichten und Meine wärmsten Wünsche für eine weitere glückliche Fortsetzung und Vollendung des Bagdadbahn-Unternehmens auszusprechen. BERLIN, Schloss, den 25. Oktober 1904, gez. Wilhelm«.[6]

Während dieses Zusammentreffen von Geburtstag und Streckeneröffnung mehr dem Zufall zu verdanken war, wurden die Bauabschnitte der Hedschasbahn regelmäßig zum Tag der Thronbesteigung Abdülhamids II. am 1. September eingeweiht: am 1.9.1903 Damaskus–Deraa, am 1.9.1904 bis Maan ... und am 1.9.1908 schließlich bis Medina.

☾

Damaskus, 1. September 1904. Feierlich wurde der zweite Abschnitt der Hedschasbahn, Deraa–Maan, in Anwesenheit des Sultans dem Verkehr übergeben und Abdülhamid war sogar bereit, an der Jungfernfahrt teilzunehmen. Der deutsche Militärberater für das Pionierwesen und vom Sultan ebenfalls in den Rang eines Paschas erhobene Karl Auler, dessen Soldaten wesentlich am Bau der Hedschasbahn beteiligt waren, berichtet über die Einweihungsfahrt und seine deutschen Kollegen: »Die Führung unseres Zuges war in guten Händen, Marschall Kiazim-Pascha und Mcißncr-Pascha hatten sie in eigener Person übernommen. Meißner-Pascha glaube ich nicht besser charakterisieren zu können, als wenn ich sage, dass sein großes Wissen nur durch seine Bescheidenheit übertroffen wird. Er spricht perfekt Türkisch, was ihm bei seiner Arbeit sehr zustatten kommt. Da er einen großen Teil seines Lebens in der Türkei verbracht hat, versteht er es auch ausgezeichnet, mit den türkischen Behörden und der Bevölkerung umzugehen.«

Auler-Pascha spricht aber auch an, dass es nicht nur die Verdienste Meißners waren, die zu seiner Pascha-Würde führten: »Um durch seine Eigenschaft als Fremder bei den arabischen Stämmen im Inneren keinen Argwohn und feindliche Gefühle zu erwecken, ist ihm die Pascha-Würde verliehen und er auf diese Weise schon äußerlich als ein hoher Beamter des Sultans gekennzeichnet worden.«[7] Dieser Aspekt der Auszeichnung wird in deutschen Biografien des großen Bahnbauers meistens unerwähnt gelassen.

Abgesehen von der großen Hitze und dem Fehlen jeder Infrastruktur in der menschenleeren Wüste stellt sich der unbedarfte Europäer den Bau der Hedschasbahn relativ leicht vor. Doch diese Einschätzung täuscht in mehrfacher Hinsicht: Zum einen fehlt in der Sandwüste Material für guten Untergrund zum Bahndammbau und für den Schotter der Gleisanlagen. Zum anderen sind die Wüstenlandschaften, durch welche die Hedschasbahn führt, nicht eintönig flach: Von Damaskus (800 Meter über dem Meeresspiegel) geht es in ständigem Auf und Ab bis Maan (1300 Meter), um dann in ständigem Wechsel von Berg und Tal bis Medina auf 870 Meter zu sinken.

Außerdem stellen die vielen Wadis ein Problem dar; diese Trockenflüsse können zwar jahrelang ausgetrocknet sein, nach einem heftigen Regen verwandeln sie sich jedoch innerhalb kürzester Zeit in reißende Ströme, die einen Bahndamm leicht wegreißen können. Deshalb mussten entlang der gesamten Strecke 1532 sogenannte technische Kunstbauten errichtet werden: Brücken, Durchlässe und Tunnel.

Das ständige Problem beim Bahnbau war aber nicht zu viel Wasser, denn die gefürchteten sintflutartigen Regenfälle kamen nur alle paar Jahre vor, sondern es war der ständige Wassermangel, der Meißner-Pascha zu schaffen machte. Um dieses Problem zu lösen, ließ er Lokomotiven mit größeren Wassertanks bauen, einzelne Wassertankwagen an die Lokomotiven anhängen und den Verkehr von Versorgungszügen einrichten, die die Wasserreservoirs entlang der Bahnstrecke regelmäßig auffüllten.

Während die Hedschasbahn mit großen Schritten Gestalt annahm, trat man bei der Bagdadbahn trotz der Beteiligung der Preußischen Staatsbank und der Ehre, dass der Kaiser die Bagdadbahn zu »seiner« Bahn auserkoren hatte, in den nächsten Jahren weiter auf der Stelle.

☾

Berlin 1904. Endlich – fünf Jahre nach seiner Expedition – legt Max von Oppenheim seine Untersuchung zur Entwicklung des Bagdadbahn-Gebietes vor. Der Druck des 350 Seiten starken Werkes wird wie vereinbart von der Deutschen Bank finanziert, obwohl man dort von Oppenheims Arbeit wenig überzeugt ist. Arthur Gwinner spricht ganz offen von »Gefasel«, das besser im »Tintenfass« geblieben wäre, und seiner persönlichen Meinung nach wollte sich Oppenheim wohl vor allem »bemerkbar und wichtig machen«.

Der Autor hatte weniger eine gute Strecke für die Bagdadbahn gesucht, als vielmehr eine Entwicklungsstudie vorgelegt, in der er weit in Kulturgeschichte und Geografie ausholend die Möglichkeiten schilderte, die eine künftige Entwicklung der Region Nordmesopotamiens in sich barg. Große Gebiete sollten wieder landwirtschaftlich genutzt und Mesopotamien somit erneut zur wirtschaftlichen und kulturellen Drehscheibe zwischen Ost und West werden.

Daran fand der Finanzier Gwinner nichts Überzeugendes: »Ein paar Hundert Millionen Mark deutschen Kapitals ohne ausreichende Garantien und nur in der Hoffnung zu investieren, dass dereinst aus der Stein-, Sand- und Wasserwüste Mesopotamiens ein fruchtbarer Garten erblühen wird, kann von Niemandem, der die Verantwortung für grosse fremde Sparkapitalien trägt, übernommen werden.«[8] Abhandlungen wie die von Oppenheim gab es zu diesem Zeitpunkt schon reichlich, beispielsweise die Schriften von Paul Rohrbach oder die Beiträge in der Zeitschrift der Deutsch-Asiatischen Gesellschaft.

Außerdem hatte von Oppenheim seine eigentliche Aufgabe kaum erfüllt. Er hatte untersuchen sollen, ob und wie sich die Landschaft für eine Bahntrassierung eignete, doch da dies nicht geschehen war, musste die Bagdadbahn-Gesellschaft ihre Vermessungsingenieure nun ohne Vorkenntnisse ausschicken, um eine geeignete Streckenführung zu finden.

Zudem hatte die Bagdadbahn-Gesellschaft auch noch in einer weiteren wichtigen Angelegenheit gehandelt, ohne den Bericht von Oppenheim abzuwarten: Parallel zur Vorkonzession der Bahnstrecke Konya-Bagdad hatte sie auch eine Vorkonzession über die Ausbeutung der Erdölvorkommen in Mesopotamien erworben. Darin verpflichtete sie sich, innerhalb eines Jahres eine Untersuchung über Umfang und genaue Lage der Erdölvorkommen in Nordmesopotamien durchführen zu lassen.

☾

Konstantinopel 1905. Ein junger Hauptmann der osmanischen Armee, Mustafa Kemal, wird verhaftet. Er hatte gerade erst sein gutes Abschlussexamen der Infanterieklasse an der Kriegsschule abgelegt (als Zwanzigster von 320 Schülern), doch die Wochen, die ihm bis zu seiner Abberufung anschließend frei gegeben worden waren, hatte er nicht zu Ausschweifungen in der Stadt der Sünden und Versuchungen genutzt.

Anders als 1899, als er gerade nach Konstantinopel gekommen war. Damals erlag er allen Versuchungen, besonders der käuflichen Liebe und dem Raki. Letzterer sollte sein ständiger Begleiter bleiben und ihm einen vorzeitigen Tod bescheren. Doch trotz dieser Abwege hatte Mustafa mit seinen Kameraden eine Vision entwickelt – eine Vision, die sie mit vielen anderen Offizieren der Armee teilten.

Mustafa wusste noch, wie er sich geschämt hatte, als er als Knabe am Bahnhof von Saloniki eine Abteilung der osmanischen Armee in ihren traditionellen Uniformen in den Krieg ziehen sah. Eine Gruppe Derwische hatte sie verabschiedet, indem sie auf Trommeln schlugen, Flöten spielten, die Augen verdrehten, brüllten und so die ganze Einheit in eine fürchterliche Raserei versetzten.

Inzwischen hatten die deutschen Militärberater, allen voran Colmar Freiherr von der Goltz, die osmanische Armee auf Vordermann gebracht, soweit die überholten und ineffektiven Strukturen des osmanischen Heeres dies zuließen. Vor allem jedoch hatten sie an der Kriegsschule eine neue Heereselite herangezogen, die nun die Überzeugung gewann, nicht nur die Vorhut für das Militär, sondern auch für eine neue Gesellschaft zu sein. Die Offiziere waren gebildet, zwischen ihnen herrschte Offenheit, Vertrauen und ein zivilisiertes Miteinander. So dachten viele Offiziere und gründeten ähnlich wie die liberalen Intellektuellen und Armenier Freiheitskomitees und Debattierklubs.

Auch Kemal hatte seine freie Zeit genutzt, ein Zimmer als Büro und einen Keller als Druckerei angemietet und begonnen, die Geheimzeitung *Watan* (Vaterland) herauszugeben. Doch schnell brachte ihn ein Spion zu Fall. Er kam für einige Wochen in das berüchtigte »Rote Gefängnis« von Konstantinopel, das auch als Folterzentrum bekannt war. Nach etlichen Verhören wurde ihm seine Verschwörertätigkeit als Jugendsünde ausgelegt und die einzige Bestrafung bestand darin, dass er nach Damaskus strafversetzt wurde. Dort aber gab es noch mehr Offiziere, die den Sultan und sein System hassten.

Dass die Stimmung in seinem Land sich immer weiter gegen ihn richtete, entging auch Abülhamid nicht. Sein Leben war von Tag zu Tag mehr in Gefahr. Am 21. Juli, als der Sultan seinen sicheren Yildiz-Palast verlassen hatte, um seiner Pflicht als Muslim nachzukommen, war Dynamit in seiner Kutsche deponiert worden. Weil Abdülhamid die Moschee jedoch mit Verspätung verließ, blieb er unverletzt, während 26 Menschen aus seinem engsten Kreis starben und etliche verletzt wurden. Im Eiltempo ging es zurück in den Yildiz-Palast, doch selbst hier war er nicht mehr sicher. Vor knapp einem Jahr hatte einer seiner Offiziere versucht, Abdülhamid in dem von ihm so geliebten Theater umzubringen. Wenn er in Yildiz nicht mehr sicher war, wenn er seinen eigenen Offizieren nicht mehr trauen konnte, wenn auf seinen Geheimdienst kein Verlass mehr war … der Sultan war nicht in der Lage, diese Gedanken zu Ende zu führen.

☾

1906/07. Während die europäische Öffentlichkeit nichts davon abhalten konnte, weiter hitzig über das Bagdadbahnprojekt zu debattieren, ruhten die Bauarbeiten, seit die Strecke 1904 Bulgurlu erreicht hatte. Der nächste 200-Kilometer-Abschnitt in die Adana-Ebene auf der Höhe des Golfs von Alexandrette hatte es in sich: Es galt das Taurusgebirge zu überwinden, das den südöstlichen Teil des Bergringes bildet, der das anatolische Hochland umschließt. Bis zu 3600 Meter hoch ragen hier die schroffen Gipfel in den Himmel.

Viel Kapital würde erforderlich sein, um die Bauarbeiten fortzusetzen, doch die türkische Regierung hatte keine guten Pfänder mehr zu bieten und die Verhandlungen über die Konzessionen kamen deshalb nicht von der Stelle. Trotzdem trafen Gwinner und die Direktoren der Anatolischen Eisenbahn-Gesellschaft, Edouard Huguenin und Karl Helfferich, weitere Vorbereitungen für die Fortsetzung der Bauarbeiten. Die

Deutsche Bank kaufte die Stichbahn von der Hafenstadt Mersina nach Adana, so war der Materialnachschub über den Seeweg gesichert.

Doch das eigentliche Problem stellte die Trassenführung durch das Taurusgebirge dar, denn die Vermessungstrupps hatten herausgefunden, dass der alte traditionelle Weg über das Gebirge, der die Berge auf bis zu 1400 Meter Höhe überwindet und in der legendären Kilikischen Pforte endet, zu unstetig für eine Gleisführung war. Die Erbauer mussten auf eine Strecke gut zehn Kilometer weiter östlich ausweichen, die dem Flusstal des Çakit folgen und dann durch lange Tunnel führen sollte. Dieser Streckenabschnitt von 67 Kilometern Länge würde mühselig, teuer und gefährlich werden.

Es war Wilhelm II., der in dieser Zeit einen Vorstoß in Sachen Bagdadbahn wagte, den sein Biograf Röhl als einen »Kaiserlichen Alleingang in der Bagdadbahnfrage«[9] bewertet. Im November 1907 traf Seine Majestät in Windsor mit König Edward und Mitgliedern der englischen Regierung und deren Kolonialregierungen zusammen. Ohne sich mit dem Auswärtigen Amt oder dem Vorstand der Bagdadbahn-Gesellschaft verständigt zu haben, bot Wilhelm an, die Bahn nur in Absprache mit den Engländern von Bagdad weiter an den Persischen Golf bauen zu lassen; eventuell nur bis Basra und wenn überhaupt, dann sollten die Engländer die Verbindung bis nach Kuwait bauen. Charles Hardinge, zu dieser Zeit Staatssekretär im englischen Außenministerium und ab 1910 Vizekönig von Indien, resümierte: »Ob eine Einigung erzielt werden kann, ist bis jetzt noch verfrüht zu sagen, aber der Kaiser und Schön haben beide unser Recht auf ein Tor, zu dem wir den Schlüssel halten müssen, d. h. ein Stück der Bahn, eingeräumt.«[10]

☾

Medina im Frühjahr 1907. Damit die Hedschasbahn im Jahr 1908 abgeschlossen werden konnte, begann 1907 ein Trupp von 1700 Mann auch von Medina aus mit dem Bau der Gleisanlage. Dank der präzisen Vermessungen der Trasse trafen beide Gleisführungen zentimetergenau zusammen. Die Bahn wurde am 1. September 1908 dem Verkehr übergeben, doch auch zu dieser Feierlichkeit durfte Meißner-Pascha nicht in das religiöse Sperrgebiet reisen – so steht es zumindest in den offiziellen Quellen. Nun konnten die Pilger, die bisher wochenlange Kameltouren durch gefährliches Beduinengebiet auf sich nehmen mussten, bequem mit der Hedschasbahn in rund 48 Stunden von Damaskus nach Medina gelangen. Diesen Vorteil konnte natürlich auch das Militär nutzen.

Meißner-Pascha berechnete, dass mit der Hedschasbahn in nur rund 36 Stunden drei Bataillone von je tausend Mann von Damaskus nach Maan transportiert werden könnten. Damit wäre es osmanischen Truppen möglich, im Kriegsfall in Windeseile in der Nähe des Suezkanals aufzumarschieren – argwöhnte der britische Geheimdienst.

Saloniki im Frühjahr 1908. Seit September 1907 war auch Mustafa Kemal in Saloniki stationiert, in Damaskus hatte er es nicht mehr ausgehalten. Zwar hatte er auch dort mit weiteren unzufriedenen Offizieren eine Gruppe seiner Geheimorganisation *Watan* gegründet mit dem Ziel, die Garnisonen in Syrien unter seine Kontrolle zu bringen und nach Konstantinopel zu marschieren, doch solch ein Marsch von Damaskus aus wäre zu lang geworden, es gab eben noch keine Bahnverbindung. Dann schrieb Kemals Jugendfreund Fethi, er solle unbedingt nach Saloniki kommen, dort brodelte und gäre es gewaltig.

Nach vielen Eingaben gelang es Mustafa, nach Saloniki versetzt zu werden. Kaum dort angekommen gründete er eine Untergrundzelle, die sich nach dem Schneeballprinzip erweitern sollte. Doch er stand nicht im Mittelpunkt der Oppositionsbewegung, urteilt sein Biograf Bernd Rill: »Die Jung-Türken sammelten sich in Saloniki, aber in der Hauptsache nicht um Mustafa Kemal, sondern um Talaat Bey, Chefsekretär des dortigen Post- und Telegrafenamts, und um Oberst Dschemal Bey, beides später führende Mitglieder der jung-türkischen Regierung.«[11] Da es Kemal und Talaat Bey aber um die gleichen Ziele ging, schlossen sich beide Bewegungen unter dem Dach des »Komitees für Vereinigung und Fortschritt« zusammen.

Zu dieser Zeit machte noch ein weiterer junger Offizier von sich reden: Ismail Enver. Der Sultan hatte den kleinen Ismail Enver um die Eröffnungsfeier des Sirkeçi-Bahnhofs gebracht, aber nicht nur aus dieser Enttäuschung war im Lauf der Jahre Hass geworden. Bereits als Student hatte er 1897 an Protesten gegen die reaktionäre Politik des Sultans teilgenommen, nach deren Scheitern war er in die Armee gegangen. Anfang des Jahres 1908 wiegelte Enver seine Soldaten in Rumelien zur Meuterei auf, weil sie kaum verpflegt und der Lohn nicht ausgezahlt wurde. Ismail Enver war daraufhin zu einem Disziplinarverfahren in die Hauptstadt vorgeladen worden, hatte sich aber mit einem Teil seiner Soldaten in die Berge Makedoniens abgesetzt.

☾

Am 2. Juni 1908 wurde endlich ein neuer Vertrag über den Weiterbau der Bagdadbahn unterschrieben. Dieser umfasste nicht nur den Streckenabschnitt von Bulgurlu bis Adana, sondern gleich bis nach Tell Halaf in Nordmesopotamien, also eine Strecke von 840 Kilometern. Allerdings würde ein langer Teil davon durch sehr gebirgige Landschaft führen. Doch die Tinte unter dem Vertrag war gerade trocken, da wurde er auch schon von den politischen Ereignissen überholt. Denn im Juli 1908 unternahmen die »Jungtürken« ihren längst überfälligen Aufstand.

Aber was heißt Aufstand? Eigentlich hatten die Soldaten einen Marsch auf Konstantinopel geplant, doch dazu kam es gar nicht. Als Abdülhamid erfuhr, dass die starken makedonischen Truppen seines Heeres die

Hauptstadt erobern wollten, war er zu allen Kompromissen bereit. Er setzte sofort die Verfassung von 1876 wieder in Kraft, Zensur und Spionagenetzwerk wurden aufgelöst, eine Amnestie für politische Gefangene erlassen und die Wahlen für ein neues Parlament angekündigt. Während es in einigen Städten zur Lynchjustiz an vermeintlichen Verrätern und Spitzeln des Sultans kam, blieben die Aktionen in Konstantinopel selbst friedlich: Tagelang zogen Menschenmassen durch die Altstadt, über die Brücke am Goldenen Horn nach Galata, schwenkten Fahnen und tanzten zur Musik. Sie jubelten den Soldaten als Garanten der neuen Freiheit zu. Selbst der Sultan trug bei seinem freitäglichen Moschee-Besuch die rot-weiße Rosette der Demokratie. Seine Untertanen waren nicht nachtragend und glaubten, dass es nur schlechte Berater waren, die den Sultan von seinem Volk fernhielten. Vorübergehend kam es sogar zu einer rührenden Verbrüderung von Christen und Muslimen, wie sie der amerikanische Reverend James L. Fowle in Kayseri erlebte: »Ich habe es in meinem Leben nicht mehr erwartet, dass sich Türken, Armenier und Griechen so brüderlich begegnen oder dass ein Muslim in einer christlichen Kirche die Freiheit preist.«[12]

In Konstantinopel fand sogar eine muslimische Gedenkfeier für die armenischen Opfer der Unruhen von 1895/96 statt. *Die Frankfurter Zeitung* berichtete Ende Juli 1908 darüber: »Die Versammlung begab sich auf den armenischen Friedhof in Baluk. Auf Verlangen des jungtürkischen Komitees trug hier ein armenischer Priester das ›De Profundis‹ auf dem Grabe der Opfer dar. Zahlreiche Anwesende küssten die Erde.«[13] Wenn man bedenkt, was kurze Zeit später geschah, erscheinen diese Ereignisse merkwürdig unwirklich.

Weniger freundlich gestimmt waren die führenden Jungtürken gegenüber dem Bagdadbahnprojekt. Ganz entschieden stellten sie infrage, ob eine Bahnbaugesellschaft in der Hand von Ausländern mit ausländischem Kapital die Bagdadbahn weiterbauen sollte. Es sah so aus, als ob deutsche Diplomaten, Finanziers und Bauingenieure mit ihrer Überzeugungsarbeit wieder von vorn anfangen müssten. Doch in Ismail Enver, nun Enver Bey und später Enver-Pascha, der als Militärattaché von 1909 bis 1911 nach Berlin ging, fanden die Deutschen bald wieder einen treuen Verbündeten.

Und noch bevor die Jungtürken die Bagdadbahnpläne wieder auf Eis legten, hatte sich ein deutscher Vermessungstrupp auf den Weg gemacht. Allen Widerständen zum Trotz führten sie vom 1. Juli 1908 bis zum 31. Juli 1909 ihren Auftrag durch: Sie durchquerten die Ausläufer des Amanusgebirges und erstellten eine vorläufige Trassierung der Streckenabschnitte Adana–Aleppo.

☾

Die Jungtürken blieben nicht lange liberal und einige von ihnen – besonders Enver Bey – träumten von einem »großtürkischen Reich«, in dem alle turkstämmigen Völker Asiens vereint werden sollten. Mustafa Kemal, der sich für einen türkischen Nationalismus einsetzte, konnte nur hilflos zusehen. Die Menschen im Osmanischen Reich waren mit ihrer neuen Freiheit überfordert, die von den Jungtürken erwirkten Verhältnisse stürzten das Land noch weiter ins Chaos, so schildert es der Chronist dieser Epoche, Louis de Bernières: »Die Arbeit der neuen Behörden wird untergraben, auf die Treue der neuen Beamtenschaft ist kein Verlass. Das einzige Ideal, das die Deputierten im neuen Parlament – Türken, Griechen, Araber, Juden, Serben, Armenier, Bulgaren und Walachen – hochhalten, sind die eigenen Stammesinteressen.«[14] Die Presse tat das Ihre, um die einzelnen Gruppierungen gegeneinander aufzuhetzen, und strenge Muslime protestierten gegen die Verweltlichung der Herrschaft, sie wollten nicht weniger, sondern mehr Islam im Alltag, sie forderten die Einhaltung der strengen Scharia.

Mitte April 1909 schließlich meuterten die Truppen, die für die Sicherheit der Hauptstadt zuständig waren; sofort schlossen sich islamistische Studenten und Lehrer den Protesten an: »Wir wollen das göttliche Gesetz!« Genau zu dieser Zeit kehrte der deutsche Archäologe Ludwig Curtius nach Konstantinopel zurück, um die Funde von Hattusa zu bearbeiten. »Abüdlhamid hatte, um sich der ihm von den Jungtürken aufgezwungenen Verfassung zu entledigen, durch plumpe Bestechung eine Anzahl ihm treu ergebener Regimenter in der Nähe versammelt, die in einem Militärputsch eines Morgens plötzlich die Hauptstadt besetzten, das Ministerium stürzten, die Verfassung als beseitigt erklärten und die Alleinherrschaft des Sultans wiederherstellten. Da die Angehörigen der Gegenpartei nur eben Zeit hatten, sich zu verstecken, also die ganzen Ministerien verödet waren und neue Minister nicht ernannt wurden, so war die riesige Stadt ein paar Tage lang in den Händen der Soldaten.« Alle Welt erwartete fürchterliche Ausschreitungen und Plünderungen und so war die Zahl derer groß, die aus der Stadt flohen. Doch die Soldaten beschlagnahmten nur die Droschken in der Stadt und ließen sich stundenlang spazieren fahren.

Dieses harmlose Treiben dauerte jedoch nicht lange. Am 24. April marschierte die 3. Armee unter der Führung von Enver Bey in Konstantinopel ein – einer der Divisionskommandanten war Mustafa Kemal. Es gab nur wenig Widerstand, der in kurzen Kämpfen gebrochen wurde – wie Curtius es erlebte: »Ein solcher Kampf tobte auch um die Hauptwache in der Grande Rue de Pera, in der ich in einem kleinen Hotel nebenan wohnte. Ich wurde am Morgen durch das Rasseln des Maschinengewehrfeuers geweckt und besah mir das Kampffeld wenige Häuser weiter. Aber während es da hart herging, kam der Ziegenhirte mit seinen Ziegen auf seinem täglichen Rundgang ganz gemächlich daher, hielt vor den Häusern seiner Kunden und melkte seine Ziegen in die Töpfe, die jene herbeibrachten.« Als die jungtürkischen Truppen den Yildiz-Palast stürmten, waren die meisten der Bewohner bereits geflohen: Wachsoldaten, Eunuchen, Diener, Spione, Sklavinnen und Astrologen.

Doch einige der besonders verhassten Diener des Sultans wurden von der Masse auf der Straße erkannt: einige Spitzel und der Obereunuch, den seinerzeit die deutsche Kaiserin fragte, ob sein Vater auch schon Eunuch gewesen sei. Er wurde von der Menge misshandelt, zur Galata-Brücke geschleppt und dort an einer Laterne erhängt. Dort sieht ihn Curtius: »Als ich am anderen Tag über die große Brücke ging, war an jeder Seite ihrer Stambuler Mündung ein Galgen aufgerichtet, an dem, sackartig bekleidet, ein Rädelsführer der Sultansrevolution hing. Ein großes auf seiner Brust angebrachtes Plakat verkündete sein Verbrechen, und vom Hals hing ihm ein Beutel, der die Bestechungssumme enthielt, mit der ihn der Sultan gewonnen hatte.«[15]

Abdülhamid dagegen ließen die Jungtürken unbehelligt, doch er musste abdanken und wurde ausgewiesen. Als er das Urteil vernahm, sank »Abdül der Schlächter« schluchzend in die Arme eines Eunuchen. Der Mann, der allein in seinem Palast über 500 Sklavinnen und Sklaven hielt, durfte nur einige Konkubinen, zwei seiner Söhne und 13 Diener mitnehmen. Sie steckten den Sultan am Sirkeçi-Bahnhof in seinen luxuriösen Salonwagen, das von ihm ignorierte Geschenk der Direktoren der »Orient-Eisenbahn-Gesellschaft«. So fuhr der gestürzte Herrscher mit der Bahn, die er nicht leiden konnte, ins Exil nach Saloniki, wovor ihm fürchterlich graute. Ganz ohne Sultan wollten die Jungtürken jedoch auch nicht regieren, also setzten sie eine Marionette ein. Aus dem Cirgan-Palast, dem goldenen Käfig, wurde Abdülhamids jüngerer Bruder, Mehmet V., gezerrt. Der inzwischen greise Mann, der 30 Jahre unter Hausarrest gestanden hatte, wusste nicht wie ihm geschah, als er auf den Thron gesetzt wurde.

☾

An der künftigen Bahnstrecke Adana–Aleppo im April 1909. Seit Monaten durchstreifen deutsche Ingenieure, darunter Emil Heubusch, mit ihren Vermessungstrupps das Amanusgebirge auf der Suche nach der besten Bahntrasse. Sie haben einen trassierbaren Weg gefunden, der die Bahnstrecke nur bis auf 600 Meter über dem Meeresspiegel steigen lässt. Bei Bagtsche jedoch erhebt sich das Amanusgebirge so schroff und steil in die Höhe, dass es keine andere Lösung gab als einen langen Tunnel: 4780 Meter wird er am Ende lang sein. Am Morgen des 14. April händigte ihnen ihr türkischer Begleitmajor drei Mausergewehre aus und erklärte, die Armenier hätten sich gegen den türkischen Staat erhoben und würden plündern und brandschatzen. Tatsächlich hörten die Ingenieure am nächsten Tag Schüsse, doch die Armenier waren nicht die Angreifer, sondern die Flüchtlinge. Sie ließen ihr Gepäck zurück und nahmen so viele armenische Frauen und Kinder in ihre Kutschen auf, wie hineinpassten. Je näher die deutschen Ingenieure Adana kamen, desto schrecklichere Szenen boten sich ihnen dar: abgebrannte Häuser, Leichen auf den Straßen, alles erinnerte an die Pogrome vor rund 15 Jahren. Hatten tatsächlich die Armenier die Revolte in der Hauptstadt genutzt und gegen die türkische Herrschaft aufbegehrt? Oder hatten die Jungtürken in liberalen Politikern und Christen, allen voran den Armeniern, die heimlichen Drahtzieher des Aufstandes sehen wollen? Jedenfalls war die Pogromstimmung in Adana in den letzten Tagen systematisch geschürt worden, immer mehr muslimische Männer trugen den weißen Turban zum Zeichen des Dschihad.

Als die Ingenieure die Stadt erreichten, erlebten sie eine Szene wie aus einer Karl-May-Geschichte: Die am Damm der Bagdadbahn liegende Villa der Heubuschs war bereits zu einer Fluchtburg geworden. Die deutschen Bauingenieure verschanzten sich dort mit ihren Familien und hatten rund 100 Armeniern Zuflucht gewährt, hasserfüllte Horden belagerten das Haus. Landesweit waren wieder Pogrome gegen die Armenier aufgeflackert. Dabei hatten die Jungtürken noch vor ihrem Putsch Koalitionen mit den fortschrittlich gesinnten Christen geschmiedet, denen sie nun alle Schuld an der Konterrevolution gaben.

Die deutschen Ingenieure waren bewaffnet und drohten auf die Menge zu schießen. Erst nach langer nervenaufreibender Patt-Situation zog die lynchlustige Meute schließlich ab.

Das Ergebnis der Unruhen war grauenvoll: Die Altstadt von Adana wurde weitgehend zerstört, überall lagen Leichen. Jungtürkische Truppen reisten an, um für Ruhe zu sorgen, doch damit hörten die Ausschreitungen keineswegs auf. »Man erwartete, dass diese jungtürkischen Truppen die Ordnung herstellen würden«, berichtete der deutsche Konsul in Adana fassungslos. »Diese Truppen sind es gewesen, welche der Stadt Adana den Rest gegeben haben, die die gesamten armenischen Quartiere ... nieder brannten, die Bewohner erschossen und im Verein mit den wilden Horden plünderten, welche auch das Leben der Griechen und christlichen Syrer nicht schonten. Diese regulären türkischen Truppen sind es gewesen, welche die Bureaux der Deutsch-Levantinischen Baumwoll-Gesellschaft ... ausgeraubt haben, deren Geldschränke eigens herbeigerufene Schlosser öffnen ließen und den Inhalt stahlen.« Der Konsul schloss seinen Bericht mit dem Fazit, dass die Grausamkeit, mit der die Soldaten und die hetzende Meute vorgegangen waren, keinen Vergleich zuließen: »Man hat, bevor man die Opfer tötete, sie oftmals verstümmelt, ihnen Nase, Ohren, Hände abgeschnitten, schwangeren Frauen schlitzte man den Leib auf. Man hat Mädchen geschändet und ihnen dann die Brüste abgeschnitten, Knaben kastriert. Die vielen Tausende von Toten warf man in den Fluss, und täglich treiben an den Kriegsschiffen die Leichen Ermordeter vorüber.«[16]

Warum beteiligten sich ausgerechnet jungtürkische Einheiten aus Makedonien, die zu den fortschrittlichsten der türkischen Armee zählten, an diesen Massakern? Ob sie Befehle dazu erhalten hatten oder sich einfach in den Strudel der Vernichtung hineinreißen ließen, ist bis heute nicht geklärt.

Nach diesen Ereignissen verließen viele deutsche Ingenieure mit ihren Familien das Land. Bedeutete dies das Ende der Bagdadbahn oder waren die Deutschen tatsächlich in der Lage, nach diesen traumatischen Erlebnissen weiterzumachen wie bisher?

Neuntes Kapitel

Jetzt geht's los! Aufbruchstimmung in Südostanatolien

Deutsche Bahnbauer wühlen sich durch den Taurus, britische Archäologen graben am Euphrat, nur der Kaiser buddelt auf Korfu.

Der Euphrat bei Karkemisch, Anfang März 1909. Noch immer benutzten die Einheimischen ihre traditionellen Gaffas, runde Boote, deren Korbgestelle mit Fellen bespannt waren, die mit Pech gehärtet und abgedichtet wurden. In einem solchen Gaffa ließ sich Gertrude Bell den Euphrat stromabwärts stochern. Sie hatte endlich ihre Bestimmung gefunden: Sie war reisende Forscherin, Entdeckerin unbekannter Wüstenwelten. Denn in den Nahost-Karten sowohl deutscher wie britischer Kartografen gab es noch immer zwei große weiße Flecken: Der eine befand sich in der syrischen Wüste westlich des Mittellaufes des Euphrats, der andere umfasste das Landesinnere auf der arabischen Halbinsel.

Wie schon von Oppenheim wurde auch Bell von den Diplomaten ihres Landes zurückgehalten: zu gefährlich und zu provokativ wäre eine Reise auf die arabische Halbinsel; dieses Mal hatte sie sich noch überreden lassen und war stattdessen nach Mesopotamien und in die syrische Wüste gereist, 1914 sollte sie es trotzdem wagen. Sie war keine Anfängerin mehr, denn nach ihrer Persienreise hatte sie noch zum Jahreswechsel 1899/1900 eine ausgedehnte Reise von Jerusalem über den Golf von Akaba bis nach Damaskus und Palmyra unternommen. Doch ihr erster Besuch bei einem arabischen Stamm in der Nähe von Palmyra wäre beinahe eine Katastrophe geworden, als sie ohne Geschenk erschien und vor dem Essen gehen wollte. Sie reiste mit viel Gepäck, bestehend aus zwei Zelten, einem Klapptisch, einem Feldbett und einer Klappbadewanne, Tafelsilber und kostbarem Porzellan sowie einem Kerzenständer, Büchern, Landkarten und ägyptischen Zigaretten, und das schließlich umfangreiche Garderobe einschloss wie Abendkleider, Pelzmäntel, schmucke Hüte und Sonnenschirme. Sie war nicht etwa ein verdorbenes Zivilisationskind, auf all das hätte sie auch verzichten können. Doch für die Beduinenstämme, denen sie begegnete, war ihr umfangreiches Gepäck ein klares Zeichen: Wer viel besitzt, ist eine bedeutende Person, die man nicht so einfach verschwinden lassen kann.

Außerdem hatte Gertrude Bell eine archäologische Aufgabe: Sie suchte nach Angaben ihres Landsmannes David Hogarth am westlichen Ufer des Euphrats nach der antiken Stätte Karkemisch, die vor 30 Jahren von dem britischen Archäologen noch recht oberflächlich erforscht worden war. Damals erschien sie nur als eine imposante vorzeitliche Ruine ohne Gesicht, doch inzwischen waren diese und viele weitere Ruinen als Stätten der Hethiter identifiziert. Gertrude Bell sollte für Hogarth möglichst viele dieser hethitischen Inschriften kopieren.

Der alte, von großen und kleinen Steinen übersäte Siedlungshügel nahe dem Flussufer war nicht zu übersehen. Gertrude und ihr Team landeten und sofort begannen die Arbeiter mit Schaufel und Hacke, die großen Steinstelen und -skulpturen so weit freizulegen, dass Gertrude Bell ihre Abdrücke anfertigen konnte. Als sie jede hethitische Inschrift kopiert hatte, die sie finden konnte, ließ sie sich am Flussufer nieder und hatte erstmals Augen für die Landschaft: »Der breite Euphrat strömt langsam vorbei, und ich habe gerade gesehen, wie die Sonne hinter den weißen Klippen am anderen Ufer untergegangen ist. Ich glaube, es gibt auf der ganzen Welt kaum einen Menschen, der so glücklich ist wie ich.«[1]

Ein einsamer und romantischer Platz war Karkemisch, doch das sollte sich bald ändern. Denn genau hier entstand die große Eisenbahnbrücke der Bagdadlinie über den Euphrat. Gertrude Bell reiste weiter über Babylon nach Bagdad. Sie blieb nur kurz, knüpfte aber in dieser Zeit so viele Kontakte zu wichtigen Persönlichkeiten, dass sie das Gefühl hatte, unbedingt wiederkommen zu müssen. »Man kann dem Orient nicht lange fernbleiben, wenn man sich so weit hineingewagt hat.«[2]

☾

Konstantinopel im November 1909. Die deutschen Eisenbahnbauer wussten immer noch nicht, wie viel von ihren Plänen sie retten konnten, nachdem Sultan Abdülhamid abgesetzt worden war. Mitten in die stockenden Verhandlungen mit den Jungtürken fiel jedoch ein Ereignis, das allen vor Augen führte, dass die Bagdadbahn schon längst in der Realität wurzelte: Der neue Bahnhof Haydarpascha wurde eröffnet.

Die Aufschüttungsarbeiten beim Bau der Hafenanlagen hatten zu wenig Platz für das Repräsentationsgebäude geschaffen, deshalb musste es, wie die Bauwerke in Venedig, auf rund 11 000 Holzpfosten gebaut werden. Fast direkt an der Kaimauer errichtet scheint es, als ob der Bahnhof seines Vorplatzes beraubt wurde, durch eine Überschwemmung möglicherweise. Dieser Eindruck wird durch die Wuchtigkeit des Gebäudes noch verstärkt. Die deutschen Architekten verwendeten keine landesüblichen Formen, sondern erbauten den Bahnhof ganz im neoromanischen Stil und im wilhelminischen Geist. Fenster und Portale mit Rundbögen, flankiert von Erkertürmen, auch mit Klassischem wird gespielt: Eingelassene Säulen und Dreiecksgiebel ahmen Monumentalität nach. Innen gibt sich der Bahnhof äußerst bieder: Tropenholz, glänzendes Messing und viel aus Eisen bestehende Ornamentik. Das Bauwerk gleicht eher einem norddeutschen Rathaus als einem Endbahnhof orientalischer Eisenbahnlinien. Als Symbol einer historischen Erwartungshaltung hingegen wirkte das Gebäude bei seiner Inbetriebnahme durchaus angemessen.

☾

Kairo im Sommer 1909. Auf dem Schreibtisch des Diplomaten und orientalischen Lebemanns Max von Oppenheim lag seit einiger Zeit eine Mitteilung der Hohen Pforte sowie ein Brief deutscher Orientwissenschaftler. Gleich nachdem er von seiner Bagdadbahn-Expedition nach Kairo zurückgekehrt war, hatte Oppenheim sich bei der osmanischen Antikenbehörde, die es inzwischen gab, um eine Lizenz für den Tell Halaf beworben. Nach den üblichen Taktierereien und Feilschereien hatte er sie auch bekommen, aber bisher keine weiteren Schritte unternommen. Nun ermahnte ihn die türkische Regierung, endlich mit den Ausgrabungen anzufangen. Andernfalls würde man auf die Anfragen britischer und amerikanischer Forscher zurückgreifen. Auch die deutschen Orientforscher appellierten in diese Richtung.

Oppenheim hatte durch einen Vortrag und einen Aufsatz »Der Tell Halaf« selbst die Werbetrommel für sein Projekt geschlagen – daran knüpften die Forscher an: »Darum hofft die wissenschaftliche Welt, dass Sie das Unternehmen, das Sie vor nunmehr einem Jahrzehnt begonnen haben, durch eine Ausgrabung großen Stils krönen werden. Die staatlichen Mittel in Deutschland sind durch die großen babylonischen Ausgrabungen festgelegt. Welches stolze Bewusstsein verleiht es aber auch, eine solche Unternehmung aus eigenen Mitteln ausführen zu können! Eile tut Not, denn Ihre Veröffentlichungen haben die Aufmerksamkeit Anderer längst auf diese Unternehmung gelenkt.«[3] Die Mischung aus Umschmeicheln und sanftem Druck erzielte ihre Wirkung. So gut Max von Oppenheim sein Leben in Kairo gefiel, nun entschloss er sich, Ausgräber zu werden. Darin hatte er eigentlich noch keine Erfahrung und deshalb musste er erst einmal wieder nach Berlin zurück.

Eineinhalb Jahre sollten die Vorbereitungen für sein Tell-Halaf-Projekt dauern: Er benötigte zuverlässige wissenschaftliche Mitarbeiter und da es eine private Ausgrabung werden würde, musste er die nötigen Gelder beschaffen. Dabei würde er wohl oder übel seine Familie darum bitten, einen Teil seines anstehenden Erbes vorzustrecken und darüber hinaus einen Beitrag zu leisten.

☾

Konstantinopel zu Beginn des Jahres 1910. Das Jahr begann mit einem guten Vorzeichen: Heinrich August Meißner-Pascha unterschrieb einen Vertrag bei der »Anatolischen Eisenbahn-Gesellschaft«. Obwohl sich die Verhandlungen weiter hinzogen, spuckte er in die Hände, reiste zu seinem neuen Dienstsitz nach Aleppo und begann seine Arbeit. Meißner-Pascha nutzte die Zeit, um logistische Fragen zu lösen. Wie bekam er seine Baustoffe, die er alle aus Europa importieren lassen musste, nach Aleppo, das mitten in der syrischen Wüste lag?

Die naheliegendste Lösung: Von den Häfen in Tripolis und Beirut aus gab es Eisenbahnverbindungen zur Wüstenstadt Homs. Von dort waren es nur noch 150 Kilometer durch ebenes Gelände bis nach Aleppo. Doch Häfen und Eisenbahnen standen unter französischer Leitung, also hieß es wieder einmal: verhandeln. Meißner-Pascha war dafür der richtige Mann. Und obwohl die endgültige Finanzierung noch nicht stand, wurde die zweite, 840 Kilometer lange Teilstrecke der Bagdadbahn Bulgurlu–Tell Halaf in drei Abschnitte untergliedert, und es wurde mit den Vermessungs- und Trassierungsarbeiten begonnen: Von Bulgurlu am Rand der anatolischen Hochebene wird die Bahnstrecke in südöstlicher Richtung durch das Taurusgebirge in die Ebene von Adana (erster Abschnitt) führen. Von dort wird es wieder in südöstlicher Richtung durch das Amanusgebirge an den Rand der syrischen Wüste gehen. Hier soll die Bahn einen v-förmigen Abstecher nach Aleppo machen, wo Abschnitt zwei endet und der dritte Abschnitt beginnt. Am Ende des Abstechers soll die Strecke weiter dem Grenzbereich zwischen der syrischen Wüste und den Gebirgsausläufern des Taurus bis zum vorläufigen Endpunkt Tell Halaf folgen.

Im Juni 1910 stand dann endlich auch die Finanzierung des neuen Streckenbaus, indem die »Kaiserlich Ottomanische vier Prozent Anleihe der Bagdadbahn-Serie II« aufgelegt und gleich auf dem deutschen Kapitalmarkt untergebracht wurde. Frankreich und Großbritannien blieben auf eigenen Wunsch außen vor, dabei hatte Arthur Gwinner bis zum Schluss mit den Engländern über eine Beteiligung verhandelt. Selbst an den lukrativen Bauaufträgen wollte sich kein Unternehmen aus Frankreich oder England beteiligen – so Pönicke: »Für den Bau der Bagdadeisenbahn war allein die Philipp Holzmann GmbH in Frankfurt a. M. tätig und verantwortlich, andere Firmen haben sich an dem Bau nicht beteiligt. Mit Ausnahme der Lieferungen von Zement, Holz und für die Ernährung von etwa 30 000 Menschen und Tausenden von Tragtieren wurden alle Baustoffe und Baugeräte von Holzmann geliefert.«[4] Ohne dass der Finanzier und Bahnbaumanager dies beabsichtigte, wurde der weitere Bau der Bagdadbahn nach sieben Jahren Pause mehr denn je ein deutsches Projekt.

☾

Ulukischla am Fuß des Taurusgebirges im Juli 1911. Die ersten 40 Kilometer Gleisanlage des ersten Bauabschnitts waren in etwas mehr als einem Jahr fertiggestellt. Doch nun versperrte ihnen ein »Ungetüm« den Weg. Taurus (türkisch »Toros«) bedeutet nämlich Stier. An die Urgewalt eines wilden Stieres haben die Menschen vor Urzeiten wohl gedacht, als sie dem Gebirge, das sich zwischen Anatolien und den Nahen Osten geschoben hat, seinen Namen gaben. Das gut tausend Kilometer lange System aus Gebirgsketten beginnt an der Mittelmeerküste zwischen Antalya und Adana und verläuft in nordöstlicher Richtung bis in den Kaukasus hinein. In seinem östlich gelegenen Hochland entspringen Euphrat und Tigris, deren Unterläufe dem Zweistromland (Mesopotamien) mit seiner Hauptstadt Bagdad seinen Namen gaben. Der Kalkstein formte karstige Landschaften, die Höhen zwischen 3000 und 3700 Metern erreichen, und nur von einem Pass durchbrochen werden: der Kilikischen Pforte. Sie führt in das fruchtbare Tiefland von Adana hinein.

Da sich dieser Pass nicht für die Bahntrasse eignete, hatten die Vermessungsingenieure eine alternative Passage ausgemacht. Die Strecke folgte zunächst dem Lauf des Çakit-Flusses, der sich im Lauf der Zeit sein Bett durch das Gebirge geschnitten hat. Doch an Kilometer 291 der Bagdadbahn wird das Flusstal zur Schlucht mit schroffen, bis zu hundert Meter abfallenden Steilwänden. »In der Schlucht musste die Trasse mit Rücksicht auf bestehende Steinschlag- und Erdrutschgefahr in den rechten Talhang verlegt werden, dessen Vorsprünge und Rinnsale die Bahn immer abwechselnd mit Tunneln durchfährt oder aber auf Talbrücken und hohen Dämmen überschreitet«[5], erläutert der Technikhistoriker Peter Heigl. Selbst die Dienstwege der Bauarbeiter zu den einzelnen Bauabschnitten mussten durch Sprengungen und Bohrungen den schroffen Felswänden erst abgetrotzt werden.

Am Ufer des Çakit mitten im Taurusgebirge, Spätsommer 1911. Aus dem im Frühjahr reißenden Strom ist mittlerweile ein zahmer Fluss geworden. Der 13-jährige Achmed führt seine kleine Karawane über einen rutschigen Trampelpfad den steilen Hang der Flussschlucht hinauf, seine Maultiere kennen sich hier aus wie im Schlaf. Seit sechs Monaten erklimmen sie mit voll beladenen Wasserfässern den Weg vom Fluss hinauf auf die einsame Hochebene am Eingang der gewaltigen Çakit-Schlucht, wo die Fremden eine ganze Stadt errichtet haben: Belemedik, die Siedlung der Tunnelbau-Experten und ihrer vielen Helfer – benannt nach dem nahe gelegenen türkischen Dorf. Die Siedlung liegt in Höhe des Bahnhofs Bozanti. Von dort zweigt eine kleine Stichstrecke südöstlich zur Bahnbauer-Siedlung ab. Nicht nur das Wasser, alles was zur Versorgung benötigt wurde, musste hierher geschleppt werden, denn die Siedlung ist von den Bergen des Taurus umschlossen. Das meiste Material, die Werkzeuge und der Großteil der Nahrungsmittel wurde von Konya mit der Bahn bis zur letzten verlegten Schiene transportiert und von dort auf Eselkarawanen geladen. Nur Holz lieferten die bewaldeten Hänge in der Umgebung, Unmengen von Bäumen wurden geschlagen: für den Hausbau, um die Wohnungen und Büros zu heizen und um das Kraftwerk und die Lokomotiven zu befeuern.

Zunächst wurden vor allem Büros und Lagerhäuser für das Material des Bahn- und Tunnelbaus errichtet, aber nach und nach entstand eine kleine Stadt mit Krankenhaus, Kirche, Kino und Schule. Die Deutschen hatten einiges gelernt; so wurden etwa die Toiletten als hygienische »Hockklos« ausgestattet. Deren Fundamente sind noch heute in den Ruinen von Belemedik zu erkennen. Eine Stelle bekam ein einheimischer Arbeiter dort nur, wenn er Bakschisch an die Vorarbeiter zahlte. Dafür verdiente man sehr gut bei der Bagdadbahn und entging dem Militärdienst. Bis zu 3500 Arbeiter wohnten und schufteten hier: Türken, Armenier, Griechen, Syrer, Kurden, Tscherkessen. Während die deutschen und österreichischen Ingenieure und Bahnbauleiter hier mit ihren Familien lebten, in die Kirche und ins Kino gingen, Gesellschaftsabende gaben und ständig Post und Zeitungen aus der Heimat erhielten, gab es für die Arbeiter nur die Schufterei und die engen Zimmer, die sie sich mit ihren Kollegen teilen mussten. Ohne ihre Familien saßen Männer unterschiedlicher Kulturen eng aufeinander – besonders in den kalten Monaten, und so kam es häufig zu Spannungen, die sich in Streit und Schlägereien entluden.

Die einzige Ablenkung bildete das Kino. Es wurde aber vorwiegend von den Deutschen besucht, weil es kaum Filme mit arabischen Texttafeln gab. Die Bauleitung stimmte schließlich zu, ein Bordell einzurichten. Des Anstands wegen wurde es knapp tausend Meter von der Siedlung entfernt errichtet. Viele Arbeiter sollen dort einen guten Teil ihres Lohnes gelassen haben.

Apropos Lohn: Die deutschen Ingenieure hatten die Arbeiten an türkische Subunternehmer vergeben, denen sie einen Festpreis pro laufender Tunnel- oder Durchbruchmeter zahlten. Und diese Subunternehmer sorgten dafür, dass ihre Arbeiter nicht in gemächlichen Trott verfielen, sondern sich ordentlich ins Zeug legten.

Und ins Zeug legen mussten sich alle, denn die Berge gaben nur sehr zögernd den Weg frei. Anfangs mussten die Arbeiter ohne Hilfe von Maschinen – nur unterstützt durch Sprengungen mit Schwarzpulver – Wege, Durchbrüche und Tunnel in das harte Kalkgestein schlagen. Dabei entpuppte sich die deutsche Spitzhacke gegenüber den Werkzeugen aus anderen europäischen Ländern als überlegen. »Almani Kazmazi« für eben diese wurde zu einem feststehenden Begriff, der in das Alltagsvokabular Eingang fand. Erst im Lauf der Zeit wurden Baumaschinen in die entlegene Bergregion transportiert und eingesetzt. Und als das Kraftwerk seine Arbeit aufnahm, hatten die Arbeiter endlich auch Presslufthämmer zur Verfügung.

Neben den zwölf Tunneln mit einer gemeinsamen Länge von 11 762 Metern auf diesem Abschnitt war vor allem auch der Bau der großen Brücken aufwendig. Zum sichtbaren Symbol dieser gewaltigen Arbeit wurde die Eisenbahnbrücke über den Giaur Dere, ein Seitental der Çakit-Schlucht. Sie wurde auf drei bis zu hundert Meter hohen Bögen gemauert wie ein römisches Aquädukt. Die Brücke wurde Warda-Brücke genannt; »Warda« heißt eigentlich: »Achtung, aufgepasst!« Für das Mauern der Bögen waren große Holzschalungen als Gerüst errichtet worden. Wenn ein Betonfundament trocken war, die Arbeiter die Holzschalung abmontierten und nach unten warfen, riefen sie »Warda!«. Doch es gibt eine zweite Erklärung, über die die türkischen Nachkommen der einstigen Arbeiter noch immer folgende Geschichte erzählen: Ein deutscher Ingenieur soll den Halt verloren haben und abgestürzt sein. Um seine Kameraden zu warnen, habe er im Sturz »Warda!«, also »Achtung!« gerufen. Natürlich blieb er nicht das einzige Opfer.

Es gibt keine genauen Zahlen, weil die entsprechenden Unterlagen der Holzmann GmbH vernichtet wurden, doch Schätzungen aufgrund vergleichbarer Bauprojekte gehen davon aus, dass Hunderte bei den Bauarbeiten ihr Leben ließen durch Unfälle, Explosionen und Krankheiten. Von der großen Zahl der Opfer zeugte auch der rund 4000 Quadratmeter große deutsche Friedhof, dessen Grabsteine allerdings längst von den Bewohnern der umliegenden Dörfer entwendet und anderweitig verbaut wurden. Auf einem Gedenkstein des deutschen Friedhofs im benachbarten Çamalan steht über Dutzenden von deutschen Namen geschrieben: »Hier ruhen die deutschen Bürger, die beim Bau der Bagdadbahn ihr Leben ließen.«

Erst Ende 1918 gelang es, diesen 64 Kilometer langen Streckenabschnitt mit seinen 22 Tunneln, unzähligen Brücken und in die Bergwände geschlagenen Terrassen zu vollenden. Für die späteren Reisenden verwandelte sich dieser Blutzoll in ein Spektakel: »Hinter Belemedik beginnen die großen Taurustunnels, 22 an der Zahl, die man in etwa 30 Minuten durchfährt, nur immer auf Sekunden ist man im Tageslicht.«[6]

☾

An der Küste der Adana-Ebene nahe Mersina im Sommer 1911. Es sieht aus wie eine Landpartie mit Kutsche in der guten alten Zeit: Die Herren in weißen Anzügen tragen Sonnenhüte oder Tropenhelme auf den Köpfen, die Damen in hellen Kleidern haben ihre Sonnenschirme aufgespannt und zwischen ihnen toben etliche Kinder herum. Man genießt die herrliche Aussicht über die Mittelmeerküste und die kühlende Meeresbrise. Aber im Hintergrund warten keine Kutschen, sondern eine kleine Dampflokomotive mit zwei offenen Güterwagen, über denen Sonnensegel aufgespannt sind. Mit diesem Zug haben die Familien deutscher Ingenieure und Techniker eine Ausflugsfahrt an die Küste bei Mersina unternommen.

Die Stimmung wird nie wieder so sein wie vor den Massakern im Jahr 1909, aber man arbeitet zuverlässig und versucht sich hin und wieder zu vergnügen, so gut es eben geht. Weil viele der alten Ingenieure mit ihren Familien wieder nach Deutschland zurückgekehrt sind, hat die Holzmann GmbH per Zeitungsinserat neue Ingenieure gesucht. Doch noch bevor im Sommer des Jahres 1911 endlich der Bau der Bahnstrecke weitergeht, gibt es schon wieder Streit.

Auf dem letzten Abschnitt der Strecke zwischen Bulgurlu und den Städten Jenidsche und Adana sollte die Bagdadbahn einfach der schon länger existierenden Stichbahn zur Hafenstadt Mersina folgen. Die Hohe Pforte wollte in diesem Bereich eine andere Streckenführung und nun zahlte sie für die rund 25 Kilometer zwischen Adana und Jenidsche keine Kilometer-Geld-Garantie. Schließlich gehöre dieses Stück zur Linie Mersina–Adana und nicht zur Bagdadbahn. Auch hier wusste Meißner Rat: Die 25 Kilometer werden einfach im Osten drangehängt und die Kilometergeld-Garantie wird nicht gesenkt. Trotzdem fühlte sich die Bahnbaugesellschaft betrogen, denn der gesamte letzte Streckenabschnitt nach Adana musste neu gebaut werden.

Hier in der Provinzhauptstadt entstand an anderer Stelle ein neuer zentraler Bahnhof für die kommenden Aufgaben: ein neues Empfangsgebäude, Verwaltungstrakte und Lagerhäuser, etliche Abstellgleise und ein Güterumschlagplatz mit Drehscheibe. Ab Adana folgte die Bahnstrecke zunächst im Abstand von zehn bis 20 Kilometern parallel zur Küste dem Verlauf des Meerbusens von Alexandrette. Nach 80 Kilometern wurde eine Abzweigung errichtet, die zur Hafenstadt Alexandrette führt. Am 11. November 1913 wurde die neue Küstenbahn eingeweiht, Mersina hatte seine Funktion weitgehend verloren – selbst die sonn- und feiertäglichen Ausflugsfahrten folgen nun der neuen Küstenstrecke, schließlich war Alexandrette eine Hafenstadt mit Kulturangeboten.

☾

Aleppo im Frühjahr 1911. So häufig er auch unterwegs ist, jedes Mal genießt Meißner-Pascha es aufs Neue, sich Aleppo zu nähern. Schon von Weitem ist die Stadt zu erkennen. Denn auch wenn Aleppo mit 200 000 Einwohnern die zweitgrößte Stadt in Syrien ist, sie wird noch immer von dem gewaltigen Burgberg dominiert, in dessen Schatten sich die Souks der Stadt mit ihren engen Gassen und den fensterlosen Hausfassaden drängen. Die heutige Festungsanlage stammt zwar aus muslimischer Zeit, doch das natürliche Plateau wurde in den vergangenen 3000 Jahren immer wieder beraubt: von den Byzantinern, den Römern, den Griechen, den Assyrern bis hin zu den Hethitern.

Die Bevölkerung war zu Beginn des 20. Jahrhunderts fast durchgehend arabisch, nur einige armenische und griechische Kaufleute behaupteten sich hier. Auch wenn es ein deutsches Kasino für Diplomaten, Militärberater und Bahningenieure gab, die Stadt wurde vor allem von ihren Kaffeehäusern geprägt. Hier saßen die Männer in ihren losen Gewändern mit einem Fez auf dem Kopf, in den kühleren Monaten trugen sie zusätzlich Anzugjacken jeder Stilrichtung, und schlürften Mokka, rauchten eine Schischa (Wasserpfeife) oder spielten stundenlang Domino oder Backgammon (zur damaligen Zeit unter dem Namen »Trick-Track« geläufig). Abends unterhielten Märchenerzähler die Männer.

Hier waren deutsche Ingenieure wie Friedrich Emil August Ernst Mielke das erste Mal mit einem rein arabischen Alltag konfrontiert: »Sie betrachteten jeden Fremden mit einem Hut auf dem Kopfe als einen Giaur, einen Christenhund. Auf einen Neuling wie ich einer war, machte es einen fast beängstigenden Eindruck – die Abende verbrachte ich mit Kollegen im deutschen Kasino.«[7]

Es gab jedoch auch Deutsche, die versuchten, Verständnis für die orientalische Lebensweise zu wecken. So erklärte Ernst von Düring-Pascha seinen Lesern, dass die Westeuropäer nicht glauben dürften, ihr Lebensstil sei der allein richtige. Der gebildete Orientale sieht zwar bei einem

Besuch Europas die Vorteile entwickelter Technik, eines zuverlässigen Staatsapparates und die Vorzüge garantierter Freiheiten, doch – so fährt Düring-Pascha fort – »wenn er wieder in seine Heimat kommt, sieht er, dass die Welt auch weiterexistiert bei langsamen Eisenbahnzügen, die nur bei Tag fahren ... dass noch niemand verhungert ist, obwohl das Gehalt nicht gezahlt worden ist ...« Wenige Stunden Arbeit reichen für das zum Leben Notwendige, niemand werde durch Arbeit abgehetzt, der Staat verschlinge zwar viele Steuern, sei aber auch menschlich und verhelfe durch überflüssige Stellen manchem Empfohlenem zu einem Amt und erweise sich gnädig gegenüber reuigen Sündern. »Und so – seien wir gerecht – hat er keinen Grund, nicht mehr Orientale sein zu wollen, unsere Kultur für sein Land zu wünschen.«[8]

Rund ein Jahr residierte Meißner-Pascha in diesem Zentrum orientalischen Lebens, doch zum Domino- oder Backgammon-Spielen in einem Kaffeehaus kam er nicht. Immer wieder war er auf Reisen: In Beirut und Tripolis verhandelte er mit den dortigen französischen Eisenbahnbetreibern und klärte die Transportwege für das Baumaterial. Und zwischendurch war er Richtung Norden hinausgeritten, um die Trassierungsarbeiten für die künftige Bahnstrecke zu leiten.

☾

Jarablus/Karkemisch, Ende März 1911. Vom westlichen Ufer aus bauten deutsche Ingenieure eine Eisenbahnbrücke über den Fluss, zunächst nur eine provisorische Holzbrücke, der aber bald eine Eisenbrücke mit großen Bögen folgen sollte. Die Trasse wurde ganz nahe an der antiken Stätte Karkemisch vorbeigeführt, was über kurz oder lang zum Konflikt führen musste. Denn genau dort hatten zur selben Zeit britische Archäologen mit einer neuen Grabungskampagne begonnen, die einst bedeutende hethitisch-assyrische Stadt neu zu erforschen. Sie hatten das Gebäude der örtlichen Lakritzfabrik als Grabungshaus übernommen und beschäftigten schon bald über hundert einheimische Arbeiter. Grabungsleiter war David Hogarth, der die beiden Engländer R. Campbell Thompson und einen gewissen Thomas Edward Lawrence als Assistenten angeworben hatte.

Die Inschriften, die ihm Gertrude Bell von Karkemisch mitgebracht hatte, festigten den Entschluss von Hogarth, dort zu graben. Tatsächlich entpuppte sich Karkemisch als eine Art »Metropole der assyrisch-hethitischen Hieroglyphen«. Allerdings wurde den Archäologen schnell klar, dass sie nur über eine unzureichende Ausrüstung verfügten. Denn fast überall waren die hethitischen Schichten von römischem Mauerwerk und Zementfundamenten überbaut.

»Sobald der Boden an einer neuen Stelle ausgehoben werden soll, müssen Dutzende dieser riesigen Brocken weggeschafft werden. Manche sind tonnenschwer, und wir haben keinen Sprengstoff und keine Keilhämmer mitgebracht«, stöhnte Lawrence.[9] Und bereits im April musste Hogarth, der die Leitung eines Museums übernommen hatte, die Stätte wieder verlassen und die Grabungsleitung an seine zwei Nachwuchstalente übergeben.

Mitte Mai kam Gertrude Bell zu Besuch, die inzwischen einen Ruf als Reiseschriftstellerin genoss und auch einige Erfahrungen in der Archäologie gesammelt hatte. Vor allem jedoch hatte Bell genug von der generalstabsmäßig durchgeführten Ausgrabung von Koldewey in Babylon gesehen, um die chaotische Suchgrabung hier mit nur einem Wort abqualifizieren zu können: »Vorsintflutlich!« Die beiden jungen Archäologen sahen schon vor ihren Augen, wie die britische Presse sie in der Luft zerriss. Denn Bell war bekannt dafür, kein Blatt vor den Mund zu nehmen. »So mussten wir sie [Bell, W. K.] mit einer Demonstration von Gelehrsamkeit fertigmachen«, schildert Lawrence tags darauf in einem Brief. »Wir verpassten ihr (in fünf Minuten) byzantinische, Kreuzritter-, römische, hethitische und französische Architektur (ich) sowie griechische Sagen und Gebräuche, assyrische Architektur und mesopotamische Ethnologie (Thompson); prähistorische Keramik und Teleobjektive, Metalltechnik der Bronzezeit ... die Jungtürken-Bewegung, den Status constructus im Arabischen, den Preis von Reitkamelen, assyrische Bestattungsbräuche und deutsche Ausgrabungsmethoden im Zusammenhang mit der Bagdadbahn (Thompson). Das waren gewissermaßen die Hors d'œuvres; und im Anschluß daran (sie wurde etwas respektvoller) brachte jeder von uns sieben bis acht Themen zur Sprache und befragte sie darüber. Sie war ganz froh, als nach anderthalb Stunden Tee gereicht wurde, und sagte Thompson beim Weggehen, er habe in Anbetracht der kurzen Dauer seiner Grabung Wunder vollbracht.«[10] Als Gertrude Bell am anderen Morgen früh um sechs Uhr weiterritt, wunderte sie sich, dass sie von einigen Dorfbewohnern beschimpft wurde. Was sie nicht ahnte: Lawrence, von dem die Einheimischen wussten, dass er Junggeselle war, hatte ihnen vorab schon erzählt, dass Gertrude Bell viel zu hässlich zum Heiraten sei.

Die Deutschen warfen den Engländern vor, die Löhne für einheimische Arbeit absichtlich in die Höhe zu treiben und ihre Bauarbeiten damit zu erschweren. Daraufhin entgegneten die Engländer, die Deutschen würden durch den Bahn- und Brückenbau das weitläufige Ruinenfeld von Karkemisch zerstören. Nun behaupteten die Deutschen, die britischen Archäologen wären ja nur gekommen, um den Bahnbau auszuspionieren. (Dieser Vorwurf geistert übrigens bis heute durch die Medien – zuletzt in der zweiteiligen TV-Dokumentation »Die Bagdadbahn«)

Tatsächlich – wenn man der ausführlichen und seriösen Lawrence-Biografie von Jeremy Wilson vertraut – haben Lawrence und Thompson keineswegs spioniert – noch nicht. Das war ja auch nicht notwendig. Warum sollte Großbritannien ein Projekt ausspionieren, das dem Land immer wieder als Beteiligungsobjekt auf dem Präsentierteller offeriert wurde, dessen Unterlagen es also einsehen konnte? Außerdem berichtete die deutsche Presse fast über jede Schwelle, die verlegt wurde. Tatsächlich gab es Geheimniskrämereien, aber auf ganz anderem Gebiet. Lawrences Fähigkeiten, der sich gut mit den Einheimischen verstand und schon auf seinen früheren Reisen durch die Region Arabisch gelernt hatte, wurden genutzt, um illegales archäologisches Raubgut aufzukaufen. Das zumindest behauptet der britische Historiker Richard Andrews: »1912 wimmelte es in der ganzen Südosttürkei und Nordsyrien von sogenannten Archäologen, die ihre Regierungen mit illegalen Objekten belieferten und eine Doppelrolle als Spione spielten. In Briefen nach Hause beklagte sich Lawrence selbst über die hochschnellenden Preise für illegale Fundstücke, die den Ankauf immer schwieriger machten.«[11]

☾

Achilion auf Korfu in der Osterwoche 1911. Wilhelm II. wurde mitgeteilt, dass bei einer Grabung auf einem Grundstück am Rand der Hauptstadt ein steinerner, vermutlich antiker Stierkopf freigelegt worden sei. Der Kaiser eilte dorthin und sah zu, wie nach und nach eine rund drei Meter hohe Statue mit Schlangen im Haar und stechendem Blick freigelegt wurde, die hohnlachend auf den Betrachter niederblickt. Er mutmaßte, es könne eine zähnefletschende Gorgo oder die frühe Sonnengöttin Medusa sein. Er war jedenfalls Feuer und Flamme und wollte an diesem Ort eine Ausgrabung unter deutscher Leitung organisieren. Fast 20 Jahre lang hatte Wilhelm II. versucht, Weltpolitik zu betreiben, nun hatte er einfach keine Lust mehr. Er hatte sich von der Staatspolitik, von Mesopotamien und auch von der Bagdadbahn abgewendet.

Die Historiker sind sich im Großen und Ganzen einig, dass im Frühjahr 1911 seine Zeit bereits vorbei war. »Der Höhepunkt seiner Einflussnahme auf die Politik fällt auf den Zeitraum zwischen den frühen 1890er Jahren und der Daily-Telegraph-Affäre 1908«, urteilt der Historiker

Wolfgang König.[12] Nun hatte der Kaiser mit den Ausgrabungen auch seine kleine überschaubare Aufgabe gefunden.

Allerdings verschlangen die Ausgrabungen und die Renovierung der Villa »Achillion« Unsummen – sämtliche Ausgaben ließ Wilhelm vom Deutschen Reich bezahlen. Er konnte zeit seines Lebens nicht zwischen seinem politischen Amt und seiner Person unterscheiden. Allein die Renovierung der Villa kostete 600 000 Mark, der jährliche Unterhalt 50 000 Mark – die reichsdeutsche Öffentlichkeit empörte sich. Denn der Kaiser kümmerte sich immer weniger um seine Aufgaben – urteilt der Historiker Fritz Stern: »An den Details des Regierens hatte Wilhelm kein Interesse. Er wollte herrschen und genoss seinen riesigen Hofstaat – gut 2300 Untergebene, von Generälen bis zu Dienern und Gärtnern.«[13]

Das Achillion liegt an der steilen Westküste Korfus. Von dort aus ist die nahe Küste Albaniens und Westgriechenlands gut zu sehen. Und dort, auf dem Balkan, braute sich etwas Schlimmes zusammen. Doch der Kaiser startete jeden Morgen zur Ausgrabung seines Tempels. »Es wäre besser, sich mit dem Balkan zu befassen, mit Albanien, mit den Alldeutschen, mit den neuen Konflikten im Orient«, urteilte einer der Gäste, die Fürstin Marie Radziwill.[14] Doch warum sollte Seine Majestät nun anfangen, auf jemand anderes zu hören – noch dazu auf eine Frau?

☾

Ende 1912 wurden zwei weitere Streckenabschnitte der Bagdadbahn fertiggestellt: von Aleppo in nördlicher Richtung bis nach Rajo am Fuß des Amanusgebirges. Und von Aleppo in östlicher Richtung bis nach Jarablus/Karkemisch am Euphrat. Einer der ersten europäischen Fahrgäste, der die Bahnstrecke nutzte, um von Aleppo aus einen Tagesausflug an den Euphrat zu unternehmen, war ein Reisereporter der *Täg-*

lichen Rundschau. Vier Stunden dauerte die Fahrt und kostete in der 2. Klasse acht Mark. Die Bahnhofsgebäude entlang der Strecke waren zwar noch nicht fertiggestellt, aber ihr Rohbau verriet schon die für die Bagdadbahn typische deutsche Handschrift.

In Jarablus/Karkemisch hatte der Zug zwei Stunden Aufenthalt, bevor die Rückfahrt nach Aleppo begann. Die Pause gestattete dem Reporter »einen Gang zum Euphrat hinunter, und auf den Ruinenhügel an dessen Ufer. Stromauf- und abwärts einsame Wildnis, das monotone Braun nur von weißen Kalkfelsen unterbrochen … Flussarme jeglicher Breite und Tiefe winden sich durch das viel zu breite Bett. Reiher und Ibisse bevölkern die Inseln in den Schilfdickichten am Ufer sind Spuren von Gazellen und Raubtieren, vermutlich Schakalen sichtbar. Bis vor kurzem waren hier nur zwei kleine Kurdendörfer …«

Doch das hatte sich schlagartig geändert: Das Bahnhofsgebäude stand kurz vor der Vollendung, ein Hospital war eingerichtet worden und die Brückenarbeiter hatten eine ganze Zeltstadt errichtet. Die einst stillen Kurdendörfer hatten sich in offene Basare verwandelt: »Ein Kinematograph und verschiedene Grammophone treiben in Kaffeehäusern ihr Unwesen, weniger erfreuliche Symptome der westlichen Kultur … Außer den Deutschen und eingeborenen Kurden und Arabern trifft man hier Armenier, Griechen, Italiener und slawische Österreicher. Ein Hotel soll in nächster Zeit errichtet werden.«[15]

Drei Jahre nach Gertrude Bells so romantisch-glücklichem Sonnenuntergang war von Ruhe keine Spur mehr. Ingenieure und Arbeiter, Abenteurer und Archäologen gaben sich ein Stelldichein – aber waren unter ihnen auch Spione?

Zehntes Kapitel

Folge dem Fruchtbaren Halbmond – die östliche Streckenführung

Während die Bahnbauer von Aleppo und von Bagdad aus die Gleise verlegen, graben britische und deutsche Archäologen entlang der Bahnstrecke. Oder sind es Spione?

Eine gut erhaltene Fotografie aus Bagdad. »Die erste Lokomotive in Bagdad 1912« hat jemand mit weißer Farbe auf den dunklen Stahlrumpf der Dampflok geschrieben, die in der Mitte des Bildes steht. Es ist eine Tenderlokomotive der Berliner Borsig-Werke – sie hat keine extra Kohlewagen und die einfache Radfolge ◂o OOO. Vor der Lok posieren einheimische Arbeiter mit Turbanen und ein leitender deutscher Ingenieur, der einen Tropenhelm trägt. Er hat eigentlich keine Zeit für eine Fotografie, denn er schaut im Moment der Aufnahme auf eine Karte in seinen Händen. Oder ist diese Geste nur eine wohlkalkulierte Pose? Das ganze Bild scheint den Eindruck erwecken zu wollen: Hier arbeitet eine entschlossene und erfolgreiche Truppe. Das Bild ist so komponiert, dass der Schriftzug den Mittelpunkt einnimmt und gut zu lesen ist. Der naive Betrachter muss so zu dem Schluss kommen: Das deutsche Eisenbahnprojekt hat zu diesem Zeitpunkt Bagdad erreicht.

Und so kam es auch: Zusammen mit dieser Fotografie bildete sich in Europa die Meinung heraus, die Deutschen hätten im Auftrag des osmanischen Sultans in erstaunlich kurzer Zeit die 1710 Kilometer lange Bahnstrecke von Konya nach Bagdad erfolgreich abgeschlossen. Die seit einigen Jahren in Großbritannien hitzig geführte Debatte darüber, wie sehr die britischen Interessen im Nahen und Fernen Osten durch die

Bagdadbahn gefährdet würden, fand dadurch neue Nahrung. Doch tatsächlich war dies kein Sieg der deutschen Ingenieurskunst, sondern der deutschen Propaganda. Einige Lokomotiven hatten zwar Bagdad erreicht, aber nicht auf den Schienen des Sultans!

Die Lokomotiven wurden in den Berliner Borsig-Werken gebaut, nach ihrer Fertigstellung aber gleich wieder auseinandergenommen und die Einzelteile auf die Reise geschickt. In Hamburg wurden sie auf ein deutsches Frachtschiff verladen, das von Gibraltar aus das ganze Mittelmeer durchquerte, den Suezkanal passierte, die arabische Halbinsel umrundete und so den Persischen Golf erreichte. In der Hafenstadt Basra mussten die Lok-Teile auf Flussdampfer umgeladen werden, die den Tigris bis nach Bagdad hochfuhren.

Die Lokomotiven, die hier wieder zusammengesetzt wurden, sind außerdem kleine Tenderlokomotiven. Solche Loks sind »Arbeitstiere« mit geringer Reichweite, keine Überlandzugmaschinen für schnelle Personen- oder lange Güterzüge. Außerdem klafften noch riesige Löcher im Schienennetz des Sultans: Die Passagen über das Taurus- und das Amanusgebirge sowie lange Streckenabschnitte in Nordmesopotamien und entlang des Tigris waren noch nicht fertiggestellt. Die Arbeitslokomotiven sollten ja gerade dabei helfen, das Material an die Baustellen zu bringen, damit sich die Lücken schlossen.

☾

Aleppo, Mitte April 1911. Als Meißner-Pascha nach einer seiner vielen Dienstreisen wieder in Aleppo eintraf, erwartete ihn die langersehnte Nachricht: Der Bau der Strecke konnte endlich beginnen. Da er die Trassierung seines Abschnitts bereits abgeschlossen hatte, wartet auf ihn schon die nächste Aufgabe: die Trassierung der Strecke Tell Halaf-Bagdad. Auch diesen Bereich unterteilte Meißner-Pascha den osmanischen Verwaltungsbezirken (Vilajets) folgend in drei Abschnitte: Das

Vilajet Diarbekir umfasst die Bahnstrecke zwischen Chabur und Tigris, das Vilajet Mossul umfasst die obere Hälfte der Strecke entlang des Tigris und das Vilajet Bagdad die untere Hälfte.

Eine schwierige Vermessungsreise lag vor ihnen, für die Meißner-Pascha mindestens drei Monate veranschlagte; eine Reise, bei der sie zunächst dem »Fruchtbaren Halbmond« folgen würden. Wo die trocken-heißen Wüsten Syriens und Mesopotamiens in Vorgebirge übergehen, erstreckt sich seit alters her ein grüner Streifen fruchtbaren Landes. Weil er einen großen Bogen bildet, der sich von der Levante und der türkischen Ostküste an den Rändern des Taurus- und Sargosgebirges entlang bis hinunter zum Persischen Golf erstreckt, wird er »Halbmond« genannt; und mit »Fruchtbarer« ergänzt, weil hier vor circa 11 000 Jahren die ersten Menschen zum sesshaften Leben übergingen. Nur hier gab es zugleich das wechselreiche Klima für einjährige Pflanzen wie wild wachsende Getreidegräser und zähmbare Tierarten wie Ziegen, die den Menschen den Übergang vom Jägerdasein zu Ackerbau und Viehzucht ermöglichten.

Bis zum Tell Halaf folgte Meißner-Pascha mit seinem Team der bereits gut bekannten Bahntrasse. Hier sollte beim Dorf Ras el-Ain am Ufer des Chabur ein Bahnhof entstehen. Tell Halaf liegt ungefähr auf gleicher Höhe wie Karkemisch, nur etwa 120 Kilometer weiter östlich. Doch jeder, der hier entlangreiste, spürte, dass zwischen den beiden Grabungsstätten eine unsichtbare Linie verlief, die zwei Welten voneinander trennte: das Osmanische Reich, in dem die Gesetze des Sultans galten, und der andere Teil des Osmanischen Reiches, in dem der Wille der »Warlords« herrschte.

Zur Sicherheitslage hatte bereits Paul Rohrbach festgestellt: »Von dem Augenblick an, wo man die Tore von Urfa, sei es nach Süden, sei es nach Osten, verlässt, hat man nach dem heutigen Stande der Dinge bis ziemlich gegen Bagdad hin das Gebiet gesicherter geordneter Zustände hinter sich.« Die Regierungszeit Abdülhamids und vor allem dessen Taktik, kurdische Milizen aufstellen zu lassen, machte Rohrbach für den vollständigen Zerfall der staatlichen Autorität verantwortlich. »Namentlich zwei von ihnen, Ibrahim von Veranschehir bei Urfa und Mustafa von Dschesireh am Tigris, beide natürlich mit dem Paschatitel ausgezeichnet und ›Generale‹ der Hamadiyemiliz, benahmen sich gleichzeitig als selbstständige Kriegsherrn und Räuberhauptleute großen Stils.« [1]

Diese Willkür bekam auch Max von Oppenheim zu spüren, als er nach seiner langen Vorbereitung und der fünfwöchigen Anreise aus Damaskus schließlich am 28. Juli 1911 in Tell Halaf eintraf. Rund tausend Kamele in einer endlosen Karawane waren erforderlich, um die umfangreiche Ausrüstung von rund 21 Tonnen Expeditionsgepäck zu transportieren: Zelte, eine Dunkelkammer, Berge von Werkzeugen und Grabungsgeräten bis hin zu einer Feldbahn mit sechs Kipploren, 800 Meter Gleis und vier Weichen. Oppenheim selbst war mit einer kleineren Karawane von bescheidenen 60 Reit- und Packtieren angereist und hatte unterwegs weitere historische Stätten besichtigt. Dabei hatte er registrieren müssen, dass Raubgräber an vielen Orten ihr Unwesen trieben und auch vor seinem Tell Halaf nicht Halt gemacht hatten. Das größte Problem für Oppenheims Grabungskampagne waren der hiesige Landrat und seine »Tscherkessenbande«, die auf jede Kleinigkeit ihre eigenen »Steuern« erhoben. Als nächste Schwierigkeit entpuppte sich das Anwerben von Arbeitern, denn die ansässigen Tscherkessen und Armenier weigerten sich. Schließlich gelang es Oppenheim mit viel Überredungskunst und Geschenken, Beduinen für die Grabungen anzuwerben. Und zuletzt erkrankte auch noch einer seiner beiden deutschen wissenschaftlichen Assistenten schwer. Obwohl Regierungsbaumeister Löffler ins Hospital nach Beirut gebracht wurde, verstarb er dort wenige Wochen später.

Trotz dieser Unbill – die Grabungsberichte, die er regelmäßig an Seine Majestät den Kaiser auf dessen Wunsch hin schrieb, begann er Anfang Februar 1912 mit der Feststellung: »Die Erwartungen, welche die Gelehrtenwelt an meinen Tell Halaf gestellt hat, sind also durch den Verlauf unserer bisher nur fünfmonatlichen Grabung entschieden erfüllt worden.«[2] Der Siedlungshügel führte von seiner assyrischen Spätzeit über seine hethitische Glanzzeit weit in die mesopotamische Frühgeschichte hinein und gab aufgrund der dortigen Funde einer der ersten Keramikperioden, der Tell-Halaf-Kultur, ihren Namen.

☾

Hinter Tell Halaf begann für Meißner-Paschas Team die Vermessungsarbeit; der Expeditionsleiter stellte zusätzlich Beobachtungen über Land und Leute an. Da sie immer noch dem »Fruchtbaren Halbmond« folgten, war es kein Wunder, dass sie im Vilajet Diarbekir, dem ersten Drittel ihrer Planungsstrecke, auf Bewohner trafen, die noch vom Anbau von Weizen, Tabak und Baumwolle und von der Ziegenzucht lebten. Ethnisch waren diese Menschen bunt gemischt: Juden, Yeziden, Kurden, Turkmenen, Tscherkessen, Armenier, Griechen, Syrer. Wasser war hier durch den Tigris und seine Zuflüsse reichlich vorhanden, es fehlten allerdings Stauanlagen für die Bewässerung bis in die trockene Herbstzeit hinein.

Die Landschaft war besonders einförmig: sanft gewellte Ebenen, die sich ins Unendliche auszudehnen schienen. Und eine geologische Besonderheit fiel Meißner-Pascha auf: »Vulkanische Hügel von konischer Gestalt und einer Regelmäßigkeit, so dass man sie für künstliche Anlagen halten möchte.«[3] Diese zehn bis 25 Meter hohen Hügel mit steilen Böschungen, die an Flussufern, Weggabelungen und auf Rücken von Anhöhen stehen, sind ohne erkennbare geologische Notwendigkeit entstanden, denn sie wurden nicht von Flüssen abgelagert, können auch nicht das Resultat permanenter Winde oder früherer Vulkantätigkeit sein. Sie heißen »Hüyük« auf Türkisch, »Tell« auf Arabisch und »Tepe« auf Persisch und sind so zahlreich, dass sie zu einem Markenzeichen dieser Landschaft wurden. Tatsächlich sind die meisten von ihnen künstlich angelegt, das heißt durch Menschenhand entstanden: Häuser und Stadtmauern wurden hier aus Lehmziegeln gefertigt und wenn sie einstürzten, wurden die Trümmerhaufen, auf denen man die neuen Häuser errichtete, wieder zu Lehm. Im Lauf der Jahrhunderte wuchs auf diese Weise Schicht um Schicht eine Hügelkuppel, die zwanzig bis dreißig Meter hoch werden konnte.

Im Vilajet Mossul, dem zweiten Drittel der letzten Bahnstrecke Tell Halaf–Bagdad, kündeten Palmen davon, dass die Expedition in wärmere Breiten vorgedrungen war. Auch hier verlor sich das Auge zunächst in den trostlosen Weiten, um dann die zahlreichen Asphalt- und Naphthaquellen zu bemerken. Besonders wo der Geruch nach Schwefel in der Luft lag, trat zähflüssiges, schweres Pech zutage und bildete schwarz schimmernde Bäche und Seen. Schon 1901 hatte Paul Rohrbach geschrieben: »Das einzige, was zu befürchten bleibt, ist, dass es fremdem Gelde, fremden Spekulanten gelingt, sich ein Vorzugsrecht auf die Ausbeutung der mesopotamischen Naphtha zu sichern, bevor deutsche Initiative hier tatkräftig geworden ist.«[4]

Genau das ist geschehen. Die Bagdadbahn-Gesellschaft bzw. die Deutsche Bank hatte die Vorkonzession für die Ausbeutung der mesopotamischen Ölvorkommen von 1904 verfallen lassen. Aus heutiger Sicht eine gigantische Fehlentscheidung.

Der Historiker Dietrich Eichholtz macht jedoch zu Recht darauf aufmerksam, dass zum damaligen Zeitpunkt gewichtige Gründe für diese Entscheidung sprachen: Erstens war nicht eindeutig klar, ob es neben den vielen Pechquellen wirklich große Ölvorkommen gab, oder ob diese nicht bereits alle, wie man damals dachte, »ausgelaufen« waren. Zweitens war die Grundlage für die Ausbeutung der möglicherweise vorhandenen Ölquellen die fertige Bagdadbahn. Doch bis zu diesem Zeitpunkt war sie noch immer ein Stückwerk. Und würde dies auch bleiben, wenn die Bahngesellschaft ihre Finanzkraft nicht bündelte: »Drittens hielt die Deutsche Bank den Aufschluss der mesopotamischen Ölvorkommen zu Recht für ein gewaltiges, hochkompliziertes Unternehmen, vor dem sie vor allem wegen der zu erwartenden finanziellen Belastungen – gleichzeitig neben dem Bahnbau – zurückschreckte.«[5]

Es war also nicht nur die Sicherung der Erdölvorkommen, die die Bahnbauer zu der Entscheidung veranlasste, die Bahnstrecke entlang des Tigris und nicht des Euphrats zu führen. Die Ufer des Tigris zeigten gegenüber denen des Euphrat klare Vorteile: Weil der Tigris ein tieferes Flussbett aufwies als der Euphrat, nahmen die Überschwemmungen im Frühjahr bei ihm nicht so verheerende Ausmaße an. Doch auch hier zeigten die menschlichen Eingriffe der vergangenen Jahrtausende ökologische Folgeschäden. »Namentlich ist heute die fast vollständige Entwaldung der den gesamten Tigrislauf begleitenden türkisch-persischen Grenzgebirge in Betracht zu ziehen«, resümiert Feldherr von der Goltz schon 1901. »Die Frühling- und Herbstwasser stürzen jetzt, durch keinen Baumwuchs mehr behindert, in allen Fluss- und Bachläufen mit solcher Gewalt zur Ebene hinab, dass Menschenkräfte vielleicht nicht ausreichen, um ihnen ein regelmäßiges Bett aufzuzwingen.«[6] So empfahl sich auf jeden Fall, die Strecke am westlichen Ufer entlangzuführen, wo es viel weniger Zuflüsse gibt, weil die großen Berge alle im Osten liegen.

Das letzte Drittel schließlich – das Vilajet Bagdad – konnte Meißner-Pascha auch mit bestem Willen nur als trostlos bezeichnen. Das lag nicht nur daran, dass die Expedition viel langsamer vorankam, als erwartet. An den Ufern des Tigris waren zwar hier und dort noch Spuren der alten weit verzweigten Bewässerungskanäle zu erkennen, doch tatsächlich war die Landschaft wieder zur Wüste geworden. Die einzige Abwechslung bestand darin, dass es sich streckenweise um eine Kies-, dann eine Sumpf- oder eine Salz- und schließlich eine Sandwüste handelte. Wie sehr sich das Auge freute, hin und wieder einen Palmenhain zu erblicken. Genau die Eigenschaft, die Mesopotamien einst zur Wiege der Zivilisation gemacht hatte, erschwerte nun die Bahnarbeiten ganz erheblich: Das ganze Land bestand aus nichts als Lehm und Wasser.

Es gab in dieser Gegend nur eine Alternative: Entweder beherrschen die Menschen, die hier leben, die Flüsse und leben von bewässerten Feldern im Überfluss oder das Wasser macht, was es will, und bedroht die Menschen – mal drohen sie zu verhungern, dann wieder zu ertrinken. Seit Menschen an Euphrat und Tigris lebten, seit den ersten Hochkulturen der Sumerer um 5000 v. Chr., betrieben die Menschen deshalb Kanal- und Dammbau. Nach den Hochkulturen der Sumerer, Assyrer und Babylonier hatten hier noch Perser, Griechen, Römer, Parther und Sassaniden geherrscht, bevor im 7. Jahrhundert die islamische Glanzzeit der Kalifen begann. Etwas von diesem alten Glanz erwartete die Bahningenieure noch im rund hundert Kilometer nördlich von Bagdad gelegenen Samarra.

Die Stadt am östlichen Tigrisufers entstand, als Al-Mutasim, einer der Söhne des berühmten Kalifen Harun-ar Raschid, den Machtkampf gegen seine Brüder nur mithilfe türkischstämmiger Söldner gewann. Dies erregte bei den gläubigen Bagdadern so viel Unwillen, dass der neue Kalif sich eine neue Residenzstadt – eben Samarra – errichten ließ, die aber bald nach seinem Tod wieder aufgegeben wurde. Es sollte die einzige Stadt aus der Kalifenzeit sein, die bis ins 20. Jahrhundert hinein weitgehend erhalten blieb, weil sie nie überbaut wurde. Über rund 30 Kilometer erstreckt sich ihr Areal: Paläste, Moscheen, ein Hippodrom, Wohnbezirke und Grabstätten. Zum unverwechselbaren Wahrzeichen wurde das im 20. Jahrhundert restaurierte runde Minarett mit der außen umlaufenden Treppe.

☾

9. Juli 1911. Mit gut einem Monat Verspätung, mitten im glühend heißen Sommer, erreicht Heinrich August Meißner-Pascha mit seinem Expeditionsteam sein neues Domizil: Bagdad.

»BAGDAD« – wie oft der Name in den letzten zwei Jahrzehnten in europäischen Parlamenten und Debattierklubs, in Cafés und Zeitungsartikeln fiel und dabei sogleich Gedanken an verlockende Fremde, Luxus und Laster, Erotik und Exotik weckte. Doch wie trist, grau und langweilig war die Realität.

Nachdem Meißner-Pascha mehrere Wochen am Tigris entlang durch eine flache Welt aus Lehm gereist war, betrat er nun ein Bagdad, das an den Ufern des Tigris ebenfalls ganz aus Lehm errichtet zu sein schien. Die einstige Millionen-Metropole der Kalifen war auf die Größe einer europäischen Kleinstadt geschrumpft, aber bei Weitem nicht so schön und sauber wie diese. Nur am Flussufer reihten sich die imposanten Gebäude der osmanischen Verwaltung, der ausländischen Konsulate und der großen Handelsniederlassungen aneinander. Gleich dahinter jedoch begann der typische orientalische Souk. Hier verschachtelten sich niedrige Häuser mit Flachdächern ineinander, die aus Backsteinen oder Lehmziegeln errichtet waren und zur Straße hin nur winzige Fenster aufzeigten. Aber was heißt hier Straße? Der Europäer hielt vergeblich nach einer Hauptstraße Ausschau. Durch Bagdads Souks führten nur schmale Gassen, die häufig schon für zwei entgegenkommende Lastesel zu eng waren.

Lebhaft wurde es nur im Basar und auf den Märkten am Stadtrand, aber bei Weitem nicht in dem Umfang, dass Bagdad – wie immer wieder behauptet wird – noch Anfang des 20. Jahrhunderts eine wichtige Drehscheibe im Ost-West-Handel gewesen sei. Der Handel entlang der Karawanenroute der alten Seidenstraße war in den letzten Jahrhunderten in gleichem Maße geschrumpft, wie die neuen europäischen Kolonialmächte ihren Handel über die Meere ausbauten.

Bagdad, Mitte Juli 1911. Kaum angekommen machte sich Meißner-Pascha sogleich ans Werk. Für sich und seine vorerst rund 40 Mitarbeiter mietete er ein Bürogebäude direkt am Tigris an – ein zweigeschossiger villenartiger Bau mit einem Turmtrakt, auf dem regelmäßig die deutsche und die türkische Flagge gehisst wurden. Hier begannen seine Mitarbeiter die genauen Baupläne für die Strecke Tell Halaf–Bagdad auszuarbeiten. Außerdem ließ Meißner-Pascha ein Krankenhaus für seine Mitarbeiter einrichten; die Erfahrung hatte ihn gelehrt, dass mit vielen Ausfällen aufgrund von Malaria, Ruhr, Cholera, Hitzestich und anderen Krankheiten zu rechnen war.

Während Meißner-Pascha kaum Zeit blieb, um sich in Bagdad umzuschauen, hatte der Reiseschriftsteller Ewald Banse den weiten und beschwerlichen Weg hierher nur deshalb unternommen, um nach Spuren der Welt aus »Tausendundeine Nacht« zu suchen. Doch die dunklen und engen Gassen Bagdads luden wenig dazu ein: »Leuchteten die Wände wenigstens in dem matten Rot von Babylons Ziegeln! Aber da starrt dich von allen Seiten dieses fatale Gelb an, das an moderne Fabrikvorstädte erinnert. Gelb ist die Leibfarbe Bagdads, aus gelbgrauen Augen schielt der ungepflasterte, löcherige und bucklige Boden von unten herauf zu dir hin, gelb liegt es auch in der Luft wie von verheerenden Seuchen, von Pest und Cholera.«

Breitere Gassen gibt es nur in der Nähe der Stadttore und der Märkte – und dort sind sie dann auch gleich wieder besetzt: »Beträchtliche Teile von ihnen nehmen dann aber immer die hölzernen Bänke der Cafés ein, auf denen die Männer zumal abends sitzen und hocken, schwatzen und Tee (mehr als Kaffee) trinken, die Wasserpfeife (weniger die Zigarette) rauchen oder den roten Tonpfeifchen helle Wölkchen entlocken.« Doch zur größten Enttäuschung geriet für Ewald Banse die Begegnung mit den Nachfahrinnen von Scheherazad: »Diese Frauen! Manchmal ist es, als wälze sich eine dicke Tonne an uns vorüber. Schwarz. Ein schmales weißes Dreieck von oben nach unten strebend, hebt noch die düstere Wirkung der Trauerfarbe. Aha, eine persische Dame. Ja, ja etwas mehr vergittert als die flatterhaften Modeschönen Stambuls an den Süßen Wassern, argwöhnischer behütet in der Jugend von argusäugigen Dünnen.«[7]

☾

Meißner-Pascha hatte im März des Jahres 1912 die Baupläne für die Strecke Tell Halaf–Bagdad in erstaunlich kurzer Zeit abgeschlossen und ließ sie dem türkischen Arbeitsministerium überreichen. »Da vertragsgemäß die Regierung binnen zweier Monate die Prüfung der Pläne beendigen musste, konnte sich die Baugesellschaft auf einen Baubeginn im Juni, spätestens Anfang Juli 1912 einrichten«, urteilt Meißner-Biograf Pönicke.[8] Zeit für Meißner-Pascha, sich um die dringendste Frage zu kümmern: Wie konnten die benötigten Materialen möglichst effektiv herangeschafft werden? Er reiste nach Basra, verhandelte dort mit den türkischen und britischen Liniengesellschaften, deren Dampfschiffe regelmäßig zwischen Basra und Bagdad verkehrten, und buchte deren Kapazitäten fast vollständig.

Wieder in Bagdad ließ Meißner-Pascha den Hafen am Tigris vergrößern, damit auch bei Niedrigwasser voll beladene Dampfer am Kai festmachen und die Materialien von dort direkt in die Güterwaggons der Bahnlinie umgeladen werden konnten. Ein Nebengleis sollte von dort in Richtung Westen zu der Hauptstrecke führen, die am Bahnhof begann. Der Bagdader Hauptbahnhof schließlich sollte laut Plan genau dort entstehen, wo einst das Zentrum der legendären Kalifenstadt gelegen hatte. Welche Symbolik!

☾

Bagdad im Juni 1912. Dass die Bahnstrecke in südlicher Richtung weiter an den Persischen Golf geführt werden sollte, stand völlig außer Frage. Sonst würde sie das Schicksal einer der zahlreichen Sackgassen im Souk der Stadt teilen, die keine Bedeutung für den durchlaufenden Verkehr haben. Nachdem Wilhelm II. seine Verhandlungen mit England nicht weitergeführt hatte, war immer noch ungeklärt, wo genau der Endpunkt sein sollte. Der Persische Golf stand ja auch seit längerem im Zentrum der britischen Aufmerksamkeit – nicht wegen seiner strategischen Lage, sondern hauptsächlich wegen des Erdöls. Der Erste Lord der britischen Admiralität, ein gewisser Sir Winston Churchill, ließ gerade die englischen Schlachtschiffe von Kohle- auf Ölbefeuerung umstellen. Lukrative Erdölfelder hatte man zu dieser Zeit vor allem im südlichen Persien und in Kuwait entdeckt. »Zwischen 1912 und 1914 ist immer noch bemerkenswert ungeklärt, wem in dieser Region was gehört. Das ist einer der Gründe, warum es so viele Spannungen darum gibt, wer hier was unternimmt«, urteilt der britische Historiker Hew Strachan.[9] Die Deutschen hatten zwar auf die Erdöl-Konzession für Mesopotamien verzichtet, aber durch die Streckenführung der Bagdadbahn hatten sie sich große Ölfelder am westlichen Tigrisufer gesichert. Waren sie an weiteren küstennahen Vorkommen interessiert?

In diesem Zusammenhang war entscheidend, wohin die Bagdadbahn an den Persischen Golf verlängert werden würde. Seit Jahren schwelte ein Streit um die entscheidende Frage, wer in Kuwait zum Zug kommen würde. Jahrhundertelang hatte Kuwait die wortwörtlich hinterste Ecke des Osmanischen Reiches gebildet. Erst als hier Erdöl entdeckt wurde und der Sultan und die Bagdadbahn-Gesellschaft laut darüber nachdachten, die Bagdadbahn bis Kuwait zu führen, tauchten plötzlich englische und türkische Delegationen vor der Küste des Landes auf. Es gelang den Briten, mit dem Emir von Kuwait einen Vertrag abzuschließen, in dem Großbritannien die Grenzen Kuwaits und den Thron des Emirs unter Schutz stellte und der Herrscher im Gegenzug keine Verträge mit anderen Ländern abschließen würde. Darüber empörte sich der Sultan und die deutsche Öffentlichkeit. »Diese Tatsache ... hat nicht die geringste rechtliche Bedeutung, da ein Vasall wie der Scheich von Kuwait nicht in der Lage ist, ohne Genehmigung seines Oberherrn, in diesem Falle also des Sultans, ein verpflichtendes Abkommen mit einer anderen Macht zu treffen«, schrieb Paul Rohrbach.[10] De facto jedoch unternahm der Sultan keine weiteren Schritte gegen dieses Abkommen, auch nicht dagegen, dass der Emir 1913 zusicherte, Ölkonzessionen nur mit Einwilligung der britischen Regierung zu vergeben.

Obwohl die Bagdadbahn-Gesellschaft mittlerweile mehr an Basra als an Kuwait als Endpunkt der Strecke dachte, ließ sie die Entscheidung wie ein drohendes Damoklesschwert weiter in der Schwebe. So gewann die Bahn enorme Bedeutung für die Weltpolitik.

☾

Gab es denn Anfang des 20. Jahrhunderts überhaupt noch etwas Schönes und Sehenswertes in Bagdad? Das hörte auch Ewald Banse innerlich die Leser seines 1913 veröffentlichten Reisebuches »Auf den Spuren der Bagdadbahn« fragen und antwortete vorausschauend: »Das ist, lieber Leser, neben seiner Geschichte, neben dem fast völligen Fehlen abendländischer Momente ... etwas Einzigartiges, etwas Wunderbares, an Glanz nur in den benachbarten schiitischen Pilgerstätten übertroffen: die Moscheen.« Im persischen Stil sind die großen und kleinen Kuppeln dieser Gotteshäuser mit glasierten Dekorkacheln bedeckt: »Blendendes Türkisblau ist gewöhnlich die Grundfarbe, von der tiefschwarze, mattgelbe und blendend weiße Lichter in harmonischer Anordnung reizender Linien und Figuren schimmernd sich heraus heben. Welches Kompositionstalent, welches mathematische Verständnis geradezu, welcher Geschmack!«[11]

Doch außer den Moscheen, deren Schäden über die Jahrhunderte von den gläubigen Handwerkern immer wieder liebevoll beseitigt wurden, ist kaum etwas von dem legendären Bagdad erhalten geblieben. Nach rund 300 Jahren des Glanzes und des Reichtums setzte im 11. Jahrhundert unverkennbar der Niedergang ein und die Herrscher verloren jegliche religiöse Autorität. Die aus Persien stammenden Seldschuken drangen ins Zweistromland ein und gut 200 Jahre später gaben ihm die Mongolen den Rest. Das traf das Zweistromland hart, dessen Fruchtbarkeit auf Dammbau und künstliche Bewässerung angewiesen war. Die Böden versalzten zunehmend, Beduinen fielen immer wieder ins Land ein und stürzten die Bevölkerung in Armut. Daran änderte sich auch nichts, als die Osmanen im Jahr 1534 Mesopotamien in einem Handstreich in Besitz nahmen. Das Zweistromland blieb eine entlegene Provinz, in die nicht viel investiert wurde und deren Infrastruktur weiter verfiel.

Bagdad wurde 1830/31 von einer verheerenden Hochwasserflut heimgesucht – große Areale der östlichen und einige der westlichen Stadtteile wurden einfach weggeschwemmt. Aufgrund dieser und weiterer Katastrophen wie etwa einer Beulenpest reduzierte sich die Zahl der Einwohner von 150 000 auf 50 000 Menschen. Erst danach und insbesondere seit die Bagdadbahn in Planung war, bauten türkische Ingenieure Deiche, Bewässerungsanlagen und Brücken. Doch auch diesen Maßnahmen fehlte die Durchsetzungskraft, da das Osmanenreich bereits militärisch und ökonomisch zerfiel.

☾

Am 28. Juli 1912 setzte der Generalgouverneur der Provinz Bagdad, Ahmed Djemal-Bey, den ersten Spatenstich für die neue Bahnstrecke, genau an der Stelle wo die Gleise, die zur Hafenanlage führten, auf die Bahngleise des künftigen Endbahnhofs von Bagdad treffen sollten.

Nicht zuletzt für Bahn- und Hafenanlagen waren die letzten Relikte des alten Bagdad abgerissen worden. In dem Moment, wo die Deutschen mit ihrer Bahn nach Bagdad kamen, wurden gerade die letzten Reste der legendären Stadt beseitigt.

»Trotz aller Widrigkeiten hoffte Meißner-Pascha«, so urteilt der Meißner-Biograf Pönicke, »den Bau bis Samarra in anderthalb Jahren, bis Mossul in drei Jahren und nach Aleppo in vier Jahren zu schaffen.«[12] Doch es sollte anders kommen.

Elftes Kapitel

Balkankrisen, Propagandaschlachten und der Beginn des Weltkrieges

Die Bagdadbahn wird, was sie ihren Schöpfern nach nie sein sollte: ein militärisches Instrument.

Herbst 1912 auf der Strecke Bagdad–Samarra. Je weiter der Herbst voranschreitet und je weiter der Bautrupp sich von Bagdad entfernt, desto langsamer gehen die Arbeiten voran. Meißner-Pascha weiß nicht mehr, zum wievielten Mal er die mesopotamische Tiefebene verflucht. Hier gibt es absolut kein Material wie beispielsweise Steine oder Kies für die Beschotterung der Gleisanlage und für die dringende Festigung des Bahndamms. Hier gibt es nur Hitze, Lehm und Wasser, und selbst das Wasser des Tigris wird nun im Herbst langsam so knapp, dass die Flöße, die die Materialien herbeibefördern, immer öfter im seichten Fluss stecken bleiben. Bald würde dieser Verkehrsweg ganz ausfallen. Sehnsüchtig sieht Meißner-Pascha auf die andere Uferseite. Dort zieht sich die Straße lang, die Trassierung wäre dort einfacher gewesen und der Materialtransport natürlich auch. Doch die östlichen Zuflüsse des Tigris kommen aus dem Zagrosgebirge und sind im Frühjahr sehr wild.

Aber war das wirklich der einzige und wichtigste Grund für die Entscheidung gewesen oder haben andere Überlegungen dazu geführt, die Strecke entlang des westlichen Ufers zu führen? Die Deutschen hatten zwar auf eine eigene Ölförder-Konzession verzichtet, da die Bahnstrecke aber am westlichen Tigrisufer direkt durch ein großes Ölfeld verlief und deren Konzession auch die Bodenschätze links und rechts der Gleise einschloss, hatte man sich auf diese Weise doch ein Stück vom Kuchen gesichert.

☾

Seit die Bauarbeiten an der Bagdadbahn 1910 wieder aufgenommen worden waren, hatten sie enorme Fortschritte gemacht, doch ab Sommer 1912 nahmen die Verzögerungen wieder stärker zu. Am 4. Juli 1912 wurde der italienische Ingenieur Santarosa von dem türkischen Subunternehmer Scherif Agha nach erfolglosem Feilschen erschossen. In einem Bericht an die Bahngesellschaft beklagt sich die Streckenleitung, dass mittlerweile »jedermann mit seiner Waffe zur Arbeit und zur Zahlung kommt«.[1] Am 28. Juli wurde eine Transportkarawane, die auf dem Weg zu Trassierungsarbeiten zwischen Karkemisch und Tell Halaf war, von 30 Beduinen überfallen. 16 Kamele mit Ladung wurden geraubt, und bald darauf überfielen die Beduinen auch das Arbeitslager, raubten die Leute aus und zerstörten das Baumaterial mutwillig.

Selbst für die fertigen Trassen mussten Schutztruppen aufgestellt werden, denn es kam immer wieder zu Übergriffen: Gleise, Telegrafenmasten und -kabel wurden abmontiert oder zerstört. Außerdem kam es immer häufiger zu Rebellionen und Aufständen, so führte etwa das Aufziehen der deutschen Fahne auf dem Bahnhof von Aleppo zu Tumulten.

Vor allem jedoch machten die Kriege und Unruhen, in die das Osmanische Reich verstrickt war, den Bauarbeiten zu schaffen: Als 1911 Italien dem Osmanischen Reich aufgrund der geforderten Abtretung von Gebieten im heutigen Libyen den Krieg erklärte, ließen viele italienische Arbeiter, die meist als Maurer und Tunnelarbeiter angestellt waren, ihre Kellen und Spitzhacken fallen und kehrten in ihre Heimat zurück, um gegen diejenigen zu kämpfen, für die sie bisher gearbeitet hatten.

Und wie sah der Zugverkehr auf der Bagdadbahn zu dieser Zeit aus? Die Schienen für den Sultan wurden zwar aus bestem Kruppstahl hergestellt und die Gleisanlagen entsprachen in ihrer Belastbarkeit für schwere Gütertransporte den strengen preußischen Normen. Doch die Größe des Schienennetzes und vor allem seine Auslastung ließen weniger an eine wichtige Verkehrsstrecke als vielmehr an eine Nebenstrecke zu entlegenen Kurorten denken. Da immer noch einige Tunnel im Taurusgebirge fehlten, konnten die fahrplanmäßigen Züge weiterhin nur bis nach Konya oder in Dörfer am Fuß des Taurusgebirges verkehren, wohin vor allem die Versorgungszüge des Bahnbaus fuhren.

Das gesamte befahrene Streckennetz der Anatolischen Eisenbahn umfasste 1912 gerade einmal 1320 Kilometer, und für die Abwicklung des Verkehrs darauf verfügte sie Ende 1912 gerade einmal über 111 Lokomotiven, 261 Personenwagen und 1417 Güterwagen. Während die Kursbücher europäischer Eisenbahnen zu dieser Zeit die Dicke heutiger Telefonbücher erreichten, war der Fahrplan der Anatolischen Eisenbahnen doch sehr überschaubar – so fasst der Eisenbahnexperte Benno Bickel zusammen: »Täglich fuhr ein beschleunigter Personenzug zwischen Istanbul-Haydarpascha und Eskischehir (10 Stunden und 35 Minuten für 331 Kilometer) sowie jeweils ein gemischter Personen- und Güterzug zwischen Eskischehir und Ankara (9 Stunden, 264 Kilometer) einerseits, Eskischehir und Konya (13 Stunden, 434 Kilometer) andererseits.«[2]

Da immer wieder mit Unregelmäßigkeiten und Hindernissen auf den Bahngleisen wie Schaf- und Ziegenherden, Barrikaden zwecks Raubüberfällen oder Sabotageakte zu rechnen war, verkehrten die Züge nur tagsüber. Wer bis nach Konya weiterreisen wollte, musste deshalb wohl oder übel in Eskischehir übernachten. Und auch von Konya aus fuhr täglich nur ein einziger gemischter Personen-/Güterzug ins Taurusgebirge.

Die schlechte zivile Transportbilanz der Anatolischen Eisenbahn lag zum Teil aber auch daran, dass sie ab Mitte 1912 immer mehr militärische Truppentransporte übernehmen musste. Denn das Osmanische Reich kam nicht zur Ruhe, ein Krieg löste den anderen ab. Der Italienisch-Türkische Krieg um die Kolonie Libyen 1911/12 wurde vom ersten Balkankrieg abgelöst und dessen Friedensvertrag war gerade in Kraft getreten, da folgte der zweite Waffengang. Dabei, davon ist der Historiker Peter Heigl überzeugt, zeigte sich der strategische Wert der Bagdadbahn: »In weit kürzerer Zeit, als es bei früheren Mobilmachungen möglich gewesen war, konnten die türkischen Truppen aus dem Inneren Anatoliens in Istanbul zusammengezogen und von dort aus rasch in die Kriegsgebiete gebracht werden.«[3]

☾

Der schrittweise Rückzug des Osmanischen Reiches hinterließ ein Machtvakuum auf dem Balkan: den Vielvölkerstaat Bosnien-Herzegowina. Dieses Länderkonstrukt hatte der Berliner Kongress 1878 geschaffen und unter die militärische Verwaltung Österreich-Ungarns gestellt. Als 1908 die Jungtürken in Konstantinopel an die Macht kamen, erklärte die Doppelmonarchie Bosnien-Herzegowina einfach zu ihrem Hoheitsgebiet. Damit wollten sie möglichen Rückforderungen der Jungtürken oder einer Annektion durch die Serben zuvorkommen. Denn Serbien wurde von Russland und Großbritannien dazu angetrieben, sich gegen eine Achse Deutsches Reich – Österreich-Ungarn – Osmanisches Reich aufzulehnen. Durch Bestechung, Intrigen und Agenten wie den russischen Panslawisten Nicolai Hartwig wurde Öl ins Feuer gegossen, wo es nur ging – so schildert der amerikanische Historiker David Fromkin die Situation zu Beginn des ersten Balkankrieges im Oktober 1912: »In Albanien war ein Aufstand im Gange, ein Grenzkonflikt mit Montenegro schwelte, in Mazedonien wurde ein anhaltender Guerillakrieg geführt, und vor allem herrschte in Konstantinopel Unruhe, wo für kurze Zeit Widersacher der Jungtürken an die Macht gekommen waren.«[4]

Und da die osmanischen Truppen außerdem im Kampf gegen Italien in Libyen angebunden waren, vergaßen Bulgarien, Serbien, Montenegro und Griechenland für kurze Zeit den Hass aufeinander und nutzten gemeinsam die Gunst der Stunde, um sich ihren Teil vom verbliebenen Rest der europäischen Türkei zu sichern. Obwohl die Türkei den Krieg mit Italien hastig beendete, um die osmanischen Truppen auf dem Balkan zu stärken, wurden diese überraschend schnell und gründlich geschlagen.

Bereits im Dezember 1912 wurde eine Friedenskonferenz in London abgehalten und die Kriegsbeute aufgeteilt. Doch der Löwenanteil, das ehemalig osmanische Mazedonien, wurde unter Serbien und Griechenland aufgeteilt. Die Bulgaren fühlten sich zutiefst betrogen, und da sie ihre Nachbarn ohnehin nicht leiden konnten, befahl der bulgarische König Ferdinand I., Serbien und Griechenland anzugreifen und gleichzeitig die Gebiete der europäischen Türkei zu besetzen, auf die sie einen Anspruch zu haben glaubten.

Zu diesem Zeitpunkt kam Enver Pascha aus Libyen zurück und stürzte sich sogleich in ein neues Abenteuer. Er tötete den amtierenden Kriegsminister eigenhändig, erklärte das Friedensabkommen für null und nichtig und startete eine – wie er meinte – Überraschungscoup gegen die Bulgaren. Mit seinen Truppen versuchte er von der Seeseite her in Tekirdag am nordwestlichen Ufer des Marmarameeres zu landen und auf das umkämpfte Edirne loszumarschieren. Der Coup wurde zum Desaster, weil die bulgarischen Streitkräfte die landenden Türken reihenweise zusammenschossen. Doch genau zu diesem Zeitpunkt stellten sich Rumänien, Griechenland und Montenegro auf die Seite der Türkei und Serbiens. Daraufhin mussten die Bulgaren Truppen aus Edirne abziehen und Enver konnte ohne Gegenwehr in die Stadt einziehen. So wurde aus dem anfänglichen Desaster noch ein Triumph für

Enver Pascha; doch sein strategisches Unvermögen sollte im bald folgenden Weltkrieg noch Tausenden von türkischen Soldaten das Leben kosten.

Nun war die Lage auf dem Balkan vollkommen verworren. Die Geister des Nationalismus, die die europäischen Großmächte Österreich-Ungarn, England und Russland gerufen hatten, um das Osmanische Reich zurückzudrängen, hatten sich auf dem Balkan derart verselbstständigt, dass sie von niemandem mehr kontrolliert werden konnten. Die Niederlagen im Balkankrieg blieben auch im Herzen des Osmanischen Reiches nicht ohne Folgen. Das jungtürkische Kabinett wurde im Juli 1912 vom osmanischen Nationalparlament zum Rücktritt genötigt, doch Enver Pascha und Taalat Pascha putschten sich im Januar 1913 zurück an die Macht. In Enver Pascha, der nun als Kriegminister faktisch allein für die Bündnispolitik im Osmanischen Reich verantwortlich war, fanden die Deutschen einen treuen Verbündeten. Er bat im Mai 1913 das Deutsche Reich um die Entsendung einer Militärmission; es kamen 42 Offiziere unter der Führung des Divisionskommandeurs General Liman von Sanders, der als absolut kompromissunfähig und taktlos galt. Eine Art Offenbarungseid – wie es der israelische Historiker Jehuda Wallach sieht: »Der mit Liman von Sanders unterschriebene Vertrag gab fast die gesamte Organisation der Armee in die Hände der Deutschen und gestattete dem Chef der Mission den Eingriff in fast alle militärischen Angelegenheiten.«[5]

☾

Wenn die deutschen Diplomaten, Politiker und Militärs bis dahin tatsächlich ein ehrliches Bündnis mit dem Osmanischen Reich angestrebt hatten, spätestens Ende 1912 begann das mörderische Doppelspiel: Offiziell unterstützten sie weiterhin ökonomisch und militärisch das

Osmanische Reich, als wollten sie die Achse Berlin – Istanbul – Bagdad stabilisieren im Sinne von Wirtschaftswachstum, Frieden und Freundschaft. Doch tatsächlich drängte vor allem der deutsche Generalstab immer stärker auf einen großen Krieg, nicht zuletzt mit dem Ziel, die Überseekolonien neu zu verteilen und das Osmanische Reich zu zerschlagen. Wie weit dieses Denken auch die offizielle Diplomatie mitprägte, zeigt ein Brief des Staatssekretärs des Auswärtigen Amtes, Gottlieb von Jagow, an den deutschen Botschafter in Istanbul, Hans Freiherr von Wangenheim, vom 28. Juli 1913: »Kommt es zur Liquidation des türkischen Reiches, sei es aus innerem Zerfall oder infolge äußeren Anstoßes, so würde es gewiß wichtig für uns sein, in unseren Interessensgebieten Organe zu finden, unter denen diese Teile ohne die Constantinopler Zentralgewalt fortbestehen könnten ... Die Türkei hat für uns nur noch das eine Interesse: daß sie in Asien noch solange fortbesteht, bis wir uns in unseren dortigen Arbeitszonen weiter konsolidieren und für die Annexion fertig werden.« Und der Kaiser formulierte es wieder einmal auf seine Weise: »Ich nehme Mesopotamien und Alexandrette ...«

Doch eigentlich war der Kaiser am Orient nur noch selten interessiert. Er hatte sein Paradies gefunden, in dem er sich nach Herzenslust betätigen konnte. Im Frühjahr 1913 residierte Wilhelm II. auf seinem Landsitz Achillion und hatte um sich eine große Dienerschaft sowie eine Gruppe williger Archäologen versammelt. Mit Letzteren zog er jeden Morgen zur Ausgrabung der antiken Tempelanlagen. Von einem dieser Grabungstage ist uns folgende, für sich selbst sprechende Szene überliefert: Mit seiner kleinen Schaufel in der gesunden Hand stand er mit dem Berliner Archäologie-Professor Georg Karo vor seinem Ausgrabungsfeld und erklärte dem Gelehrten: »Es ist gut möglich, dass die Vorsehung mich, obwohl ich Laie bin, dazu ausersehen hat, der Archäologie neue Wege zu weisen.«[6] Ein zweiter Schliemann sollte jedoch nicht aus ihm werden, wofür der Kaiser später in seinen Erinnerungen allen

Ernstes den heraufziehenden Krieg verantwortlich machte: »Ich war tief betrübt, dass all diese Arbeiten, die noch erst in der Entwicklung begriffen waren und die mich ganz gefangen nahmen, durch den uns aufgezwungenen Krieg nicht fortgeführt werden konnten.«[7] Doch schon kurz darauf gab es wieder erfreuliche Dinge, denen sich Seine Majestät zuwenden konnte.

Im Mai 1913 ließ das Kaiserpaar pompös die Hochzeit seiner einzigen Tochter Victoria Luise mit Ernst-August von Braunschweig feiern. Es sollte für lange Zeit das letzte große Gesellschaftsereignis sein, zu dem sich der Hochadel aus ganz Europa einfand. Bei dieser Gelegenheit zeigte sich, dass Wilhelm »seine« Bagdadbahn doch noch nicht ganz aus den Augen verloren hatte. »Auf der Hochzeit seiner Tochter«, so berichtet sein Biograf Röhl, »schreckte Wilhelm nicht davor zurück, dem erstaunten Lord Stamfordham auseinanderzusetztten, welche Ziele er im Orient verfolge. Er sprach lange über Mesopotamien und über den Ausbau von Alexandrette zu einem großen Handelshafen. Er schien sämtliche Einzelheiten der Bagdadbahn genau zu kennen und skizzierte auf einem Zettel die geplante Route, die die Bahntrasse durch das Taurusgebirge nehmen würde.«[8]

☾

Karkemisch, 29. Dezember 1913. Leonard Woolley, der später für seine Ausgrabungen in Ur weltberühmt werden sollte, verstärkte seit einiger Zeit das britische Archäologen-Team. Lawrence und Woolley wollten den Winter mit archäologischen Erkundungsreisen entlang der Mittelmeerküste bis hinunter nach Ägypten verbringen. Doch Mitte Dezember hatten sie einen Brief vom Direktor des British Museum erhalten, der sie anwies, an einer Vermessungsexpedition des »Palestine Exploration Fund« auf der Halbinsel Sinai teilzunehmen. Also machten sich Lawrence und Woolley auf und reisten mit der Bahn nach Aleppo und von dort über Damaskus nach Beersheba in der Negevwüste. Dort trafen sie mit dem Vermessungsingenieur Hauptmann Stewart Newscombe zusammen. Und nun erfuhren sie, dass ihre Aufgabe, antike Spuren des Volkes Israel in der Wüste zu finden, nur als Tarnung diente, wie Lawrence an seine Eltern schrieb: »Wir sind offenbar nur als Ablenkungsmanöver gedacht, um einem politischen Auftrag einen archäologischen Anstrich zu verleihen.«[9]

So waren die beiden doch noch zu Spionen geworden, wenn sie auch keinen gewichtigen Beitrag leisten konnten. Denn die eigentliche Aufgabe bestand darin, die Regionen westlich und nordwestlich des Golfes von Akaba genauer zu dokumentieren, da die bisherigen britischen Karten sehr ungenau und lückenhaft waren. Immerhin lernte Lawrence hier eine Menge über das Vermessen des Geländes und das Anfertigen von Karten. Und er konnte darüber hinaus einen wesentlichen Beitrag leisten – so der britische Historiker Richard Andrews: »Lawrence fiel auf, dass die meisten Ortsnamen auf den vorhandenen Landkarten der Negev und des Sinai sich ähnelten. Schließlich erkannte er, dass sie alle Ableitungen des arabischen Ausdrucks für ›weiß nicht‹ waren – die übliche Antwort der Beduinen an die Royal Engineers, als diese das Gebiet in den 1880er Jahren kartographierten.«[10]

Als die Expedition schließlich den Golf von Akaba erreichte, stürzten sich die beiden Archäologen auf die Kreuzritterburg Graye, die auf einer kleinen Insel 250 Meter vor der Küste lag. Doch sofort schritten die türkischen Behörden ein und stellten den Archäologen Bewacher an die Seite. Auf ihrem Rückweg zogen sie über die antiken Ruinen von Petra, die Lawrence unbedingt sehen wollte, Richtung Osten zu dem an der Hedschasbahn gelegenen Ort Maan. Auch hier waren die türkischen Wächter höchst aufgeregt über den britischen Besuch, doch die beiden Archäologen konnten den Zug Richtung Damaskus besteigen. Nur knapp drei Jahre später sollte Lawrence zu dieser Bahnstrecke zurückkehren, allerdings nicht als Fahrgast.

25. Februar 1914 in den endlosen Weiten der arabischen Halbinsel, genannt das »Leere Viertel«. Gertrude Bell betritt mit ihrer Karawane das gut befestigte Hail, die Hochburg der Raschids, auf der arabischen Halbinsel. Mitten in der leersten aller Welten eine stark befestigte Stadt? Gerade hier, wo reichlich Platz ist für die wenigen Bewohner, um einander auszuweichen, herrscht seit Generationen ein erbitterter Kampf zwischen den Scheich-Familien der Raschids und der Saudis.

Eine Bluttat zieht mindestens zwei weitere nach sich und der Wüstensand wurde schon so oft mit menschlichem Blut getränkt, dass sich seit langer Zeit kein Europäer mehr hergewagt hatte. Selbst das Osmanische Reich hat zwar die Küstenstreifen der arabischen Halbinsel zum Roten Meer und zum Persischen Golf hin in Besitz genommen, aber vom Landesinneren die Finger gelassen.

An Weihnachten des Jahres 1913 war Gertrude Bell mit ihrer Karawane, darunter eine eigens für sie abgestellte Eskorte, aus Damaskus gestartet. Wochen voller Entbehrungen lagen hinter ihr: Stundenlange wippende Ritte auf dem Kamel wechselten mit schlaflosen Nächten ab, die Angst vor Überfällen zerrüttete die Nerven und beinahe wären sie verdurstet, bevor sie die Oase Hail erreicht hatten. Warum tat sich die inzwischen 45-Jährige diese Tortur an? Es war ihre Art mit Problemen umzugehen. Sie hatte sich wieder einmal unglücklich verliebt, in einen verheirateten Diplomaten. Und es blieb ihr wieder einmal nur die Flucht in die Gefahr. Und davon bekam sie reichlich. Von der »El Chatun«, der »Hohen Dame«, hatten die Raschids noch nichts gehört und der Imam empörte sich darüber, dass eine unverschleierte Frau durch die Stadt schritt. Sie wurde unter Hausarrest gestellt, oder weniger vornehm ausgedrückt: Sie war Gefangene.

Doch nach zwei Wochen ließ man sie gehen, es hatte sich wohl kein Weg gefunden, Lösegeld zu kassieren. Gertrude Bell ging nicht, ohne vorher noch ein paar Fotografien von der Stadt zu machen und eine wichtige Erkenntnis gewonnen zu haben: Die Raschids werden im

Streit mit den Saudis verlieren, es gibt kaum männliche Nachkommen, selbst der amtierende Emir war noch ein Junge von 17 Jahren. Und in ganz Hail war sie kaum Männern in kampffähigem Alter begegnet.

Doch als sie einige Wochen später wieder in Bagdad eintraf, gab sie diese Nachricht nicht an den neuen britischen Konsul Colonel Ramsey weiter. Er war in ihren Augen ein Ignorant, der keine Fremdsprache beherrschte und so gut wie nichts über die Türkei und Arabien wusste, sondern lieber den ganzen Vormittag verschlief und nach dem Mittagessen Karten spielte: »Einen solchen Mann schicken wir zu einer Zeit hierhin, wo sowohl die Bagdad-Eisenbahn als auch unser Bewässerungssystem langsam Gestalt annehmen ... Gott im Himmel.«[11]

Die Leidenschaft für den Orient teilte Gertrude Bell dagegen mit einem Deutschen, mit Heinrich August Meißner-Pascha, den sie schon 1911 in Aleppo kennengelernt hatte. Gertrude, die sogar aus einer Stahl- und Eisenbahn-Dynastie stammte, erweckte kein Misstrauen bei Meißner-Pascha, als sie sich für die Bagdadbahn interessierte, und er gab ihr ohne Bedenken Einblicke in sein Bauprojekt. Über die Treffen schrieb sie am 28. März 1914 an ihren Vater: »Lieber Vater, die Palmen neigten sich über dem Tigrisufer, in dem angeschwollenen Fluss lag eine Flotte alter Boote. Die schlammigen Fluten des Tigris, die Palmen, die singenden Araber, der alte Orient. Und in ihrer Mitte nun die makellosen Lokomotiven. Die blauäugigen kurzhaarigen Deutschen mit schnellen entschiedenen Bewegungen und leicht militärischem Auftreten. Die Soldaten des Westens kommen, um zu erobern und ihre Waffe ist die Technologie.«[12]

Auch an anderen Orten gab es zu dieser Zeit Annäherungen zwischen Deutschen und Engländern. In Karkemisch litten Woolley und Lawrence noch immer darunter, dass ihre technische Ausstattung so mangelhaft war. Doch langsam, vor allem durch Lawrences kommunikativen Charakter, freundeten sich die britischen Archäologen mit den deutschen Ingenieuren an und bald profitierte man voneinander. Die Bahnbauer stellten den schlecht ausgerüsteten Archäologen Bahnloren und Schienen zur Verfügung, um den gewaltigen Abraum aus der Grabungsstätte abtransportieren zu können. Diesen Abraum aus Steintrümmern wiederum benötigten die Bahnbauer dringend für ihre Dammaufschüttungen, Brückenfundamente und Häuser. Und am 15. Juni 1914 schlossen Deutsche und Engländer nach Verhandlungen, die sich endlos hingezogen hatten, endlich einen Vertrag, um ihre Interessen in Mesopotamien auszugleichen. England wollte dem Bau der Bagdadbahn keinen Widerstand mehr entgegensetzen und Deutschland verpflichtete sich, Basra als definitiven Endpunkt der Bahnlinie anzuerkennen und jedes weitere Schielen auf Kuwait zu unterlassen.

Angesichts dessen, was sich nur wenige Wochen später ereignete, ist diese späte Einigung ein weiteres illustres Beispiel für das, was Historiker gern als die »Ironie der Geschichte« titulieren. Die gute Zusammenarbeit mit den deutschen Ingenieuren hielt Lawrence und Woolley auch nicht davon ab, einige Wochen später ihre Heimreise nach England mit der Bagdadbahn anzutreten und dabei den Stand der Bauarbeiten im Amanus- und im Taurusgebirge auszukundschaften.

Anfang April 1914 reiste Gertrude Bell von Bagdad über Damaskus nach Konstantinopel. Erst dort gegenüber dem britischen Gesandten Sir Louis Mallet und dann später ans Außenministerium in London berichtete sie von ihren Erkenntnissen, die sie aus ihrer gefährlichen Expedition nach Hail gewonnen hatte: Die Stämme auf der arabischen Halbinsel stehen nicht loyal hinter dem Osmanischen Reich, das dort nur schwach vertreten ist, und der kommende Mann heißt Ibn Saud.

Gertrude musste zwar zurück nach London reisen, aber angesichts des steifen Gesellschaftslebens dort wusste sie, dass es keine dauerhafte

Rückkehr sein würde: »Ich habe keine große Lust, in London zu bleiben … Ich liebe Bagdad und den Irak. Das ist der wahre Mittlere Osten, und dort ist alles in Bewegung geraten.«[13]

☾

Jarablus/Karkemisch im Juni 1914. Über 90 türkische Soldaten patrouillierten im Dorf, im Lager und auf der Baustelle. Nicht etwa wegen des heranziehenden Krieges, nein, wegen eines Aufstandes, der vor rund acht Wochen begann. Kurdische Arbeiter fühlten sich durch ihre Subunternehmer ausgebeutet, die Wut staute sich auf und entlud sich nicht etwa an den Vorarbeitern, sondern an der Bagdadbahn-Gesellschaft. Rund 500 Kurden zogen zum Verwaltungsgebäude und bewarfen es mit Steinen. Als das bekannt wurde, schlossen sich immer mehr Arbeiter dem Aufstand an. Über 6000 sollen es schließlich gewesen sein, die – da sie die Verantwortlichen nicht in die Hände bekamen – einzelne Ingenieure verletzten und ihre Wut an den Maschinen und Einrichtungen der Bahngesellschaft ausließen. Nach drei Tagen trafen die Soldaten ein, nahmen 15 Rädelsführer fest und überwachten das Gelände mit strenger Hand. Die Stimmung hatte sich noch immer nicht ganz beruhigt, da erreichte die Bahningenieure über den Telegrafen eine Nachricht, die in Windeseile um die Welt ging und bei der den meisten der Atem stockte. Die Welt war aus den Fugen geraten.

»Sarajewo, 28. Juni (Telegramm unseres Korrespondenten). Als der Erzherzog-Thronfolger Franz Ferdinand und seine Gattin, die Herzogin von Hohenburg, sich heute Vormittag zum Empfang in das hiesige Rathaus begaben, wurde gegen das erzherzogliche Automobil eine Bombe geschleudert, die jedoch explodierte, als das Automobil des Thronfolgers die Stelle bereits passiert hatte. In dem darauffolgenden Wagen wurde der Major Graf Boos-Waldeck von der Militärkanzlei des Thronfolgers und Oberstleutnant Merizzi, der Personaladjutant des Landeshauptmanns von Bosnien, erheblich verwundet. Sechs Personen aus dem Publikum wurden schwer verletzt. Die Bombe war von einem Typographen namens Cabrinowitsch geschleudert worden. Der Täter wurde sofort verhaftet. Nach dem festlichen Empfang im Rathause setzte das Thronfolgerpaar die Rundfahrt durch die Straßen der Stadt fort. Unweit des Regierungsgebäudes schoß ein Gymnasiast der achten Klasse (Primaner) names Princip aus Grabow aus einem Browning mehrere Schüsse gegen das Thronfolgerpaar ab. Der Erzherzog wurde im Gesicht, die Herzogin im Unterleib getroffen. Beide verschieden, kurz nachdem sie in den Regierungskonak gebracht worden waren, an den erlittenen Wunden. Auch der zweite Attentäter wurde verhaftet. Die erbitterte Menge hat die beiden Attentäter nahezu gelyncht.« Das Attentat zeigt vor allem, wie wenig man damals von »Krisenmanagement« wissen wollte.

Trotz zahlreicher Warnungen, die es gegeben hatte, startet das Thronfolgerpaar seine Besichtigungstour durch Sarajevo – noch dazu im offenen Wagen. Dann entkommen sie unverletzt einem ersten Anschlag und brechen die Tour nicht etwa ab, sondern machen weiter, als sei nichts geschehen.

Österreich-Ungarn wollte unbedingt »Flagge zeigen«. Am Ende einer großen Militärübung, die potenzielle Feinde einschüchtern sollte, besuchte das Thronfolgerpaar die Hauptstadt von Bosnien-Herzegowina. Dieser Besuch war eigentlich als Geste des guten Willens gedacht. In Österreich-Ungarn lebten 1914 etwa 25 Prozent deutsche Österreicher, 17 Prozent Ungarn, 13 Prozent Tschechen, elf Prozent Serbokroaten, neun Prozent Polen, acht Prozent Ukrainer, sieben Prozent Rumänen, vier Prozent Slowaken, drei Prozent Slowenen, zwei Prozent Italiener und noch etliche Splittergruppen. Franz Ferdinand wollte in seiner nahenden Amtszeit den ethnischen Minderheiten in seinem Reich mehr Gehör und mehr Eigenständigkeit schenken – auch den vielen

Serben. Doch dazu sollte es nicht mehr kommen. Und deshalb sahen die Österreicher die zahlreichen Hetzer für ein Großserbien als die eigentlichen Anstifter für das Attentat. So schmerzlich der Verlust für die Österreicher war, die Gelegenheit zuzuschlagen kam ihren Scharfmachern in Politik und Militär gerade recht.

Wie reagierte Kaiser Wilhelm auf den Vorfall, als ihn die Nachricht während der Kieler Woche auf seiner Yacht »Hohenzollern« erreichte? Zunächst war er tief betroffen, dann erzürnt. Vor gerade einmal zwei Wochen hatte er noch mit dem österreichischen Thronfolger auf dem böhmischen Jagdschloss Konopischt so manchen Zehnender erlegt und nun war Franz Ferdinand hinterrücks erschossen worden. Als der deutsche Botschafter in Wien in einem Telegramm meldete, die Spur der Mörder führe in die serbische Hauptstadt Belgrad, schrieb der Kaiser als Kommentar: »Mit den Serben muss aufgeräumt werden, und zwar bald.«

Der österreichische Kaiser schickte seinen Regierungschef Graf von Hoyos mit einem Brief nach Potsdam zur Sommerresidenz des Kaisers. Man wollte sich rückversichern, ob die Deutschen bei einem militärischen Vorgehen gegen Serbien zu ihrem Bündnispartner halten würden. Ohne zu zögern antwortete Wilhelm aus Potsdam, dass das Deutsche Reich ohne jede Einschränkung hinter ihnen stehe. Diese Aussage gab der Graf sofort weiter nach Wien. Österreich-Ungarn sah darin einen »Blankoscheck« für das weitere Vorgehen.

Österreich-Ungarn wollte Serbien am 23. Juli ein Ultimatum stellen: Entweder dürften österreichische Fahnder in Serbien nach den Hintermännern des Mörders Franz Ferdinands suchen oder es käme zur kriegerischen Auseinandersetzung! Das Ultimatum wollte die Donau-Monarchie natürlich nur stellen, um später sagen zu können: Wir haben ja ein Angebot gemacht. Aber Serbien hatte keine Wahl: Wenn es seine

Souveränität aufgab, konnte es auch gleich den ganzen Staatsapparat dichtmachen. Noch am Abend, bevor das Ultimatum überreicht wurde, bekam es der deutsche Staatssekretär Gottlieb von Jagow zu lesen und war irritiert: »Das ist aber scharf!«

In den folgenden Stunden setzte ein reger Depeschenaustausch zwischen den Hauptstädten der Großmächte ein. Jeder ersuchte die anderen, auf ihre Verbündeten mäßigend einzuwirken. Nur das Deutsche Reich versuchte in keinster Weise, Österreich-Ungarn unter Druck zu setzen. Ein vollständiges außenpolitisches Versagen! Denn wer mitgezogen wird, sollte auch mitsteuern. Vor allem wenn man bedenkt – so der Historiker David Fromkin –, »dass Österreich andere Ziele verfolgte, als jene, die es vorgab ... Es wollte Serbien nicht bestrafen, sondern vernichten, von der politischen Landkarte tilgen.«[14]

Kaiser Wilhelm II. erfuhr von dem Ultimatum am 24. Juli – aus einer norwegischen Zeitung! Auf Anraten seiner Berater hatte er trotz der Ereignisse seine geliebte Nordland-Reise entlang der norwegischen Küste angetreten. Und irgendwie gelang es dem Kaiser, die Weltpolitik unbeachtet zu lassen. Erst als er vom Ultimatum erfuhr, gab er sofort den Befehl, auf Heimatkurs zu gehen. Doch als er am 27. Juli in seiner Potsdamer Sommerresidenz eintraf, schossen österreichische Geschütze vom Donauufer aus bereits seit 24 Stunden auf die serbische Hauptstadt. Wilhelm II. erkannte den Ernst der Lage und reagierte wieder einmal unerwartet. Er war ein fanatischer Uniformträger und Jäger, er war ein Militarist der ersten Stunde, aber Seine Majestät war kein Kriegstreiber. Er schrieb eine Friedensbotschaft an den englischen König und mit seinem Vetter, dem russischen Zaren Nikolaus II., tauschte er persönliche Telegramme aus. Mit der Anrede »Lieber Willy« bat der Zar den Kaiser um Hilfe: »Ein unwürdiger Krieg ist an ein schwaches Land erklärt worden. Die Entrüstung in Russland ist ungeheuer.« Der Zar fürchtete, dem Kriegsdruck nicht standhalten zu können, woraufhin ihm der Kaiser antwortete: »Lieber Nicky, lass es nicht so weit kommen ...« Er empfahl seinem Vetter, in der Rolle des Zuschauers zu verharren, »ohne Europa in den entsetzlichsten Krieg zu verwickeln, den es je gesehen hat«.

Hat der Kaiser damit alles in seiner Macht stehende getan, um den Krieg abzuwenden? Der Berner Historiker Stig Förster urteilt folgendermaßen: »Wilhelm ist in dieser Phase zwar nicht die treibende Kraft, hätte aber die Macht gehabt, die Entwicklung zum Krieg zu stoppen.«[15] Stattdessen gab er dem deutschen Militär, das den Krieg wollte und deshalb den Druck auf die Regierung intensivierte, nach und ließ in Berlin am 31. Juli den »Zustand drohender Kriegsgefahr« verkünden. »Wilhelm hatte unglaubliche Fehler gemacht, und er stand an der Spitze eines zutiefst mangelhaften politischen Systems. Aber letztlich war sein Hauptfehler, dass er seine Verantwortlichkeit aufgegeben, seine Macht den militärischen und zivilen Hardlinern ausgehändigt hatte.«[16]

Das deutsche Volk, ebenso wie die Völker in anderen europäischen Ländern, reagierte nahezu euphorisch auf die Mobilmachung am 1. August. Den Kriegsfreiwilligen, die nun mit Sonderzügen nonstop an die Westfront gebracht wurden, rief Wilhelm II. hinterher: »Ehe noch die Blätter fallen, seid ihr wieder zu Hause.«

☾

Bagdad im August 1914. Meißner-Pascha blickte verzweifelt auf seine Karte: Zu Beginn des Krieges waren von den 1710 Kilometern der Strecke Konya–Bagdad 722 Kilometer noch nicht fertiggestellt. Die Männer wollten weiterarbeiten, doch die Behinderungen wuchsen täglich. Noch bevor sich der mangelnde Nachschub – die meisten Materialien kamen aus Deutschland – bemerkbar machen konnte, wurde es beim Baupersonal eng. Immer mehr Arbeiter, aber auch deutsche Ingenieure und Vorarbeiter erhielten ihre Einberufung und mussten den Bahnbau verlassen. Selbst die Karren und Zugtiere der türkischen Subunternehmer wurden requiriert. Außerdem fielen etliche Baustoffe unter die Materialien, über die die internationale Gemeinschaft einen Boykott verhängte, darunter natürlich Sprengstoff, aber auch Materialien wie einfache Schmierstoffe. Außerdem: Dadurch, dass Serbien auf der Seite der Alliierten stand, war die Bahnstrecke des Orientexpresses, die Verbindung des Deutschen Reiches mit dem Osmanischen Reich, auf dem Landweg unterbrochen.

Auf den Meeren besaßen die Alliierten von Anfang an die Überlegenheit, und besonders deutlich zeigte sich dies im Mittelmeer: Zwei deutsche Kriegsschiffe, die Goeben und die Breslau, standen rund 160 Schiffen der alliierten Flotten gegenüber.

8. September 1914. Telegramm der Bagdadbahn-Gesellschaft, Außenstelle Bagdad, an den osmanischen Kriegsminister Enver Pascha: »Meißner-Pascha ist gewillt, etwaige improvisierte Weiterführung der Hedschasbahn über Maan nach Akaba-Suez durchzuführen.«[17] Enver Pascha beriet sich notgedrungen mit General Liman von Sanders. Der lehnte die Streckenführung wegen zu großer technischer Schwierigkeiten ab und empfahl, von der Hedschasbahn aus eine Stichstrecke bis nach Beersheba in der Negevwüste bauen zu lassen, dem letzten osmanischen Außenposten vor der Sinai-Halbinsel.

☾

Mitte September 1914 in der Obersten Heeresleitung der Deutschen Reichswehr. Nachdem es die ersten Wochen an der Westfront immer vorwärtsging, zwang ein französischer Gegenangriff an der Marne die deutschen Truppen das erste Mal zum Rückzug. Um immer ganz nah dran an den Entscheidungen zu sein, war Seine Majestät mit seinem Gefolge sogar ins Gebäude der Obersten Heeresleitung, die zunächst in Koblenz und später dann im belgischen Spa residierte, gezogen. Doch diese räumliche Nähe verschaffte dem Kaiser keinen größeren Einfluss. Trotz seiner ständigen Anwesenheit wurde er immer stärker isoliert oder vielleicht auch gerade deshalb. Der Kaiser wurde vollends zum Spielball der Generäle – Distanz hätte vielleicht mehr geholfen.

Der deutsche Rückzug an der Westfront entlang der Marne und die Niederlage Österreich-Ungarns in Galizien deuteten schon an, dass mit einem schnellen Sieg mit Sicherheit nicht zu rechnen war. Man brauchte eine Entlastung und dabei fiel der Blick über die Karte auf den Nahen Osten. Wenn die Türkei den Mittelmächten beitreten würde, hätte dies mindestens drei wichtige Vorteile: Große Kontingente der russischen Truppen wären im Kaukasus gebunden, die der englischen Truppen am Suezkanal und im Persischen Golf, und die europäischen Fronten dadurch entlastet. Außerdem würde die Sperrung der türkischen Meerengen für russische Schiffe das Zarenreich von Ein- und Ausfuhren wichtiger Güter abschneiden.

☾

Halb war das Osmanische Reich bereits in den Krieg hineingezogen, dafür sorgten die beiden deutschen Kriegsschiffe Goeben und Breslau. Sie hatten sich bei Kriegsbeginn planmäßig vor der sizilianischen Hafenstadt Messina eingefunden, worüber sich die Italiener wenig freuten. Über Funk erhielten sie widersprüchliche Befehle, ob sie Konstantinopel anlaufen sollten oder nicht, und so entschied ihr Befehlshaber Konteradmiral Wilhelm Souchon, am 6. August die osmanische Hauptstadt anzulaufen, die sie auch erreichten, obwohl sie auf der Fahrt von der überlegenen britischen Flotte verfolgt und auch einmal beschossen wurden. Doch damit begann das eigentliche Problem: »Nach internationalem Recht mussten die Schiffe die neutrale Türkei entweder nach 24 Stunden verlassen oder sich desarmieren [entwaffnen, W. K.] lassen.«[18] Um den Schein der Legalität zu wahren, wurden die Schiffe offiziell an die Türkei verkauft. Aber auch nur offiziell, man machte sich nicht einmal die Mühe, sämtliche Beflaggung des Deutschen Reiches abzunehmen, an die deutsche Besatzung wurden lediglich Jacken und Mützen osmanischer Uniformen ausgegeben.

Während die beiden deutsch-türkischen Kriegsschiffe am Goldenen Horn vor Anker lagen und deutsche Marineoffiziere ihre türkischen Kameraden in die Handhabung der Bordkanonen einwiesen, ließ Wilhelm II. das Auswärtige Amt eine Anweisung von ihm an von Wangenheim telegrafieren: »Türkei muss losschlagen, S. M. der Sultan muss die Muselmanen in Asien, Indien, Ägypten, Afrika zum heiligen Krieg fürs Kalifat aufrufen!«[19]

Zwölftes Kapitel

Dschihad I: Mit der Bagdadbahn in den Heiligen Krieg

Mit Waffen und mit Propaganda kämpfen deutsche Truppen und Agenten an den Fronten des Osmanischen Reiches.

»Dschihad« wird fast immer mit »Heiliger Krieg« übersetzt. Die ursprüngliche Bedeutung des arabischen Wortes lautet jedoch »kämpfen« oder »streben«. Früher wurde es immer verwendet in der Redewendung: »Dschihad fi sabil Allah« – »Streben (Kämpfen) auf dem Pfad Gottes«. Sie bezog sich auf die prinzipielle Pflicht aller Muslime, gegen das Ungläubige anzustreben, gegen die Ungläubigen zu kämpfen.

☾

»Wisset, daß das Blut Ungläubiger straflos vergossen werden darf ... Ausgenommen sind nur jene, die mit der moslemischen Macht verbunden sind!« So steht es in einer Broschüre, die im Auftrag des deutschen Auswärtigen Amtes in zahlreiche asiatische Sprachen übersetzt, gedruckt und von deutschen Agenten in den islamischen Ländern verteilt wurde. Das heißt im Klartext: Mit Billigung der deutschen Regierung wurde im Namen des Heiligen Krieges zum Meuchelmord an christlichen Briten aufgerufen!

Nachdem Kaiser Wilhelm II. im Sommer 1914 klar geworden war, dass ein Zusammenstoß mit England und Russland unvermeidlich wurde, gab er das Startzeichen für den Geheimplan: Der Heilige Krieg sollte im Nahen Osten ausgerufen werden, um die Macht der Briten in Asien zu brechen. Woher stammte dieser Plan eigentlich? Darüber gibt es noch immer zwei Theorien. Die Einen sagen: Der eigenwillige Diplomat und Orientkenner Max von Oppenheim trat mit dem Plan an die Regierung heran und der Kaiser wollte ihn um jeden Preis umsetzen. Die Anderen sagen: Der Dschihad war die Idee Enver Paschas und die Deutschen klinkten sich nur mit ein.

Bereits im Mai 1914 unternahm das Osmanische Reich einen Versuch, ein militärisches Bündnis mit dem Deutschen Reich einzugehen. Doch nach den Balkankriegen galt die osmanische Armee als vollkommen demoralisiert. Der Generalstabschef des deutschen Heeres, Helmuth von Moltke, fällte aufgrund der Berichte, die ihm die deutsche Militärmission regelmäßig erstattete, das vernichtende Urteil: »Die Türkei ist militärisch eine Null! Die Berichte unserer Militärmission lauten geradezu trostlos. Die Armee ist in einer Verfassung, die jeder Beschreibung spottet. Wenn man früher von der Türkei als vom kranken Mann sprach, so muß man jetzt schon von dem sterbenden sprechen ... Unsere Militärmission gleicht einem Ärztekollegium, das am Sterbebett eines unheilbar Kranken steht.«[1] Etwas diplomatischer formulierte es der deutsche Botschafter in Konstantinopel, Hans Freiherr von Wangenheim: »Die Türkei ist zweifellos heute noch vollkommen bündnisunfähig. Sie würde ihren Verbündeten nur Lasten auferlegen, ohne ihnen die geringsten Vorteile zu bringen ...«[2]

Doch als Enver Pascha am 22. Juli 1914 von Wangenheim Gespräche über ein Bündnis anbot, wurde sein Anliegen im fernen Berlin trotz aller Bedenken erhört, und der deutsche Botschafter erhielt die Anweisung, Verhandlungen aufzunehmen. Als das Osmanische Reich am 28. Juli einen förmlichen Allianzantrag stellte, erklärte der deutsche Reichskanzler Bethmann-Hollweg jedoch per Geheimtelegramm an von Wangenheim, er habe Zweifel, was die Türkei den Mittelmächten im Kriegsfall nützen könnte. Diese Zweifel wurden allerdings rasch zerstreut, und der Grund dafür kann nur einer sein – urteilt der Historiker Salvador Oberhaus: »Die türkische Regierung, die vor dem 2. August bei den anderen europäischen Großmächten mit Bündnisangeboten auf Ablehnung stieß, machte sich das in Deutschland herrschende (Pan)-Islambild zu nutze, indes es sich als Partner anbot, der in der Lage wäre, fanatische Aufstände zu initiieren.«[3]

War Enver Pascha allein auf die Idee des Dschihads gekommen? Selbst der sehr dieser Idee zugeneigte Wassmuss-Biograf Dagobert von Mikusch bezweifelt dies: »Es ist sehr leicht möglich, dass Enver den Keim zu der Idee von seinem einstigen Lehrer, dem Feldmarschall von der Goltz, empfing, der immer wieder darauf hingewiesen hat, dass man England an seiner empfindlichsten Stelle, in Indien, angreifen müsse.«[4] Das Deutsche Reich wollte sowohl eine Entlastung seiner Fronten durch Kriegshandlungen in Asien als auch den Heiligen Krieg. Deshalb schloss es am 2. August 1914 mit dem Osmanischen Reich den geheimen Allianz-Vertrag und verschwieg dabei, dass der Ernstfall bereits eingetreten war: Die Deutschen hatten Russland längst den Krieg erklärt!

☾

Leben und Wirken von Max von Oppenheim geben bis heute Rätsel auf. Während er aus archäologischer Sicht nur als Forscher mit einer gewissen Vaterlandsliebe gewertet wird, sehen Historiker wie der Brite Peter Hopkirk in ihm nicht nur einen Spion, sondern den Ideenlieferanten für die deutsche Unterwanderung des Osmanischen Reiches. »Der Spion des Kaisers!« titelte die seriöse *National Geographic* noch im Februar 2008. Oppenheims autobiografischen Berichte scheinen diese Version zu bekräftigen, denn darin gesteht er nicht ohne Koketterie: »Ich setzte es durch, den Auftrag zu erhalten, die ganze islamische Welt zu beobachten und hinterher an das Amt zu berichten. Es begann wohl die Glanzzeit meines Lebens.« Darüber hinaus wirft der britische Historiker Peter Hopkirk ihm vor, in einem geheimen Memorandum dargelegt zu haben, »dass man im Kriegsfall die militanten Moslems für die deutsche Kriegsmaschinerie einspannen könne«, – mit wie er schrieb, »unberechenbarer Wirkung«.[5] Doch tatsächlich hatte Max von Oppenheim weit weniger Einfluss auf die Geschehnisse, als ihm von vielen Seiten zugesprochen wird.

Seit Ende 1913 lebte er bereits am Kurfürstendamm und im Herbst 1914 begann er, die Ergebnisse und Funde seiner Tell-Halaf-Grabung auszuwerten. Als der Krieg ausbrach, war er mit 54 Jahren zu alt für den aktiven Kriegsdienst, doch er wollte auf seine Weise dem Vaterland beistehen. Deshalb wandte er sich ans Auswärtige Amt und legte diesem im Herbst 1914 seine »Denkschrift betreffend die Revolutionierung der islamischen Gebiete unserer Feinde« vor. Darin untersuchte er die Möglichkeiten, in den jeweiligen islamischen Ländern mittels Propaganda einen Heiligen Krieg gegen die Feinde des Deutschen Reiches zu entfesseln – so der Historiker Martin Kröger: »Ägypten war ihm dabei am wichtigsten, es folgten die russisch-türkischen Grenzgebiete im Kaukasus, Persien und Afghanistan. Breiten Raum nahm Indien ein. Marokko, Algerien und Tunesien waren von nur nachrangiger Bedeutung.«[6]

Das Auswärtige Amt beauftragte ihn daraufhin, eine »Nachrichtenstelle für den Orient« aufzubauen; Oppenheim übernahm auch deren Leitung. Die Nachrichtenstelle hatte nicht nur die Aufgabe, wichtige Informationen aus dem Orient für das Auswärtige Amt zu sammeln und auszuwerten. Darüber hinaus erstellte die Nachrichtenstelle eine Unmenge an Aufrufen, Flugblättern, Broschüren und Büchern für die islamischen Länder beziehungsweise für den Aufruf zum Heiligen Krieg. »15 deutsche und 20 ausländische Mitarbeiter, dazu noch eine Anzahl freier Arbeitskräfte, übersetzten die Texte in neun europäische sowie elf asiatische und afrikanische Sprachen«, erläutert die Oppenheim-Biografin Gabriele Teichmann.[7]

Doch Oppenheim leitete nur die Informationspolitik, er entschied oder koordinierte keine Einsätze von Agenten oder Militärs. Die Entscheidung, dass deutsche Geheimagenten versuchen sollten, in Persien, Afghanistan und Indien den Heiligen Krieg gegen die Briten anzuzetteln, war schon vor Oppenheims Initiative von anderen Personen an anderer Stelle getroffen worden. »Gegen die anders lautenden Überzeugungen ..., wonach die Pläne zur Revolutionierung originär bzw. ›most singlehanded responsibility‹ auf Max von Oppenheim zurückgehen, ist festzustellen, dass die Rückkehr Oppenheims in die Wilhelmstraße nicht ausschlaggebend für die Entscheidung des Kaisers und der Obersten Heeresleitung zugunsten der Destabilisierungsaktion gegen das verlängerte Europa der Ententemächte war ... Die Entscheidung für den Dschihad fiel Mitte Juli 1914 und somit zwei Wochen bevor Oppenheim mit seinen erwähnten Empfehlungen in Erscheinung trat, eine diesbezügliche Propagandaabteilung im Auswärtigen Amt einzurichten«, klärt Oberhaus.[8]

☾

Am 19. Oktober 1914 stellte die Bagdadbahn-Gesellschaft auf einer Versammlung in Frankfurt ihr Personal und Material in die Dienste der Kriegsführung. Meißner-Pascha und seine Mitarbeiter wurden direkt der 4. türkischen Armee unter dem Kommando von Djemal-Pascha unterstellt. Doch in Konstantinopel stritt die türkische Regierung immer noch darüber, ob sie dem Krieg an der Seite der Mittelmächte beitreten sollte. Bis die Deutschen einen letzten, überzeugenden Anstoß lieferten: eine Anleihe von 2 Millionen türkische Pfund – ausgezahlt in einigen Wagenladungen Gold. Am 28. Oktober erteilte Kriegsminister Enver Pascha der türkischen Flotte, die allerdings, abgesehen von den beiden deutschen Kreuzern, nur aus sehr heruntergekommenen Schiffen bestand, den Befehl, russische Häfen und die russische Flotte ohne Kriegserklärung anzugreifen. So begann das Osmanische Reich auf Seiten der Mittelmächte zu kämpfen; am 29. Oktober erklärte es offiziell Russland und Frankreich den Krieg.

Doch für einen langen Krieg an mehreren Fronten hatte die Türkei schlechte Voraussetzungen: Das Land war, die kriegswichtigen Güter betreffend – Waffen, Munition, Kohle, Maschinen, Werkzeug und Baumaterialien für Pioniere und Versorgungseinheiten –, völlig vom Import abhängig. Es gab kein Straßennetz, das diese Bezeichnung verdient hätte, und die Schifffahrt entlang der Küsten war aufgrund der Überlegenheit der alliierten Flotte im Mittelmeer nur sehr eingeschränkt nutzbar. Nun zeigte sich die Weitsichtigkeit der russischen Strategie. Mit ihrem scharfen Protest hatten sie die vergangenen Jahrzehnte stets dafür gesorgt, dass das osmanische Bahnnetz nicht in den Nordosten des Reiches ausgeweitet worden war. In den nun umkämpften Kaukasus führten auf türkischer Seite weder Schienen noch Straßen.

Und das Eisenbahnnetz Richtung Naher Osten glich noch einer großen Baustelle, was durch den Kriegseintritt weiter belastet wurde. »Von diesem Moment an stellten sich der Fortführung der Bauarbeiten an der Bagdadbahn, die kaum eben wieder in Gang gekommen war, neue Schwierigkeiten entgegen«, urteilt Technikhistoriker Heigl. »Nicht nur wurde die große Mehrzahl der deutschen Ingenieure, der übrigen Beamten und der Arbeiter zum Kriegsdienst einberufen, sondern auch die Zufuhr von Baumaterial wurde von jenem Tag an so gut wie vollständig durch die Flotten der Kriegsgegner, die unangefochten das Mittelmeer beherrschten, unterbunden.«[9] Hinzu kam: Auch der Landweg – die Eisenbahnstrecke Wien-Konstantinopel – wurde dadurch unterbrochen, dass Serbien zu den Kriegsgegnern gehörte und Bulgarien und Rumänien sich für neutral erklärten.

14. November 1914. Die Jungtürken veranlassten, dass der Sultan, nunmehr ihre Marionette, den Heiligen Krieg, den Dschihad, gegen die Alliierten ausrief. »Die Türken hofften,« so Lawrence-Biograf Jeremy Wilson, »ein Heiliger Krieg würde die Millionen islamischer Untertanen in Russland sowie in den französischen und englischen Kolonien in einen Loyalitätskonflikt stürzen, so dass die moslemischen Truppen in den alliierten Armeen sich weigern würden, gegen ihre Glaubensgenossen im türkischen Heer zu kämpfen.«[10] Das hofften nicht nur die Türken, sondern auch ihre Mitstreiter.

Währenddessen schufen die Briten am Persischen Golf bereits Fakten. Von Indien aus hatten sich 47 Truppentransporter – die bis dahin größte Flotte, die eine europäische Großmacht mobilisiert hatte – mit Soldaten vor allem indischer Herkunft auf den Weg in den Golf gemacht. Sie landeten am Schatt al-Arab, dem sumpfigen Mündungsgebiet von Euphrat und Tigris, 50 Kilometer von Basra entfernt. Bereits am 21. November war die Stadt in britischer Hand und man bereitete sich darauf vor, gen Bagdad zu ziehen. Gleichzeitig drangen britische Truppen ins nahe gelegene persische Grenzgebiet vor, um die Erdölleitungen der britisch-persischen Ölgesellschaft zu sichern. Das sahen die Perser, die sich für neutral erklärt hatten, gar nicht gern. Außerdem erwarteten die Briten einen Vorstoß der Mittelmächte zum Suezkanal.

☾

Berlin im Herbst 1914. Auf Anweisung des Auswärtigen Amtes wurden zwei Kriegsgefangenenlager in der Nähe Berlins eingerichtet. Bei Zossen entstand ein Lager, in das im Lauf des Krieges bis zu 12 000 Muslime aus den Gebieten Russlands und Innerasiens eingeliefert wurden. Und bei Wünsdorf entstand das sogenannte »Halbmondlager«. Hier wurden bis zu 19 000 Muslime inhaftiert, die vor allem aus den Kolonialabteilungen der britischen und französischen Armeen stammten: Nord- und Westafrikaner sowie Inder. Das Lager erhielt eine Moschee und einen islamischen Friedhof, die Gefangenen konnten den für ihre Heimat typischen Handarbeiten nachgehen oder in einem Orchester spielen. Das Auswärtige Amt hatte diese beiden islamischen Lager aber nicht nur eingerichtet, damit es keine kulturellen Konflikte mit Gefangenen anderen Glaubens oder zwischen denen verschiedener islamischer Glaubensrichtungen gab. »Die Arbeit mit den muslimischen Gefangenen war Teil der politischen Strategien und schlug sich in entsprechender Propaganda nieder: In den Lagern wurden deutsche und muslimische Propagandisten beschäftigt, Lagerzeitungen mit dem Titel ›El Dschihad‹ sollten in den verschiedenen Sprachen der Gefangenen Propagandainhalte näher bringen«, urteilt die Ethnologin Margot Kahleyss, die an der Studie »Muslime in Brandenburg – Kriegsgefangene im 1. Weltkrieg« mitgearbeitet hat.[11] Die Lagerzeitungen, zu denen neben *El Dschihad* auch *Neuer Orient* gehörte, wurden von Oppenheims »Nachrichtenstelle für den Orient« (NO) regelmäßig herausgegeben.

Im April 1915 reiste Max von Oppenheim nach Konstantinopel, um das dortige Büro des NO persönlich zu leiten. Für die breite Propaganda in den islamischen Ländern erfand er sogenannte »Nachrichtensäle«, von denen bis zum Kriegsende rund 80 in den osmanischen Gebieten eingerichtet wurden. Es waren für jedermann zugängliche Räume, zentral in größeren Ortschaften gelegen, in denen nach dem Freund-Feind-/Gut-Böse-Schema Informationen veröffentlicht wurden, die selbstverständlich vorher von den türkischen Militärbehörden streng zensiert wurden: Berichte und Telegramme und – da Großteil der islamischen Bevölkerung Analphabeten waren – auch Fotos, Filme und Zeichnungen, Vorläufer des Comics. Beispielsweise sollte ein völlig ausgemergelter indischer Bauer, der eine kleine Münze in der Hand hält, zeigen, wie wenig die Briten in Indien gegen den Hunger unternahmen. Ein britischer Soldat, der daneben auf einer riesigen Victoria-Münze sitzt, sollte dagegen zeigen, wie viel Geld für das Militär ausgegeben wurde.

Oppenheim schrieb über den großen Erfolg seiner Unternehmung: »Die tägliche Besucherziffer beträgt in einzelnen Provinzsälen bis zu 10 000, in dem Pera-Saal [in Konstantinopel, W. K.] bis zu 20 000.«[12] Selbst seine Biografen nehmen diese Zahlen nicht ernst. Und kritische Zeitgenossen wie der Herausgeber der in Konstantinopel erscheinenden deutschsprachigen *Osmanischen Lloyd* urteilten vernichtend über den Propaganda-Feldzug: zu durchschaubar, zu aufdringlich und das Publikum interessiere sich nur für die Bilder.

Währenddessen sammelte die NO in den Lagern weiter Informationen, und das Auswärtige Amt rekrutierte die einheimischen Begleiter für seine Propaganda-Missionen. So erfuhren die Mitarbeiter des Auswärtigen Amtes von indischen Freiheitskämpfern, dass sich Afghanistan mehr und mehr auf antibritischen Kurs begebe. Emir Habibullah, der seit 1901 das Land regierte, bemühte sich um Reformen und ließ verbannte Oppositionelle in die Heimat zurückkehren. So hatte sich eine einflussreiche Gruppe gebildet, zu der auch der Bruder des Emirs Nasrullah und der junge Prinz Amanullah gehörten, die sich stärker von England lösen wollten. Eine deutsche Mission sollte nach Kabul reisen, um den Emir zu überzeugen, am Dschihad gegen die Engländer teilzunehmen und mit etwas Glück würde der Funke auch auf Indien überspringen.

Schließlich wurden die Teilnehmer einer deutsch-türkischen Expedition ernannt, die gemeinsam über Konstantinopel nach Afghanistan reisen sollten, um unterwegs für den Dschihad und für ein Bündnis mit dem Deutschen Reich zu werben. Zu den Teilnehmern gehörte auch der 34-jährige Diplomat Wilhelm Wassmuss, der mit seiner strohblonden Haarmähne, seiner sehr aufrechten Haltung und dem leicht abwesenden Blick sehr charismatisch wirkte. Vor allem jedoch hatte Wassmuss, der aus einem alten Bauerngeschlecht am Fuß des Harzes stammte, einen eigenen Kopf. Das hatte er bereits bewiesen, als er diplomatischen Dienst im deutschen Konsulat von Buschir tat, einer Hafenstadt am Persischen Golf, die nicht weit von Basra entfernt liegt. Während dieser Zeit hatte er sich weniger um offizielle Tätigkeiten gekümmert, sondern hatte Arabisch und Persisch gelernt, war viel in der Umgebung herumgereist und hatte mit den Stammesführern Freundschaft geschlossen. Das sollte ihm noch von Nutzen sein. Als der Krieg ausbrach, meldete sich Wassmuss nicht etwa bei der nächsten Dienststelle, sondern er begab sich auf eigene Faust nach Berlin, entwischte dabei aus britischer Internierung, und stellte sich in der Reichshauptstadt dem Vaterland zur Verfügung. Wilhelm Wassmuss wurde zum offiziellen Leiter der Expedition und Offizier Oskar Ritter von Niedermeyer zu seinem Stellvertreter ernannt.

Im September 1914 brachen die Teilnehmer in mehreren Gruppen nach Konstantinopel auf, es war jedoch nicht so einfach, dort hinzugelangen. Denn die Strecke des Orientexpresses Wien–Konstantinopel verlief durch Serbien, das nun Kriegsgegner der sogenannten Mittelmächte war. Und aufgrund der alliierten Seehoheit war das östliche Mittelmeer auch nicht per Schiff zu erreichen. Es gab nur eine Möglichkeit: die alte Orientexpressstrecke, die über die noch neutralen Staaten Rumänien und Bulgarien führte. Allerdings untersagten diese wiederum den Transit jeglicher militärischer oder kriegswichtiger Personen und Güter. Wie sollte eine große Anzahl trainierter und disziplinierter Männer unerkannt an den englischen Spionen und rumänischen Behörden vorbeikommen? »Um der Gefahr zu entgehen, dass die Gruppe interniert würde, beschloss man, als reisende Zirkustruppe aufzutreten«, schildert der Historiker Peter Hopkirk. »Die mitgeführte Ausrüstung wurde entsprechend getarnt.«[13] Man hatte es aber für ratsam gehalten, einen großen Teil der Ausrüstung und des Propagandamaterials gesondert zu verschicken. Prompt fiel einem rumänischen Beamten eine »Zeltstange« auf, die mit einem Isolierkabel versehen wie eine Funkantenne aussah. Die ganze Ladung wurde beschlagnahmt und so saß die Dschihad-Mission zunächst einmal ohne Ausrüstung einige Wochen in Konstantinopel fest.

Während die Teilnehmer auf die nächste Gepäckladung warteten, hatten sie Zeit genug, in Streit zu geraten. Zunächst einmal untereinander, denn neben den erfahrenen Männern wie Wassmuss und Niedermeyer gab es weniger disziplinierte, die ihren Aufenthalt in Konstantinopel nutzten, um »einen drauf zu machen« und in einschlägigen Lokalen, in denen mit Sicherheit auch britische Spione verkehrten, mit ihrem geheimen Auftrag zu prahlen. Enver Pascha, der mehrmals mit Wassmuss und Niedermeyer Unterredungen über die Mission geführt hatte, verlangte die Abberufung dieser Männer. Aber auch unter Deutschen und Türken gab es Streit: Wilhelm Wassmuss war in Berlin zum Leiter der Expedition ernannt worden, doch Gesamtleiter der Gruppe sollte ein Türke werden: Reuf-Bey, ein Mann, der in den Augen der Deutschen vom ersten Moment an arrogant und überheblich auftrat.

☾

Dezember 1914, Frankfurt am Main. Von den kriegerischen Entwicklungen völlig unbeeindruckt unterbreitete der Botaniker W. Siche der Bagdadbahn-Gesellschaft den Vorschlag, ihre Bahnhöfe doch zu begrünen. In seiner Broschüre »Ratgeber für Bahnhofsgärten im Vorderen Orient« heißt es: »Diese Gärten sollen äußerlich einen hübschen Anblick gewähren und vor allem dazu dienen, den Angestellten und deren Familien eine gesunde Nahrung zu gewähren und dazu beitragen, die Leute an den Ort ihrer Tätigkeit zu fesseln und im Interesse der Bahn sesshaft zu machen.«[14] Auf Siches Empfehlung hin wurde tatsächlich ein

Musterbahnhofsgarten angelegt – am Haus der Familie Heubusch in Adana. Auf Fotografien aus dem Winterhalbjahr 1916/17 ist zu sehen, wie Heubuschs und ihre Mitarbeiter aus dem ehemals kahlen, von einem Jägerzaun umgrenzten Vorplatz ihres Hauses einen üppigen Garten mit Palmen, Blumenbeeten und einem von Bänken umringten Brunnen gemacht haben.

☾

Aleppo im Januar 1915. Seit einigen Wochen schleichen die deutschen und türkischen Dschihad-Agenten durch die Souks der Altstadt. Da ihre Ersatzausrüstung sowie die Geschenke – vor allem Waffen und Gold – nur nach und nach eintrafen, hatten sie die Wartezeit genutzt, um ihren Standort von der osmanischen Hauptstadt nach Syrien zu verlagern. Innerhalb der Expedition gerieten Deutsche und Türken immer öfter in Streit miteinander. Um ihren Führungsanspruch gegenüber den hochrangigen deutschen Diplomaten und Offizieren zu demonstrieren, traten Reuf-Bey und seine türkischen Begleiter zunehmend herrschsüchtig auf. Die Deutschen stellten Gold, Waffen und Knowhow zur Verfügung, die Türken jedoch wollten eigenmächtig darüber bestimmen. Außerdem wurde immer heftiger über die Methoden diskutiert, wie man die Herrscher in Persien und Afghanistan zum Aufstand bewegen könnte. Die Deutschen wollten es mit Diplomatie und notfalls mit Bestechung, die Türken mit religiösem Gehorsam und notfalls mit Gewalt versuchen.

Mitte Dezember traf Niedermeyer mit dem lang ersehnten großen Geldtransport aus Berlin ein. Nun drängte Reuf-Bey darauf, die Führung der Expedition mitsamt ihrer Kasse schleunigst nach Bagdad zu verlegen. Von dort aus reisten Wassmuss und sein Waffenmeister Friedrich, Reuf-Bey sowie dessen Stabschef Omar Fewsi-Bey in einem PKW und mit zwei schwer beladen LKWs weiter. Zumindest versuchten sie es: Da durch die Wüste keine Straßen, sondern lediglich Pisten führten und die Türken auf heimische Führer verzichteten, landete der Konvoi nach einer turbulenten Irrfahrt zunächst wieder in Aleppo. Dann meinte Fewsi-Bey, es sei an der Zeit für ihn, endlich Auto fahren zu lernen und er schaffte es, in der eigentlich hindernisarmen Wüste mit einem großen Steinhaufen zu kollidieren. Dem technisch begabten Friedrich gelang es mit großer Mühe, den PKW wieder flott zu bekommen. So ging es einige Zeit weiter, bis Wassmuss genug hatte; die Türken fuhren daraufhin allein nach Bagdad, Wassmuss und Niedermeyer folgten wenig später mit 24 Maultieren und einer »Jaila«, einer Reisekutsche, in gemütlichem Tempo. Nach rund drei Wochen erreichten sie Bagdad.

Für alle anderen Expeditionsteilnehmer völlig überraschend erklärte Wilhelm Wassmuss während dieser Reise, er werde das Kommando an Niedermeyer abtreten und auf eigene Faust in den Süden Persiens reisen. Dort kannte er viele Stammesführer, die er in den Heiligen Krieg führen wollte. Dadurch sollten möglichst viele britische Truppenkontingente an den für die britische Ölförderung so wichtigen Persischen Golf gebunden werden. Außerdem wollte Wassmuss nicht ausschließen, dass er nach vollendeter Mission weiter nach Afghanistan ziehen und sich der Resttruppe wieder anschließen könnte. Warum Wassmuss sich zu diesem Schritt entschloss, konnten auch seine Biografen nicht hinreichend klären. Sicherlich hatte der ständige Streit und die Tatsache, dass die britischen Truppen mittlerweile ihr Gebiet über Basra hinaus ausgeweitet hatten, zu diesem Entschluss beigetragen. Oder hatten ihn die deutschen Expeditionsteilnehmer überhaupt nicht als Gruppenführer akzeptiert? Es kam für die Expedition noch dicker. Bei ihrer Ankunft in Bagdad erwartete sie bereits ein Schreiben von Enver Pascha, dessen Inhalt Reuf-Bey an die Deutschen weitergab: Die Türkei sei nicht mehr interessiert an der Afghanistan-Mission, die Deutschen könnten ruhig umkehren.

Die Deutschen beschlossen, allein weiterzureisen, zunächst nach Persien. Doch nun zeigte sich, dass die Türken nicht nur kein Interesse an der deutschen Afghanistan-Expedition hatten, sondern diese sogar verhindern wollten. Sie hatten eigene Interessen, denen die Beliebtheit der Deutschen in Persien und Afghanistan hätte in die Quere kommen können. Also untersagten die türkischen Dienststellen in Bagdad den Deutschen die Weiterreise nach Persien.

☾

Ende Januar 1915 zog Wilhelm Wassmuss mit einer kleinen Gruppe von Bagdad aus nach Südpersien: Zwei Deutsche waren dabei, mehrere Inder und einige harmlose persische Handelsreisende. Zunächst ließen sie sich mit einem Schiff den Tigris flussabwärts bringen, um dann südlich von Kut al-Almara, nahe an der persischen Grenze, an Land zu gehen. Sie mieteten einige Maultiere mit Treibern, denn Wassmuss führte ein kleines Waffenarsenal, die Hälfte seiner Goldvorräte und einige Kisten mit Propagandamaterial mit sich – so sein Biograf von Mikusch: »Flugschriften in allerlei Sprachen und Dialekten, die zum Kampf oder Aufstand gegen den britischen Feind und Unterdrücker aufriefen und die auch heimlich zu den indischen Truppen in Buschir und anderswo gelangen sollten.«[15]

Kaum hatten sie die Grenze zu Persien in der Nähe der antiken Stadt Susa überschritten, begann Wassmuss bei den Stammesführern und Dorfältesten für seine Sache zu werben und Material zu verteilen. So lasen die Imame ihren Gemeinden wohl Folgendes vor: »Kaiser Wilhelm II. ist zum Islam übergetreten, er nennt sich nun ›Hadschi Wilhelm Mohammed‹ und hat bereits heimlich eine Pilgerreise nach Mekka unternommen. Immer mehr Deutsche folgen seinem Beispiel und werden Mohammedaner.« Kein Wunder, dass die Deutschen bei den Persern immer beliebter wurden.

Da Wassmuss zunächst glaubte, die Briten würden seine Stellung als Konsul von Schiraz respektieren, schließlich verfügte er über entsprechende Papiere, reiste er mit seiner Karawane ganz offen durch Südpersien. Doch als die Briten durch ihre Spione davon hörten, stellten sie Wassmuss' kleine Gruppe mithilfe befreundeter Stämme in dem kleinen Dorf Tadi Maleki eine Falle. Die Dorfbewohner ließen die Gruppen nicht passieren, sondern zwangen sie dort zu lagern und bewachten sie streng. Wassmuss war sofort klar, dass sie festgehalten werden sollten, bis die Briten kamen. Seine Kameraden lenkten jedoch die Bewacher ab, sodass Wassmuss als Einziger entkommen konnte.

Ab diesem Zeitpunkt reiste und handelte er nur noch im Verborgenen. Obwohl er nun keine Waffen und kein Gold mehr anzubieten hatte, gelang es ihm, zwei Stammesführer vom Clan der Tangistani, mit denen er schon früher Freundschaft geschlossen hatte, für den Aufstand gegen die Briten zu gewinnen.

Mitte März wurde im Namen eines »Nationalkomitees für den Schutz der persischen Unabhängigkeit« die britische Kolonie Schiraz überfallen und alle dort befindlichen Briten – darunter auch der spätere Kommandeur in Mesopotamien, Colonel Percy Cox – als Geisel verschleppt. Die Briten wurden nach Boradschan gebracht, keine 60 Kilometer von der britisch beherrschten Küste entfernt. Wassmuss verlangte den Austausch gegen deutsche und indische Gefangene, unter anderem seiner ehemaligen Expeditionsmitglieder. Cox berichtete später, dass er von Wassmuss sehr fair behandelt worden sei. Auch nach seiner Freilassung beobachtete er die Aktivitäten von Wassmuss mit einer Mischung aus Verärgerung und Sportsgeist. Vor allem seine Erzählungen darüber, wie Wassmuss von den Stämmen der Region verehrt wurde und er sie, ganz auf sich gestellt, immer wieder zu Scharmützeln anstiftete, führten dazu, dass ihn die Engländer später anerkennend den »Deutschen Lawrence« nannten.

Ende April 1915, Dardanellen-Meerenge im Nordosten der Ägäis. Die Sperrung der türkischen Meerenge für Lieferungen an Russland durch das Osmanische Reich konnten die Alliierten, die ja immerhin die Seehoheit über das Mittelmeer hatten, nicht hinnehmen. Es war nur eine Frage der Zeit, wann und wie sie dagegen vorgehen würden. Das wussten auch die Türken und ihre deutschen Militärberater. Die Armada von alliierten Kriegs- und Handelsschiffen, die der britische Marinechef Winston Churchill in die Ägäis geschickt hatte, um die Blockade aufzubrechen und bis Konstantinopel vorzustoßen, erreichte am 25. April den Eingang der Dardanellen-Meerenge. Doch die türkisch-deutschen Truppen schossen, was ihre Kanonen hergaben. Außerdem hatten sie zahlreiche hinterhältige Minengürtel in der Meerenge ausgelegt, in die etliche britische und französische Schlachtschiffe gerieten und sanken. Der alliierte Oberbefehlshaber änderte daraufhin sofort seine Strategie, die Schlachtschiffe zogen sich zurück und der nächste Angriff wurde mit Landungstruppen unternommen. Invasionstruppen, bestehend aus Briten, Franzosen und Australiern, sollten 292 mörderische Tage lang versuchen, die Meerenge einzunehmen. Die meisten der über 180 000 osmanischen und über 360 000 alliierten Soldaten, die in der Schlacht fielen, waren Opfer der heimtückischen Minenfelder und insbesondere der pausenlosen Artilleriebeschüsse. Nach der Landung auf der Gallipoli-Halbinsel steckten die alliierten Soldaten fest, sie konnten sich nur in den Sand eingraben und darauf warten, dass sie von einem Granattreffer zerfetzt wurden.

Unter dem Eindruck der Erfolge an der Dardanellen-Meerenge und der deutschen Truppen in Russland trat Bulgarien, das über die größte Armee auf dem Balkan verfügte, den Mittelmächten bei. Am 6. September 1915 schloss man einen Bündnisvertrag, während einer Offensive Österreich-Ungarns gegen Serbien im Oktober 1915 griff auch Bulgarien seinen Hauptrivalen an. Die serbische Armee flüchtete in die albanischen

Berge und die Regierung auf das von Frankreich besetzte Korfu. Nun wurde damit begonnen, im Eiltempo viele gesprengte Eisenbahnbrücken und -knotenpunkte zumindest provisorisch wieder in einen funktionstüchtigen Zustand zu versetzen. Bald war die Strecke Wien–Sofia Konstantinopel wieder befahrbar und statt der ursprünglichen Bahnachse Paris–Konstantinopel wurde eine neue eingerichtet: Berlin–Konstantinopel. Am 15. Januar 1916 verließ der erste »Balkanzug« Berlin.

☾

Anfang Mai 1915 wurde schließlich Werner Otto von Hentig, 29-jähriger Offizier und Diplomat, von der Ostfront abberufen und nach Afghanistan geschickt. Über die Gründe, warum er eine zusätzliche Expeditionsgruppe nach Afghanistan führte, gibt es zwei Versionen: Hopkirk zufolge stand Niedermeyer nach dem Fortgang von Wassmuss kein ranghoher Diplomat mehr zur Seite, der zur Unterzeichnung eines bilateralen Vertrages berechtigt gewesen wäre. Diesen Platz sollte Hentig, der von einigen indischen Widerstandskämpfern begleitet wurde, nun einnehmen. Der deutsche Militärhistoriker Neulen dagegen sieht einen anderen Hauptgrund: »Im Januar 1915 hatte sich der indische Professor M. Barakatullah, der angab, mit dem Bruder des Emirs von Afghanistan befreundet zu sein und er Kabul erreichen wollte, um von dort aus Indien zu revolutionieren, den deutschen Behörden zur Verfügung gestellt.[16]

Juli 1915, Isfahan. Kaum waren sich Hentig und Niedermeyer Mitte Juni das erste Mal in Teheran begegnet, gab es Auseinandersetzungen um die altbekannten Fragen: Wie gehen wir vor? Wer hat das Kommando? Da sie sich nicht einigen konnten, entschlossen sich die beiden Gruppen, getrennt zu reisen. Am 5. Juli startete von Hentigs Gruppe, am 10. Juli Niedermeyers Karawane, letztere mit circa 200 Kamelen.

Die Große Salzwüste, Dascht-e Kavir, trennt den Nordosten Persiens und das dahinter gelegene Afghanistan vom belebten Westen Persiens ab. Der Boden, der aus Lehm besteht und an dessen Oberfläche sich eine dicke Salzschicht abgelagert hat, wird von der Sonne unglaublich aufgeheizt. Im Sommer trocknet die riesige ebene Fläche vollkommen aus und der krustige Boden zerbricht in endlos viele Tetraeder.

Geritten wurden jeweils zehn bis 14 Stunden ab dem frühen Nachmittag die Nacht hindurch bis in den frühen Morgen hinein. Die Reise zeigte sich somit als eine unvorstellbare Strapaze – wie Hentig in seinen Erinnerungen schildert: »Nichts gibt einen so vollkommenen Eindruck der Abgeschiedenheit, des Ausschlusses alles organischen Lebens, mit einem Wort der Wüste – wie das ewige Salz. Es scheint auch an unserem Leben zu fressen. Es dringt in die Haut, verkrustet leise Hände und Gesicht und bildet unter den Wirkungen der Tagessonne blutige Wunden …«[17] Entkräftet, voller Brandwunden und kurz vor dem Verdursten trafen die beiden Gruppen in einer Oase am Rand der Kavir-Wüste wieder aufeinander und erreichten Anfang Oktober gemeinsam die afghanische Grenze.

☾

Im Juli 1915 startet auch Wassmuss' »Nationalkomitee« einen ersten Angriff auf Buschir. Doch nach kurzem Feuergefecht wird der Angriff abgebrochen. Wassmuss sieht, dass er mit seiner beschränkten Zahl an Kämpfern keine Chance hat. Denn seit die Briten im März das deutsche Konsulat geschlossen und dessen Mitarbeiter evakuiert haben, haben sie die Hafenstadt zu einer Festung ausgebaut. Wassmuss zieht sich mit seinen Leuten in die unwegsamen Berge zurück, die gleich hinter der Bucht von Buschir beginnen, wohin ihnen die Briten nie nachstellen würden. Und er schwört bei seiner Ehre, dass er mit einer wesentlich größeren Zahl von Kämpfern wiederkommen wird.

Im September 1915 unternahmen Wassmuss und seine Tangistani-Krieger einen erneuten Angriff auf Buschir. Obwohl Wassmuss inzwischen 2000 Stammeskrieger hinter sich vereinen konnte, gelang es ihnen nicht, die Stadt einzunehmen. Nach heftigen Verlusten mussten sie sich erneut zurückziehen. Allerdings versuchten die Briten nicht, sie ins gebirgige Hinterland zu verfolgen, denn dort wären sie hoffnungslos den Einheimischen ausgeliefert gewesen. Und so blieb die Straße Buschir–Schiraz, die einzige Verbindung von der steilen Felsküste ins Landesinnere, bis nach Kriegsende in der Hand von Wassmuss und seinen Kriegern.

☾

Oktober 1915 in der Negev-Wüste. Die erste Hälfte der Verbindung zwischen Deraa an der Hedschasbahn und Beersheba war vollendet; Meißner-Pascha standen mittlerweile 2000 Soldaten als Bauarbeiter zur Verfügung und die gesamte, 160 Kilometer lange Strecke sollte Ende 1915 fertiggestellt werden. Anfang 1916 nahm Meißner-Pascha die weitere Trassierung der Strecke bis zur ägyptischen Grenze in Angriff und die Schienen des Sultans erreichten diesen Punkt Anfang 1917. Was vor allem im Herbst 1915 noch immer Kopfzerbrechen bereitete, war die weiter unterbrochene Nachschublinie: Die Bagdadbahn wies noch immer Lücken in ihrer Gleisstrecke auf – vor allem im Taurus- und im Amanusgebirge mussten Maultierkarawanen Waffen, Truppen und Materialien zwischen den Gleisanschlüssen transportieren, was zu ganz erheblichen Verzögerungen führte. Deshalb unterschrieben am 6. November 1915 die Bagdadbahn-Gesellschaft, die Oberste Heeresleitung des Deutschen Reiches und das Auswärtige Amt einen Vertrag: Die Lücken der Bagdadbahnstrecke sollten zumindest durch eine provisorische Schmalspurbahn geschlossen werden.

☾

Kabul, Ende Oktober 1915. In der afghanischen Hauptstadt wurden Hentig und Niedermeyer mit ihrer Gruppe zwar von der Menge umjubelt, aber der Herrscher, der Emir von Afghanistan, weigerte sich, sie zu empfangen. Erst nachdem sie einen Hungerstreik androhten, erhielten sie eine Einladung zur Audienz. Dort versuchten die Deutschen, den Emir von der Notwendigkeit eines Heiligen Krieges gegen Britisch-Indien zu überzeugen. Doch der Emir taktierte – und hielt die Delegation über mehrere Wochen hin. Währenddessen versicherte er heimlich den Briten seine Treue zum britisch-afghanischen Nichteinmischungsvertrag. Die Deutschen ahnten den Entschluss des Emirs und sandten einen Brief nach Teheran. Sie wollten die Erlaubnis einholen, einen offenen Aufruhr in Afghanistan anzuzetteln. Doch der Brief wurde vom russischen Geheimdienst abgefangen und der Inhalt dem Emir mitgeteilt. Er behielt diese Entdeckung für sich, wahrte den Schein und ging einen Vertrag mit den Deutschen ein. Dabei erwies er sich als erfolgreicher Verhandler. Der Vertrag sicherte ihm große Waffenlieferungen und die Unabhängigkeit seines Landes zu und zwang ihn zu keinerlei Zugeständnissen. Bevor jedoch Einzelheiten zur Umsetzung des Vertrages ausgehandelt werden konnten, ließ er die deutsche Delegation endgültig abblitzen und erklärte offen Großbritannien die Treue. Denn inzwischen hatten die Russen einen großen Sieg in Persien errungen. Den Deutschen blieb nichts anderes übrig, als zu fliehen. Während Niedermeyer Richtung Persien aufbrach, wählte von Hentig eine östliche Route entlang der alten Seidenstraße durch Zentralasien. Nach rund zwei Monaten erreichte er das chinesische Yarkand und begann sogleich wieder, Propaganda gegen die Briten und Russen zu machen. Erneut musste er fliehen und gelangte als blinder Passagier über die Vereinigten Staaten und Norwegen Monate später wieder nach Deutschland. Dort hatte der bereits eingetroffene Niedermeyer bereits allen Ruhm für die verwegene Expedition einschließlich einer Einladung des Kaisers eingeheimst.

Auch der Versuch, direkt in Indien zu intervenieren, scheiterte Ende 1915. Eine von Berlin aus gesteuerte Verschwörung gegen die Briten wurde im letzten Moment aufgedeckt, weil der britische Geheimdienst den deutschen Koordinator Kraft festnahm und für seine Dienste einspannte. Mit seiner Hilfe wurden Waffen und Propagandamaterial abgefangen und 300 indische Verschwörer festgenommen. Ironie der Geschichte: Keine zwei Monate, nachdem sich Niedermeyer im März 1916 zur Heimkehr gezwungen sah, brach ein islamischer Aufstand aus. Allerdings nicht in Persien oder Afghanistan, sondern im Kaukasus. Wenn die Deutschen ihre Kräfte auf diese Region gelenkt hätten, mutmaßt zumindest der Historiker Hopkirk, wäre der Krieg höchstwahrscheinlich ganz anders verlaufen. Doch dazu kam es nicht, und das Misslingen dieser Expansionsstrategie trug wohl mit zu ihrem Vergessen bei.

Zumindest in Deutschland. Denn es waren die Engländer, die dieses Kapitel deutschen Abenteurertums aufarbeiteten. Der Engländer Christopher Sykes schrieb Anfang der 1930er Jahre eine Biografie über Wilhelm Wassmuss, der aufgrund seines Wagemutes und seiner Courage von den Engländern geschätzt wurde. Und es war eben der englische Historiker und Publizist Peter Hopkirk, der 1994 eine erste, wenn auch etwas oberflächliche Monografie zu diesem Thema veröffentlichte. Erst nach den Anschlägen vom 11. September 2001 in New York geriet der Dschihad des Ersten Weltkrieges wieder in den Blick der Öffentlichkeit. Dabei können gerade wir aus dieser Episode lernen: Bereits der Erste Weltkrieg wurde von deutscher Seite aus nicht nur als schonungslose Material- und Menschenschlacht geführt, die die Entwicklung und den erstmaligen Einsatz von Giftgas einschloss. Darüber hinaus spielten christliche Werte keine Rolle und die religiösen Motive Andersgläubiger wurden in diesem Konflikt gnadenlos ausgenutzt. Was die deutschen Dschihad-Agenten nicht wussten: Ihrem Heiligen Krieg fehlte von Anfang an die Gegenzeichnung – der Aufruf war nicht vom Hüter der Heiligen Stätten in Mekka und Medina unterstützt worden.

15 Blick auf Istanbul mit der von deutschen Ingenieuren errichteten eisernen Galata-Brücke, die über das Goldene Horn führt (um 1900).

16 Ziel europäischer Träume vom Orient: Der Sirkeçi-Bahnhof am Goldenen Horn ist Endhaltestelle des berühmten Orientexpresses (um 1900).

17 Haydarpascha: Für den Bau des Hafens und des Bahnhofs wurden am Bosporusufer Dämme aufgeschüttet (um 1880).

18 Dass die Bahnstrecke mitten durch die Stadt Ismid gebaut wurde, verführte viele Einwohner dazu, sich während der Gleisarbeiten an Hab und Gut der Bagdadbahn und ihrer Mitarbeiter schadlos zu halten.

19 Weniger Bahnhof als Portal zum deutschen Traum vom Orient – die Schalterhalle von Haydarpascha, erbaut im neoromanischen Stil und im wilhelminischen Geist (um 1910)

20 Da die Gleislege-Maschine die Arbeiten an der Strecke nach Konya vereinfacht hatte, wurde sie zur Feier der Fertigstellung geschmückt.

21 Deutscher Baustil mit französischen und arabischen Schriftzügen – der Bahnhof in Eskischehir

22 Nach dem Ersten Weltkrieg: Deutsche Lokomotiven – hier bei Eskischehir – *fuhren weiter auf den Schienen des Sultans, aber nun für die nationale* Türkische Eisenbahn (TCDD).

23 Orientalische Ornamentik *für westliche* Technologie: Ehren*fahrkarte für* die Bagdadbahn

24 Mit deutschem Know-how und orientalischen Riten wurde die Bahnstrecke errichtet. So ging dem ersten Spatenstich stets ein Bauopfer voraus wie hier 1903 für die Strecke von Konya nach Bulgurlu.

25 Um ein Seitental der Cakit-Schlucht im Taurusgebirge zu überwinden, wurde mithilfe von Holzgerüsten (im Hintergrund) eine steinerne Bogenbrücke errichtet, deren Material über eine Behelfsbrücke (Mitte) und eine Steinbruch-Feldbahn (vorn) herantransportiert wurde.

26 ... das Ergebnis – die Warda-Brücke – beeindruckt auch heute noch mit ihren bis zu 100 Meter hohen Bögen (1985).

27 Im Winter sind die hohen Gebirgsabschnitte der Bagdadbahn wie hier im Taurusgebirge bei Ulukisla (1460 Meter ü. M.) monatelang zugeschneit.

28 Statt damit Länder zu verbinden, nutzten die Jungtürken die Bagdadbahn zum Völkermord: Armenier wurden in sogenannten »Hammelwagen« in die syrische Wüste abtransportiert.

29 Erst der Bau der Bagdadbahn brachte ab 1911 westlichen Einfluss in die 4000 Jahre alte syrische Stadt Aleppo (um 1913).

30 *Werbegag aus dem Jahr 1913: In das Bild von der Bagdadbahn bei Aleppo wurde ein Werbeschild für Bücher des Ullstein Verlages montiert.*

31 Wo es, wie hier in der syrischen Wüste östlich von Aleppo, keinen Kies gab, musste der Schotter für die Schienen des Sultans per Hand aus den Felsbrocken geklopft werden (um 1905).

32 Mit größter Umsicht wurde Sprengpulver in einen der Versorgungszüge verladen, der die Bautrupps im Taurus- und im Amanusgebirge mit Material belieferte. Das Material kam fast ausschließlich aus Deutschland.

33 War Öl der Grund für den Bau der Bagdadbahn? Entlang der Trasse trat in Nordmesopotamien an vielen Stellen wie hier 1912 bei Mossul Naphtha aus dem Erdreich, das in Destillieröfen zu Petroleum aufbereitet wurde.

34 In Mossul traf Ewald Banse 1912 noch auf diesen traditionell orientalischen Markt.

35 Dieses Propaganda-Foto ließ die Welt glauben, die Schienen des Sultans hätten ihr Endziel bereits erreicht; doch »Die erste Lokomotive in Bagdad 1912« war in Einzelteilen per Schiff gekommen.

36 Blick auf Bagdad 1908: Nur entlang des Tigrisufers reihen sich repräsentative Gebäude aneinander, dahinter herrscht das Chaos orientalischer Souks.

37 Mit solchen Broschüren (1926) wollte die Anatolische Eisenbahn-Gesellschaft etwas vom Ruhm des Orientexpresses auf ihren Taurusexpress übertragen.

38 Bis in die 1980er Jahre versahen Lokomotiven auf der Strecke der ehemaligen Bagdadbahn ihren Dienst, heute rosten viele von ihnen als Wracks auf Abstellgleisen vor sich hin (1986).

Dreizehntes Kapitel

Dschihad II: Sprengt die Schienen des Sultans!

Deutsche Truppen und Eisenbahnen zerreiben sich zwischen britischen Offensiven, arabischen Aufständen und einem osmanischen Vernichtungszug gegen die Armenier.

Die Jungtürken hatten zwar bereits Mitte November 1914 veranlasst, dass ihr Marionetten-Sultan den Heiligen Krieg gegen die Alliierten ausrief, um jedoch nach den Gesetzen des Islams wirksam zu werden, musste der Aufruf auch vom Hüter der Heiligen Stätten, dem Scherif von Mekka und Medina, Emir Hussein ibn Ali al-Hashimi, bestätigt werden. Doch der erfand in den folgenden Wochen und Monaten immer neue Ausreden, seine öffentlich zu bekundende Unterstützung um eine immer neue Frist hinauszuzögern. Denn heimlich hatte er Kontakt mit den Briten aufnehmen lassen, weil er wissen wollte, was es ihnen wohl wert wäre, wenn er in »seiner endlosen Weisheit und Güte« geneigt wäre, sich eventuell auf ihre Seite zu schlagen.

☾

Kut al-Amara, 28. September 1915. Der kleine, im Tigrisbogen zwischen Bagdad und Basra gelegene Ort, an dem sich schon Wassmuss zu seiner Persienmission hatte aussetzen lassen, sollte große Berühmtheit erlangen. Da die alliierten Truppen noch immer an der Dardanellen-Meerenge unter türkischem Artilleriebeschuss festsaßen, wollten sie wenigstens an der Irak-Front schnelle und klare Siege verzeichnen. Nachdem ein Versuch der Türken, Basra zurückzuerobern, unter schweren Verlusten gescheitert war, dachten die Engländer, der Weg nach Bagdad sei frei. Doch die türkischen Truppen wurden inzwischen von eine »Legende«, dem 73-jährigen Feldmarschall Freiherr von der Goltz, angeführt. Und dieser hatte eine Verteidigungslinie kurz hinter Kut al-Amara bilden lassen, der sich die Engländer arglos näherten. Es kam zu Kämpfen, die mit einer Pattsituation unter schweren britischen Verlusten endeten. Die Alliierten zogen sich in das vom Tigris umgrenzte Kut al-Amara zurück und saßen in der Falle. Es begann eine lange Belagerung, die bis zum Sommer des folgenden Jahres andauern sollte – unter unbarmherziger Sonne, wie es ein deutscher Artillerieoffizier schildert: »Der feine Staub drang in alles ein, bis in die geheimsten Kofferecken und unter die Ziffernblätter der Uhren. Die Gluthitze ließ Fleisch in wenigen Stunden verwesen, geöffnete Konservenbüchsen zu Stroh austrocknen; Kerzen schmolzen weg, ohne angezündet zu sein.«[1]

☾

Port Said, 25. November 1915. An den Kaianlagen der am südlichen Ende des Suezkanals gelegenen Hafenstadt hat soeben die aus Southampton kommende »S. S. Arabia« festgemacht und eine Dame, wie man zu sagen pflegt, »im besten Alter« steigt die Gangway hinab. Ihr Empfangskomitee besteht aus einem Mann »in den besten Jahren« und seinem jungen, sehr blonden und sehr blauäugigen Assistenten, der sich etwas verlegen windet. Doch nach kurzem Schweigen reagiert dieser Jüngling als Erster: »Hallo Gerty!« »Mein lieber Junge!«, antwortet die Dame. So sehen sich Gertrude Bell und Thomas Edward Lawrence nach rund vier Jahren wieder – und so beginnt die vermutlich berühmteste Agentenstory der Weltgeschichte. Nur dass den meisten bis heute nicht klar geworden ist: Hinter den Taten des verwegenen Lawrence von Arabien steckte ein kluger und sehr eigensinniger weiblicher Kopf, eben die schon etwas in die Jahre gekommene Gertrude Bell.

Nach anderthalb Jahren, nach mehr als 500 langen und sehr britischen Tagen, die sie zum großen Teil in einem Büro für Vermisstenmeldungen verbracht hatte, war sie nicht nur endlich zurück im Orient, sondern sie war als Spionin für den arabischen Raum rekrutiert worden. Im Herbst 1914 hatte der Archäologe David Hogarth in Kairo eine kleine Abteilung des militärischen Geheimdienstes Großbritanniens übernommen. Sie bestand aus einigen Archäologen, darunter auch »Little Lawrence«, wie ihn Hogarth nannte, Journalisten und Offizieren, die Fakten, Nachrichten und Kartenmaterial aus dem arabischen und mesopotamischen Raum sammeln, auswerten und den Truppen zur Verfügung stellen sollten. Doch im Herbst 1915 bestand Hogarth darauf, dass mit Gertrude Bell ausnahmsweise auch eine Frau angestellt werden sollte: »Nur sie ist fähig, den Norden Arabiens zu topographieren.«[2]

☾

Bahnhof Res al-Ain/Tell Halaf am 28. November 1915. Der deutsche Sanitätsunteroffizier Armin T. Wegner, im Zivilleben Schriftsteller, sitzt am Abend über seinem Notizbuch und versucht, seine Eindrücke in Worte zu fassen. Zunächst hatte er vor einigen Tagen bei der Überquerung des Taurusgebirges eine scheinbar endlose Karawane von Flüchtlingen erspäht, die von türkischen Soldaten angetrieben wurden. Als sein Zug später in der Adana-Ebene am lieblichen Bahnhof von Osmanije hielt, bemerkte Wegner ein riesiges Lager vertriebener Armenier. Hier bei Res al-Ain nun befand sich ein weiteres Lager, dem Wegner – er konnte nicht anders – am Nachmittag einen kurzen Besuch abstattete. »Von allen Seiten schrieen Hunger, Tod, Krankheit, Verzweiflung auf mich ein, Geruch von Kot und Verwesung stieg auf. Aus einem Zelt klang das Wimmern einer sterbenden Frau ... Dies alles wurde übertroffen durch den furchtbaren Anblick der täglich wachsenden Schar verwaister Kinder. Am Rand der Zeltstadt hatte man ihnen eine Reihe von Löchern in die Erde gegraben, die mit alten Lappen bedeckt waren. Darunter saßen sie, Kopf an Kopf, Knaben und Mädchen in jedem Alter, verwahrlost, vertiert, verhungert, der niedrigsten menschlichen Hilfe beraubt und vor der Nachtkälte schaudernd aneinander gedrängt ... Ihre Kinderaugen waren unergründlich und von Leid ausgegraben, und obwohl sie stumm vor sich hinblickten, schienen sie doch den bittersten Vorwurf gegen die Welt im Antlitz zu tragen ...« Und er schloss seine Aufzeichnungen mit einer düsteren Ahnung: »Über die Pässe des Taurus und Amanus zieht sich ein gewaltiger Strom eines vertriebenen Volkes, jener Hunderttausende von Verfluchten, der um den Fuß der Berge brandet, um, schmäler und schmäler werdend, in unabsehbaren Zügen in die Ebene hinabzugleiten und in der Wüste zu versickern. Wohin? Wohin? Das ist ein Weg, von dem es keine Heimkehr gibt.«[3]

Wegner beschloss trotz eines strikten Verbotes des türkischen Kommandeurs im Nahen Osten, Djemal-Pascha, das Gesehene heimlich zu fotografieren. Was er nicht wusste: Bereits im April 1915 hatte die jungtürkische Regierung den Befehl ausgegeben, alle Armenier in ihrem Hoheitsgebiet gefangen zu nehmen und in die unwirtlichen Wüstenregionen Nordmesopotamiens zu deportieren. Den Vorwand hierfür lieferte wieder einmal angeblicher Verrat: Die christlichen Armenier würden mit den Russen zusammenarbeiten. Doch tatsächlich hatten die Jungtürken wohl schon länger den Plan gehabt, die Armenier loszuwerden – auf die eine oder andere Weise. Der Krieg bot nun die Möglichkeit, weitgehend unbeobachtet von der Weltöffentlichkeit diese Angelegenheit anzufassen und sehr effektiv zu lösen ...

☾

Die Hauptaufgabe des Arabischen Büros des britischen Geheimdienstes in Kairo war wenig spektakulär: Briefe mussten ins Arabische, Antworten ins Englische übersetzt werden, nur so ließ sich eine Korrespondenz mit den Führern der arabischen Stämme unterhalten. Vor allem aber – da wurde die Aufgabe schon spannender – musste dafür gesorgt werden, dass die Nachrichten sicher und unbemerkt ihre jeweiligen Zielorte erreichten. Dies galt insbesondere für die Korrespondenz mit dem Scherif von Mekka, Hussein ibn Ali al-Hashimi. Seit Juni 1915 stand der britische Botschafter in Kairo, Sir Henry McMahon, in ständigem Kontakt mit ihm. Dabei ließ sich der Botschafter zunehmend von Gertrude Bell und T. E. Lawrence beraten. Scherif Hussein, der als direkter Nachfahre des Propheten galt, zählte neben den Stammesführern Ibn Saud und Ibn Raschid zu den drei mächtigsten Männern in Arabien. Er kontrollierte die Hedschas, den westlichen Küstenstreifen der arabischen Halbinsel mit den heiligen Städten Mekka und Medina und der wichtigen Hafenstadt Dschidda. Als Gegenleistung dafür, dass der Scherif gegen die Türken kämpfen wollte, boten die Briten natürlich viel Gold und Waffen. Darüber hinaus machten sie aber nur vage Versprechungen über ein »arabisches Königreich«, das nach dem Krieg eingerichtet werden sollte. So hielten sie sich alle strategischen Möglichkeiten offen. »Die Verhandlungen mit dem Scherifen waren sehr geschickt geführt«, urteilte selbst Gertrude Bell.[4] Weil der Scherif vor allem religiöse, also moralische, und wenig militärische Macht besaß, schlug Gertrude Bell immer wieder vor, auch Ibn Saud auf die britische Seite zu ziehen.

Auf dem Weg zum arabischen Aufstand gegen die Türken gab es aber noch zwei Hindernisse: zum einen Frankreich und zum anderen ausgerechnet die britische Kronkolonie Indien. Ohne Mitsprache der Franzosen konnten die Briten wenig im Nahen Osten entscheiden. Denn die Franzosen hatten sich schon zu Zeiten der Kreuzzüge an der Mittelmeerküste Syriens und Libanons festgesetzt, dort betrieben sie Handel und hatten auch die beiden Bahnlinien von der Küste nach Damaskus gebaut. Und der britische Vizekönig und höchste indische Administrator, Lord Charles Hardinge, war ein strikter Gegner des arabischen Aufstandes. Denn er befürchtete, dass die Briten mit ihrem arabischen Aufstand Kämpfe und Unruhen um die heiligen Städte Mekka und Medina in die Wege leiten könnten, noch dazu unter Beteiligung ungläubiger Briten, was mit ziemlicher Wahrscheinlichkeit dazu führen würde, dass Millionen indischer Muslime eine antibritische Haltung einnehmen und gegen die Kolonialverwaltung losschlagen könnten. Wenn überhaupt, dann wollte Hardinge Ibn Saud unterstützen, dessen Stämme im Inneren der arabischen Halbinsel lebten.

Der Hohe Kommissar von Ägypten, Sir Henry McMahon, bat die Regierung in London um Anweisungen. In London berieten sich die Regierungskreise, ohne zu einer eindeutigen Entscheidung zu kommen. So schickten sie stattdessen einen jungen, unerfahrenen Mann nach Kairo: Sir Mark Sykes. Sykes hatte zwar schon auf Expeditionen viel von der Welt gesehen und darüber Bücher geschrieben, doch auf dem diplomatischen Parkett, besonders auf dessen orientalischer Seite, hatte er kaum Erfahrungen gesammelt. Und deshalb traf Sykes genau da klare Entscheidungen, wo die Dinge besser in der Vagheit eines orientalischen Gespräches voller Gleichnisse und Metaphern geblieben wäre. So verfasste er für McMahon einen Brief an Hussein, in dem er sich nicht nur für dessen Beistand bedankte, was angemessen war, sondern er versprach ganz konkret »die Unabhängigkeit der Araber in allen Regionen innerhalb der vom Scherif geforderten Grenzen anzuerkennen und zu stärken vor allem das arabische Viereck, also Syrien, Arabien und Mesopotamien, mit Ausnahme der Teile Syriens westlich der Bezirke von Damaskus, Homs, Hama und Aleppo«.[5] Die Araber waren über diese Zusage hocherfreut und nahmen zu Recht an, die für ihre Religion so wichtige Stadt Jerusalem werde ihnen zufallen. Gleichzeitig jedoch hatte Sykes Kontakt mit den Franzosen aufgenommen. Sein Gegenspieler, der französische Abgesandte Francois-Georges Picot, beanspruchte für Frankreich ganz Syrien vom Mittelmeer bis zum Tigris.

Mitten in die Verhandlungen platzte dann eine folgenschwere Nachricht: Am 5. Januar 1916 hatten die letzten alliierten Soldaten die Dardanellen-Meerenge geräumt. In monatelangen Gefechten hatten die Türken die Truppen der Alliierten so lange unter Beschuss gesetzt, bis die Belagerung aufgegeben werden musste. Wie so häufig in der Geschichte: eine menschliche Tragödie und ein desaströses Versagen der alliierten Führung auf der einen Seite und der Beginn einer Erfolgslegende auf der anderen Seite. Denn das Kommando führte neben dem deutschen General von Sanders Mustafa Kemal – hier begann endlich der ersehnte Ruhm, der ihn aus dem Schatten von Enver Pascha hinausführen sollte.

Am 14. Februar 1916 unterzeichneten die beiden Namensgeber das streng geheime Sykes-Picot-Abkommen. Darin teilten Großbritannien und Frankreich den Nahen Osten in zwei Hoheitsgebiete auf: Großbritannien sollte Südmesopotamien als Kolonie und ein Gebiet als Einflusszone erhalten, das sich von der Negevwüste über Transjordanien bis zur südlichen Hälfte Nordmesopotamiens erstreckte. Frankreich sollte die Mittelmeerküste von Libanon bis hoch an die Adana-Ebene und die dahinterliegende Region von Taurus- und Amanusgebirge bis hin nach Urfa bekommen. Und ganz Syrien und der nördliche Teil von Nordmesopotamien sollte unter seinem Einfluss stehen. Palästina mit Jerusalem sollte zunächst einmal internationale Schutzzone bleiben. Nur die arabische Halbinsel wollte man den Arabern selbst übergeben. Dieses Abkommen widersprach eindeutig den Vereinbarungen, die die Briten mit den Arabern getroffen hatten.

Delhi im März 1916. Um die Wogen zwischen der ägyptischen und der indischen Kolonialregierung besonders in der Frage eines arabischen

Aufstandes zu glätten, hatte das Arabische Büro in Kairo beschlossen, Gertrude Bell nach Indien zu schicken. Die ließ sich natürlich nicht zweimal bitten und so erreichte sie mit einem englischen Handelsschiff die westindische Metropole Bombay. Von dort reiste sie weiter mit der indischen Eisenbahn nach Delhi. Bei einem gemeinsamen Mittagessen gelang es Bell, das Vertrauen von Hardinge zu gewinnen. Der Oberste Administrator Indiens fühlte sich ständig von der ägyptischen Kolonialverwaltung übergangen, und deshalb versprach Gertrude, die Kommunikation zwischen beiden Ländern und Geheimdiensten zu verbessern. Sie stellte Dossiers für den Vizekönig zusammen, traf sich mit indischen Geheimdienstlern und schließlich sprach sich Hardinge dafür aus, dass Bell nach Basra gehen sollte, um von dort als Verbindungsoffizier zwischen dem britisch-indischen und dem britisch-ägyptischen Geheimdienst zu vermitteln.

Währenddessen hatte man auch Lawrence nach Mesopotamien geschickt, der sich als Vermittler für die in Kut al-Amara eingeschlossenen alliierten Truppen verdingen sollte. Doch sowohl die Verhandlungen mit den Türken über die Freigabe verwundeter britischer und indischer Soldaten als auch der Versuch, den osmanischen Kommandanten vor Ort, Generalmajor Halil Pascha, zu bestechen, scheiterten. Dieser wies die britische Offerte von einer Million Pfund ebenso zurück wie das folgende Angebot von zwei Millionen Pfund. Lawrence konnte an der Lage nichts ändern; allerdings hatte die Reise nach Mesopotamien etwas in ihm ausgelöst, eine tiefe Abneigung gegen den britisch-indischen Verwaltungsstil – so urteilt sein Biograf Wilson: »Das Schauspiel des europäischen Imperialismus am Werk hatte ihn in seiner Überzeugung bestärkt, dass den Arabern die Selbstständigkeit gewährt werden müsse. In der Folge sollte er sich einer Entsendung europäischer Truppen in den Hedschas wiedersetzen und sein Möglichstes tun, um britische Offiziere mit betont imperialistischer Gesinnung vom Araberaufstand fernzuhalten.«[6]

Die sich in Kut al-Amara abzeichnende Niederlage und der erfolglose Abzug der alliierten Truppen von der Dardanellen-Meerenge Ende Januar waren sicherlich mit die Hauptgründe, warum die britische Regierung sich am 9. März entschloss, Hussein, den Scherif von Mekka, zu unterstützen: Er erhielt eine monatliche Finanzhilfe von 125 000 Pfund, 5000 Gewehre und eine Viertelmillion Schuss Munition. Am 29. April mussten die in Kut al-Amara Eingeschlossenen, 10 000 indische und 3000 britische Soldaten, kapitulieren und sich den Türken ergeben. Der arabische Aufstand kam dann schneller, als den Briten lieb war.

☾

Berlin, Mitte März 1916. Noch einmal machte sich eine deutsche Dschihad-Mission auf den Weg in den Orient. Dieses Mal steuerte die Expedition unter der Leitung des Majors der Reserve, Othmar von Stotzingen, direkt Südarabien an. Dort sollte sie nach dem Wunsch der Obersten Heeresleitung eine Funkstation und ein Propagandazentrum einrichten. Da Serbien und Bulgarien mittlerweile zu den Mittelmächten zählten, gab es nach etlichen Reparaturarbeiten wieder eine Schienenverbindung Berlin–Wien–Istanbul. Ab Mitte Januar 1916 verkehrte auf dieser Strecke ein Direktzug, der sogenannte »Balkanzug«.

Als die Stotzingen-Gruppe denselben bestieg, führte sie weniger Propaganda-Material mit, dafür umso mehr »metallene« Argumente, um ihr Anliegen vor Ort zu stützen: kistenweise englische Goldpfund-Münzen und silberne Maria-Theresia-Taler. Um in den Südosten des Osmanischen Reiches zu kommen, hatten nicht nur die Expeditionsmitglieder, sondern sämtliche deutsche Asien-Korps und ebenso alle Waffen- und Materiallieferungen eine wahre Staffel aus normalen Eisenbahn- und Feldbahnstrecken zu bewältigen. Besonders hart war es für die in Deutschland angefertigten Lokomotiven, bis sie im Nahen Osten ihren Dienst aufnehmen konnten – wie ein ehemaliger Lokomotivführer schildert: »Unter der Hand deutscher Lokomotivführer lief die Lokomotive zunächst quer durch Österreich-Ungarn, dann über den Balkan bis Konstantinopel. Von dort wurde sie auf Fährschiffen über den Bosporus gesetzt und lief dann auf der anatolischen Bahn weiter bis an den Fuß des Taurusgebirges. Hier begannen die Schwierigkeiten, gegen die das wohl auch schon mit großen Zeitverlusten und Umständen verknüpfte Zurücklegen des bisherigen Weges Spielereien waren.«

Weder durch das Taurus- noch durch das Amanusgebirge führte bis zu diesem Zeitpunkt eine Normalspurbahn, aber immerhin verkehrten nun entlang der Transportwege der Tunnelbauer kleine Feldbahnen. »Die deutschen Vollspurlokomotiven (etwa 40 preußische G8 und 15 G5 allein für die Bagdadbahn) wurden jedoch für die im Süden des Amanusgebirges bereits betriebsfähig ausgebauten Vollbahnstrecken dringend benötigt. Was half es – die deutschen Lokomotiven mussten unter den allerschwierigsten technischen und klimatischen Verhältnissen zerlegt werden; Untergestell, Kessel und Tender mussten getrennt auf Rollböcken über die Feldbahnen der Gebirge geschafft werden. Waren die Lokomotiven durch die zahlreichen Tunnel des Taurus- und Amanusgebirges trotz bei plötzlichen Regengüssen oft unvermeidlicher Entgleisungen auf der Feldbahn und sonstiger Zwischenfälle glücklich hindurchgebracht, mussten sie auf der Südseite der Gebirge aus ihren Teilen wieder montiert, d. h. wieder zusammengesetzt werden. Außer den genannten Lokomotiven gingen diesen schwierigen Weg auch etwa 700 Wagen.«[7]

Besonders um die schweren Lokomotivteile, aber auch um schwere Geschütze auf der Feldbahn über ansteigende Strecken transportieren zu können, ließen die militärischen Betreiber der Feldbahnen in Deutschland eigens konstruierte Feldbahn-Lokomotiven bauen: Die Firma Henschel fertigte sogenannte »feuerlose Fünfkuppler«. Das waren Lokomotiven auf fünf kleinen Achsen, die sehr gedrungen gebaut waren und bei denen kein Kessel angeheizt wurde, um Wasser in Dampf zu verwandeln, sondern die gleich mit Dampf »betankt« wurden. Ihre Reichweite war dadurch sehr begrenzt. So gelangten neben den schweren Lok- und Geschützteilen auch die Mitglieder der Stotzingen-Mission mit ihren schweren Silber- und Gold-Argumenten nach Aleppo.

In Aleppo wechselte die Mission auf die schmalspurige Hedschasbahn, war aber immerhin so klug, sich nicht direkt nach Medina fahren zu lassen. Die Teilnehmer verließen den Zug, bevor er das nur für Gläubige vorgesehene Areal erreichte. Mit einer Karawane zog die deutsch-türkische Mission durch die Wüste zur Hafenstadt Jambo, von wo aus sie weiter zur Hafenstadt Dschidda reisen wollte. Doch dazu sollte es gar nicht mehr kommen. Bereits die bis dato unternommenen Schritte lösten heftige Gegenreaktionen aus. Auf ihrem Weg hatte die Mission in Damaskus ausgerechnet Feisal, den Sohn des Scherifs von Mekka, um Unterstützung gebeten. Dieser schrieb einige nichtssagende Empfehlungen und machte sich daraufhin schleunigst auf den Weg nach Mekka. Am 6. Juni griffen rund 30 000 arabische Krieger unter Führung Feisals das von den Türken besetzte Medina an, am 9. Juni Dschidda und am 12. Juni eroberten sie schließlich Mekka. »Die Mission von Stotzingen hatte den arabischen Aufstand ausgelöst«, ist sich Militärhistoriker Neulen sicher, »der ursprünglich für Herbst 1916 vorgesehene Aufstandsbeginn wurde vorverlegt.«[8]

Es ist also recht absurd, wenn immer wieder beschrieben wird, T. E. Lawrence habe die Araber zum Aufstand motiviert. Er spielte eine große Rolle hinsichtlich der Ereignisse, die sich während des Krieges im Nahen Osten abspielten, aber wir werden sehen, wie der Lawrence-Mythos Stück für Stück unter der arabischen Sonne zerbirst.

Bagdad im Herbst 1916. Armin T. Wegner hat nicht mit der deutschen Post-Zensur gerechnet. In einem Brief an seine Mutter hat er sich zu sehr über die Ungerechtigkeiten des Krieges ausgelassen. Deshalb wird er aus Bagdad abberufen; doch der Weg zurück nach Deutschland führt wieder entlang der Bagdadbahnstrecke. Und so wird Wegner noch einmal Zeuge der Gräueltaten an den Armeniern. In Mossul erfährt er, dass es extra »Spezialkommandos«, die Teskilati Mahsusa, gebe, die die Armenier zu endlosen Todesmärschen ohne Pause hin und her treiben in der Hoffnung, dass die meisten von ihnen dabei »auf der Strecke bleiben«. Wieder am Bahnhof Ras el-Ain/Tell Halaf begibt sich Wegner erneut ins Flüchtlingslager. Doch die meisten Insassen wurden bereits ermordet. Vom dortigen Konsul Rößler erfährt er, dass Tscherkessen-Banden einen Monat lang das Lager überfallen und täglich 300 bis 500 Insassen verschleppt hätten, um sie vermutlich zehn Kilometer entfernt zu töten. Und in Meskene schließlich sieht Wegner das längst Geahnte mit eigenen Augen: die Überreste einer offensichtlichen Massenexekution. Er findet ganze Haufen aufgetürmter Menschengerippe, neben denen unzählige weiße Schädel liegen, die noch vollständig behaart sind. »Einen Augenblick überkommt mich eine dumpfe Verzweiflung, die mir die Tränen in die Augen treibt, als müsste ich alle Hoffnungen, alle Keime der Liebe vernichten, die mich je an das Lebendige banden.«[9] In doppelgeschossige Viehwaggons der Anatolischen Eisenbahn, in sogenannte »Hammelwagen«, wurde ein Teil der Armenier gepfercht, da sie so schneller in die syrische Wüste transportiert werden konnten. Dass entlang der Bahngleise rund um Aleppo überall Leichen, Skelettteile, Kleidungsstücke und Hausrat lagen, darüber sah die Mehrheit der Soldaten des deutschen Asien-Korps mehr oder weniger hinweg. Welche Entwicklung hatte die Bagdadbahn genommen? Georg von Siemens' Idee einer völkerverbindenden Bahn war ins groteske Gegenteil verkehrt worden.

☾

Anfang Oktober 1916. Endlich hat T. E. Lawrence seinen lang ersehnten Auftrag: Er soll als politischer Berater und Verbindungsoffizier dafür sorgen, dass die aufständischen Araber ihre Angriffe konzentriert auf die osmanischen Truppen ausrichten. Konkretere Anweisungen hat man ihm nicht gegeben. Am 16. Oktober traf er in Dschidda ein. Zwar waren Gespräche mit Husseins Sohn Abdullah vorgesehen, aber dabei waren zwei hohe britische Militärs die Wortführer. Lawrence jedoch wollte schnell zu Hussein und seinen Söhnen vordringen, die die Aufständischen anführten, aber ohne jeden Plan, ganz wie es ihnen beliebte. Lawrence war klar, dass einer das Kommando übernehmen musste und deshalb traf er eine Auswahl: Ali eignete sich kaum, er war schwindsüchtig, leicht zu erregen und von kleiner Gestalt, auch von Abdullah hörte er nichts Überwältigendes. So kam Lawrence zu dem Schluss, dass Feisal der geeignete Mann war: klug, sensibel und eine »nachgerade königliche Erscheinung«, die sich zum Führer aller arabischen Stämme aufbauen ließ.

Mitte Oktober 1916, Beersheba. Der bisher größte Spezialtransport für Südpalästina, der am 25. August unter der Leitung des Siemens-Schwiegersohns und Hauptmanns der Landwehr, Theodor Wiegand, stattfand, erreicht seinen Bestimmungsort. Von Berlin aus hatten die 206 Mann »Spezialtruppen« und ihr »hochwertiges Material« – präziser wurde es in den Transportpapieren nicht beschrieben – eine rund achtwöchige Reise voller Hindernisse, Missverständnisse und Improvisationen zu bestehen; Wiegand klagt in einem Brief: »Das ganze Personal der Anatolischen Bahn ist überanstrengt und gleichgültig. Die Leute haben vier Kriegsjahre hinter sich und keiner hat seit zwei Jahren eine Stunde Ruhe und Urlaub gehabt, die Lokomotiven sind abgenutzt, die Kohlen z. T. schlecht und zu wenig. Steigungen waren oft eine Qual, ein ewiges Stoßen, Stehenbleiben, Anrucken und Rumpeln. In Bozanti musste ich unter diesen Umständen drei Wagen mit

Munition abhängen lassen, sonst wären wir überhaupt nicht vom Fleck gekommen.«

Außerdem wurden immer häufiger Sabotageakte durchgeführt. Davon berichteten ihm Ingenieure an den Baustellen im Amanusgebirge: »Sie führten mich an eine Stelle, wo 2000 kg Dynamit in die Luft geflogen waren, vier Deutsche und acht Türken sind dabei spurlos verschwunden, der ganze Zug lag zerstört herum, ein schwerer Eisenträger war bis auf das jenseitige Talufer geflogen.« Während in den vorhergehenden sechs Jahren nichts passierte, hatten sich in diesem Jahr bereits acht solcher Explosionen ereignet – und immer nachts. »Wenn man bedenkt, auf einer wie kleinen Bahn jetzt das Schicksal dreier großer Armeen beruht, wird einem doch merkwürdig zu Mute. Denn alles Material für den Kaukasus, Mesopotamien und Syrien muß auf dieser Förderbahn rollen, deren Wagen 7,5 qm Tragefläche und nur 5000 kg Tragfähigkeit haben.«[10]

☾

November 1917 in der westarabischen Wüste. Für Lawrence besaß die ganze Angelegenheit eine simple Logik: Um das von starken osmanischen Truppen besetzte Medina zu erobern, musste der osmanische Nachschub unterbrochen werden. Dieser wurde vor allem mit der schmalspurigen Hedschasbahn angeliefert. Deshalb wurde die Bahnlinie zum bevorzugten Ziel ihrer Anschläge. Um möglichst unvorhersehbar loszuschlagen, ließen sich Lawrence und seine Beduinenkämpfer Tausende von Kilometern auf dem Rücken ihrer Kamele wundscheuern. Erschöpft von Hunger, Durst und Müdigkeit mussten sie schnell handeln; die Löcher für die Dynamitladungen grub er selbst und mit bloßen Händen. Die Bahngleise sollten möglichst kurz bevor ein Zug kam in die Luft gesprengt werden, damit dieser nicht mehr bremsen konnte und entgleiste. Lawrence selbst bekam immer wieder im Wechsel Fieber und Durchfall und wurde insgesamt fünfmal im

Kampf verwundet. Doch das steigerte nur sein Ansehen bei den Arabern: »Meine Leute waren Blutsfeinde aus 30 verschiedenen Stämmen, und wenn ich nicht die Hand über sie gehalten hätte, hätten sie täglich gemordet.«[11]

Doch längst nicht alle arabischen Stämme folgten dem Aufruf Scherif Husseins zum Aufstand. Immer noch diente die Mehrzahl der in die Kriegshandlungen verwickelten Araber ganz loyal in der osmanischen Armee. Im Grunde genommen war der Aufstand, den die Briten mit viel Geld unterstützten, nur einer des Scherifs von Mekka und seiner Haschmiten. Darüber war Abdul Asis Ibn Saud, Oberhaupt der Sauds und wichtigster Stammesführer im Inneren Arabiens, gar nicht glücklich. Und ganz und gar nicht einverstanden war er mit der Absicht der Haschmiten, aus ihren Reihen den König aller Araber stellen zu wollen.

Als er am 26. November persönlich nach Basra kam, war Gertrude Bell hingerissen von seiner stattlichen Erscheinung: Er war 1 Meter 90 groß, 45 Jahre alt, hatte schwarzes Haar, einen schwarzen Spitzbart und eine Nase mit riesigen Nasenlöchern. »Er ist Politiker, Herrscher und Räuber in einer Person, ein Typ, der einen Teil der arabischen Geschichte verkörpert«, urteilt Gertrude Bell über ihn.[12] Und Ibn Saud wiederum war von der »Desert-Queen« beeindruckt. Der Mann, der mit 65 Frauen verheiratet war, kannte diese Art von kluger und energischer Weiblichkeit nicht.

Gertrude Bell, Sir Percy Cox und die britisch-indische Regierung, die von Anfang an der Meinung gewesen waren, dass es richtig sei, vor allem die Sauds zu unterstützen, sahen sich bestätigt. Ein Sieg der Sauds gegen die Türken hätte Arabien mit einem Schlag befriedet und damit die Voraussetzungen für einen schnellen Sieg in Mesopotamien geschaffen. Doch das war nun nicht mehr möglich, denn zur gleichen Zeit rückten die Haschmiten mit britisch-ägyptischer Hilfe in Richtung Jordanien, Palästina und Syrien vor. Dieser Konflikt zwischen den Sauds und den

Haschmiten sollte einer von vielen sein, die erst nach dem Weltkrieg richtig ausgetragen wurden.

☾

Frühjahr 1917, Kassel-Wilhelmshöhe. Kaiser Wilhelm II. zieht sich immer öfter von der Obersten Heeresleitung auf Schloss Wilhelmshöhe zurück. Hier verlebt er viele schlaflose Nächte, da ihn der lange und zermürbende Stellungskrieg an der West- und Ostfront nervlich und intellektuell überfordert. In der Obersten Heeresleitung hatten Hindenburg und Ludendorff, die als Befehlshaber an der Ostfront einzelne Erfolge erzielt hatten, die Führung übernommen. Da weder der Kaiser noch die Reichsregierung sich ihnen entgegenstellten, besaßen sie seit Sommer 1916 mehr oder weniger diktatorische Macht über das Deutsche Reich. Der Kaiser wurde in seinen gesunden Phasen nur noch zu repräsentativen Aufgaben herangezogen. So verteilte er eifrig Orden an Soldaten der festgefahrenen Front, wo unter Einsatz von massiver Artillerie und Giftgas Tausende von Soldaten geopfert wurden, um einige Meter Gelände zu gewinnen. Beim Volk ließ sich der Kaiser kaum noch sehen, denn dessen Versorgungslage – vor dem Krieg importierte das Deutsche Reich gut ein Drittel seiner Nahrungsmittel – wurde immer dramatischer. »Im Grunde war der Krieg im Frühjahr 1916 ernährungswirtschaftlich verloren«, urteilt der Historiker Hans-Ulrich Wehler.[13]

7. März 1917, Babylon. Als einer der wenigen deutschen Zivilisten harrte der Archäologe Robert Koldewey seit Kriegsbeginn auf seinem Grabungsgelände aus. Er verteidigte seine Ruinen und Funde gegen Hitze, Überschwemmungen, Schakale und räuberische Beduinen. Drei ganze Kriegsjahre lang hatte er ohne Versorgung durchgehalten, nun aber rückten die britischen Truppen Richtung Bagdad vor. Höchst widerwillig verließ Koldewey sein Babylon. Bereits drei Tage später, am 10. März 1917, zogen die indisch-britischen Truppen in Bagdad ein. Rapide ver-

wandelten sie Bagdad in eine britische Kolonialstadt: Es wurde Fünfuhrtee getrunken, man spielte Domino und Tennis und ging zu Pferderennen und Polowettkämpfen. Gertrude Bell war stolz auf den britischen Erfolg, doch sie dachte weiter: Was sollte aus Mesopotamien und Arabien werden? Wie bekam man die verschiedenen Völker unter einen Hut und wo sollten in diesem grenzenlosen Land die Grenzen gezogen werden? Bei einem Lagegespräch im Haus von Percy Cox hörte sie, Feisal, der dritte Sohn Husseins, sei nicht nur ein tapferer Kämpfer, sondern auch ein besonnener Stratege und zugleich eine sensible Persönlichkeit. Sie machte sich sofort Notizen.

☾

Anfang August 1917 im Amanusgebirge. Weil einheimische Arbeitskräfte fehlten, wurden deutsche Soldaten als Vorarbeiter beim Bau der Bagdadbahn eingesetzt und auch immer mehr Kriegsgefangene – russische Soldaten, die sich im Kaukasus ergeben hatten, vor allem jedoch die indischen und britischen Soldaten, die sich in Kut al-Amara ergeben mussten. »Indische Gefangene, besonders Gurkhas mit freundlichen Gesichtern und blitzblauen Zähnen arbeiten in Massen am Ostausgang, ihnen scheint das Klima gut zu bekommen, während ihre Lehrmeister [Engländer, W. K.] zugrunde gehen. Die Ernährung war die gleiche, doch verlangten die Inder mehr Reis, die Engländer mehr Alkohol. Diese Inder laufen mit nackten braunen Beinen herum, sind arbeitsam und immer vergnügt, besonders die Buddhisten«, schildert Theodor Wiegand, der als Transportführer und Antikenkommissar die Bahnstrecke häufiger abfuhr und dabei noch Zeit fand, die antiken Stätten Petra und Palmyra zu erkunden.[14]

Wieder eine Ironie der Geschichte: Während die türkisch-deutschen Soldaten an der Mesopotamien-Palästina-Front immer mehr zurückweichen mussten, kamen die Pioniergruppen im Taurus- und im Amanusgebirge immer weiter voran. Am 1. August 1917 war die Amanusstrecke durchgängig in Normalspur befahrbar.

☾

1917, vom 15. bis zum 19. Oktober. Der deutsche Kaiser besucht zum dritten Mal Konstantinopel. Dieses Mal reiste Seine Majestät mit dem Zug an, dem Balkanzug, der von Berlin nach Konstantinopel fuhr. Die Zugreise war weitaus sicherer als eine Schiffsreise. Denn allen Anstrengungen des vom Kaiser so geförderten Flottenbau-Programmes zum Trotz konnten die Deutschen keine bedeutenden Hoheitsgebiete auf den Weltmeeren für sich beanspruchen. Am Sirkeçi-Bahnhof wurde Seine Majestät vom neuen Botschafter in Konstantinopel, Graf Bernstorff, abgeholt. Sultan war nicht mehr sein alter Freund, Abdülhamid II. Stattdessen wurde der Kaiser, der in militärischer Uniform und Pickelhaube zum offiziellen Empfang erschien, von dessen Nachfolger, einem alten gebückten Mann empfangen: Sultan Mehmed V. Reschad. Ein schwacher Charakter, eine Marionette der jungtürkischen Regierung, doch ein gütiger Mensch. Er lenkte das Gespräch auf seinen Vorgänger und konnte Wilhelm II. dazu bringen, dem ehemaligen Sultan einen Gruß ausrichten zu lassen. Sofort wurde ein Bote in den kleinen Beylerbey-Palast losgeschickt. Dort hatte man Abdülhamid untergebracht, nachdem Saloniki nicht mehr sicher genug für den wertvollsten Gefangenen der Türkei war.

Quartier bezog der Kaiser während seines Besuches auf dem Schlachtschiff Breslau – schließlich war man mitten im Krieg. Trotz des Krieges wurde zu Ehren des Gastes ein großer Umzug durch die Altstadt veranstaltet. Der Kaiser wiederum ließ sich zum Zeichen der Anerkennung vor dem Merassimkiosk in türkischer Uniform mit einem typischen Fez auf dem Kopf fotografieren. Doch auch für den Kaiser gab es zu dieser Zeit Grenzen der Selbstdarstellung. Als er zu einem opulenten Mahl in die deutsche Botschaft geladen wird, kritisiert er vor den vielen geladenen Prominenten der deutschen Kolonie offen den üppigen Empfang. Er findet es höchst unangemessen, an einem »High Tea« teilzunehmen, während seinem Volk von diesem Weltkrieg größte Opfer abverlangt werden. Außerdem verspürt er keine große Lust zu feiern, da sein Traum von einem großen deutschen Weltreich bereits in unerreichbare Ferne gerückt ist.

26. Oktober 1917. Gut eine Woche nach dem Kaiserbesuch passierte das Malheur. Bahnhof und Hafen Haydarpascha fallen einer gewaltigen Explosion zum Opfer. Der Militärarzt Joseph Drexler wurde Augenzeuge des Geschehens. »Der erste Blitz: der Bahnhof fliegt in die Luft, Munition entzündet, Explosion auf Explosion, Eisenbahnwagen werden weit ins Meer geschleudert, fast sämtliches Material für den Bagdadbahn-Feldzug; auch das Sanitätsdepot ist in wenigen Stunden vernichtet. Der Feldzug nach Bagdad endet am Beginn der Bahnstrecke Tausende von Kilometern von Bagdad entfernt: in Haydarpascha.«[15] Nun rächte es sich, dass die Bagdadbahn zum alleinigen Versorgungsstrang der türkisch-deutschen Verbände im Nahen Osten wurde. Alles war auf einen Schlag vernichtet. Eine folgenreiche Sabotageaktion!

☾

November 1917, Eisenbahnknotenpunkt Deraa, wo die Bahn von der Hedschasbahn nach Beersheba abzweigt. Dank des Nachschubs durch die Bahnlinie konnten die Türken die Frontlinie in Palästina auf der Höhe von Gaza und Beersheba verteidigen. Lawrence wusste, dass etwas geschehen musste – im Feindesland weit hinter der Frontlinie. Doch der Dunkelheit und seiner Verkleidung als Beduine hatte Lawrence dieses Mal zu viel zugetraut. Er hatte sich vorgenommen, die wichtige Bahnstation nach einem geeigneten Platz auszukundschaften, wo seine inzwischen berühmten Sprengladungen den größten Schaden anrichten würden. Doch die Soldaten waren wachsam, entdeckten ihn und schleppten ihn zum Kommandeur. Der hielt Lawrence für einen unbedeutenden Deserteur und überließ seiner Mannschaft »das Verhör«. Diese versuchte ihn auszufragen, dann folterten sie ihn. Dann wurde er vorerst in die Kommandozentrale nach Akaba abgestellt. Von dort aus konnte er nur hilflos zusehen, wie sich Großbritanniens Diplomatie immer weiter in einen Sumpf verwandelte. Nicht genug damit, dass das Sykes-Picot-Abkommen eindeutig den Vereinbarungen widersprach, die die Briten mit den Arabern getroffen hatten. Sir Mark Sykes traf sich im Lauf des Jahres 1917 mehrfach mit Führern der Zionisten, die auf ihre Chance warteten, nach dem Krieg Palästina zugesprochen zu bekommen. Trotz der Zusicherungen an Frankreich und an die Araber machte Sykes nun auch noch den Zionisten Hoffnungen. Auf sein Anraten hin gab schließlich der britische Außenminister am 2. November 1917 die berühmte Balfour-Erklärung ab: »Die Regierung Seiner Majestät betrachtet die Gründung einer nationalen Heimat für die Juden in Palästina mit Wohlwollen.«

11. Dezember 1917. Völlig überraschend räumten die türkisch-deutschen Truppen Jerusalem. Als die arabisch-britischen Truppen in die Heilige Stadt einzogen, war Lawrence wieder dabei. Er konnte es nicht in der Kommandozentrale aushalten. Der weitere Vormarsch der Alliierten sollte sich jedoch verzögern, denn die Türken starteten rund um das Tote Meer eine heftige Gegenoffensive. Der Preis dafür war allerdings hoch: Im Winter 1917/18 starben rund 17 000 türkische Soldaten abseits der Front, sie verhungerten oder wurden aufgrund von Erschöpfung und Unterernährung Opfer der zahlreichen Krankheiten, die im Orient verbreitet waren.

☾

Nach der russischen Oktoberrevolution 1917 konnten die Mittelmächte mit Russland Mitte Dezember zunächst einen Waffenstillstand schließen und Mitte März 1918 ein Friedensabkommen unterzeichnen. Doch an der deutschen Heimatfront änderte sich dadurch nichts. Während die Bevölkerung immer mehr unter dem Mangel zu leiden hatte und Alte, Frauen und Kinder den ungeheuren Bedarf an Arbeitskräften in der Stahl- und Rüstungsindustrie decken mussten, fuhren die großen Industrieunternehmen immer sattere Gewinne ein – so Hans-Ulrich Wehler: »Die 16 wichtigsten Stahl- und Montanbetriebe zum Beispiel steigerten ihre Gewinne bis 1917 um 800 Prozent. Dadurch wurden immense soziale Spannungen erzeugt.«[16] Als dann auch noch zunehmend schlechte Nachrichten von den Fronten eintrafen, kippte die Stimmung Ende Januar endgültig und es kam zu ersten Streiks für Friedensverhandlungen. Die Entlastungen an der Ostfront waren den anderen Fronten nicht zugutegekommen – ob im Westen, auf dem Balkan oder im Nahen Osten, überall verschlimmerte sich die Situation Woche um Woche. Mitte Juni scheiterte die letzte Großoffensive Österreich-Ungarns in Italien, Anfang August durchbrachen die Alliierten die deutsche Verteidigungslinie an der Westfront bei Amiens auf breiter Linie. Ende September kapitulierte Bulgarien und im Nahen Osten erreichten die Alliierten bereits Damaskus. Nun endlich – am 29. September – gestand die OHL: Der Krieg ist auf keinen Fall mehr zu gewinnen, die Front könnte jederzeit zusammenbrechen. Hindenburg und Ludendorff forderten die Aufnahme von Waffenstillstands- und Friedensverhandlungen. Um den Weg für diese Verhandlungen frei zu machen, trat am 30. September Reichskanzler Hertling zurück – er hatte erst im Juli 1917 Bethman-Hollweg abgelöst. Prinz Max von Baden übernahm das schwere Amt, bildete eine Regierung, in der zum ersten Mal auch Sozialdemokraten vertreten waren, und formte das Land in eine parlamentarische Regierung um. Er nahm Kontakt zum amerikanischen Präsidenten auf, doch dieser forderte als Grundvoraussetzung für weitere Verhandlungen die Abdankung des deutschen Kaisers.

☾

Währenddessen wurde nicht nur an den Fronten, sondern auch im Taurusgebirge verbissen weitergekämpft – mit Minenbohrern, Dynamit und der »Almany Kazimazi«, in feuchtwarmer, staubiger Luft, vom eiskalten Bergwasser durchnässt gegen den unnachgiebigen Kalkstein der Berge! Immer wieder wurde die Parole ausgegeben: Die freie Fahrt durch den Taurus könnte noch eine Wende im Krieg herbeiführen! Die Normalspurstrecke des Taurusgebirges stand kurz vor der Vollendung, als am 2. Oktober 1918 der Befehl kam: Arbeiten einstellen! Die Front der Mittelmächte war im Südosten ganz zusammengebrochen, am 30. September marschierten die arabisch-britischen Truppen in Damaskus ein. Auf ihrer Flucht nach Anatolien zerstörten die türkischen und deutschen Truppen sensible Punkte der Bagdadbahn wie die eiserne Bogenbrücke über den Euphrat.

Am 30. Oktober kapitulierte das Osmanische Reich und unterzeichnete ein Waffenstillstandsabkommen mit den Alliierten.

Mitte Oktober 1918. Nach seinem entscheidenden Sieg in Syrien erkundete General Allenby die Umgebung. An einem Tag besichtigte er auch die Ruinen von Baalbek. Dabei ließ er sich von einem der besten Kenner der Ruinen, dem ortsansässigen Michel Alouf, führen. Prächtige Bauwerke, die schon so manchen Krieg im Nahen Osten überdauerten, erwarteten ihn. Als Allenby das Innere des Venus-Tempels besichtigte, fiel ihm eine Tafel auf, die nicht in die Antike gehörte. Er trat näher und sah, dass die rechte Hälfte mit arabischen Schriftzeichen gefüllt war, die linke mit lateinischen und dass neben dem Namen Abdülhamids doch tatsächlich der Name des deutschen Kaisers prangte. Sofort ließ er seinen Führer antreten und befahl, die Tafel auf der Stelle zu entfernen, am besten ganz zu zerstören. Doch Alouf konnte ihn dazu bewegen, nur Titel und Namen des Kaisers und der Kaiserin herausmeißeln zu lassen. Später versteckte Alouf die Marmortafel in seinem Garten. Ende der 1960er Jahre sollte sein Sohn die Geschichte dem neu angetretenen deutschen Konsul erzählen und die Tafel aus dem Gestrüpp hervorziehen. Inzwischen hängt sie wieder zwischen den antiken Säulen des Venus-Tempels.

Vierzehntes Kapitel

Betrogene Sieger und uneinsichtige Verlierer

Zwischen Friedenskonferenzen und Bürgerkriegen kämpft eine neue Führungselite um Macht und Grenzen und die orientalischen Eisenbahnen.

Tell Halaf/Ras el-Ain 1928. »Gibt es eine einsamere Bahnstrecke in der Welt als die Bagdadbahn! So schnurgerade wie einsam. Immer wieder sieht man, wie das Gespinst der Telegraphenstangen dichter und dichter am Horizont hinaufsteigt und dahinter versinkt ... So fuhren wir Stunde um Stunde.« Der deutsche Reiseschriftsteller und Theologe Paul Schütz ist auf der Suche nach dem orientalischen Zeitgeist. Von Kairo aus reist er über Damaskus nach Aleppo und von dort folgt er der Bahnstrecke nach Bagdad – allerdings mit dem Auto, denn anders lässt sich die Region nicht bereisen. Die Bagdadbahnstrecke diente als Leitlinie für die Ziehung der Grenze zwischen den neu entstandenen Staaten. Da man das Gleisbett nicht in der Mitte teilen konnte, entschied die Friedenskonferenz: Die Bahnstrecke bleibt bei der Türkei, doch die Bahngebäude, die rechts der Streckenführung Istanbul–Bagdad liegen, gehören nun zu Syrien. »Man sah wohl einmal drüben auf dem Bahndamm eine Baracke und einen türkischen Posten. Auch einen kleinen Bahnhof sah man wohl, der in der Einsamkeit da lag, zusammenhangslos wie eine winzige abstrakte Plastik mit der Unwirklichkeit eines kartographischen Zeichens auf einer Landkarte.«[1]

☾

10. November 1918. Bei Nacht setzte sich ein Zug mit dem kaiserlichen Salonwagen vom Bahnhof im belgischen Spa in Bewegung. Man hatte Kaiser Wilhelm II. zu verstehen gegeben, dass es besser für ihn sei, nicht mehr nach Deutschland zurückzukehren. Ziel des Zuges war die kleine Stadt Doorn in den Niederlanden: Hier sollte endgültig Endstation für den Reisekaiser sein. Am 29. Oktober des Jahres hatten reihenweise Matrosen der in Wilhelmshaven stationierten Kriegsschiffe den Befehl zum Auslaufen verweigert. Der entscheidende Auslöser für die Revolte war eine Entscheidung der Obersten Heeresleitung: Admiral Reinhard Scheer wollte seine Flotte zu einem »letzten großen Kampf mit England« auslaufen lassen. Zu Recht verbreitete sich die Nachricht, man wolle die Flotte ganz bewusst »verheizen«. Rund tausend Matrosen wurden gefangen genommen, die Schiffe blieben im Hafen und die Lunte am Pulverfass brannte. Ausgerechnet die Marine! Am 3. November verweigerten auch die Matrosen in Kiel den Gehorsam. Es kam zum Aufstand, und überall im Reich gründeten sich Arbeiter- und Soldatenräte, die die kommunale Regierungsgewalt in die Hand nahmen. Der Druck wurde so groß, dass es nur noch einen Ausweg gab: Die Regierung musste zurücktreten und der Kaiser abdanken. Der Reichskanzler Max von Baden erklärte am 9. November den Thronverzicht des Kaisers und seiner Erben und übergab die Regierungsgeschäfte an den Sozialdemokraten Friedrich Ebert. Wenig später notierte sich Seine Majestät: »Das deutsche Volk ist doch eine Saubande!« Am 11. November unterzeichnete der Zentrumspolitiker Matthias Erzberger für das Deutsche Reich den Waffenstillstand – ohne Wilhelm II.

☾

Ende November 1918, Konstantinopel-Haydarpascha. In der Nacht war der überfüllte Zug aus dem Taurusgebirge angekommen: Endstation für Zug und Passagiere. Nach einer abenteuerlichen Flucht saßen zahlreiche deutsche Ingenieure und Vorarbeiter der Bagdadbahn mit ihren Familien in der osmanischen Hauptstadt fest. Auf dem Bahnsteig patrouillierten französische Soldaten, im Hafen lagen Kriegsschiffe der alliierten Nationen vor Anker, ganz Konstantinopel und die Meerenge waren unter alliierter Kontrolle. Kurz vor Kriegsende war Sultan Mehmed V. Reschad gestorben. Sein Nachfolger war Mehmed VI. Waheddin, der Abdülhamid II. in vielem glich: er war eigensüchtig und verschlagen. Doch auf Geheiß der Alliierten setzte er eine liberale und probritische Regierung ein. Zu den Bedingungen des Waffenstillstandes gehörte auch: Sämtliche deutsche Berater, ob militärische oder zivile, selbst alteingesessene Kaufmannsfamilien mussten das Land bis zum 31. Dezember verlassen. Im Gespräch war auch, die deutschen Bahnmitarbeiter zu internieren. Rund fünf Wochen lebten sie mit ihren Familien in den Eisenbahnwaggons, die auf ein Abstellgleis des Bahnhofs Haydarpascha verschoben worden waren.

Die britischen Truppen hatten die Kontrolle über die türkische Eisenbahn übernommen und der Zugverkehr rollte langsam wieder an. Kurz vor Ende des Ultimatums konnten rund 800 Deutsche bei Nacht an Bord eines Dampfers der ehemaligen deutschen Südamerika-Linie steigen und nach Venedig entkommen, von wo sie dann mit der Bahn über den Brennerpass nach München gelangten. Unter ihnen war auch Heinrich August Meißner-Pascha, der die Türkei nur schweren Herzens verließ und nun in seine Heimatstadt Dresden zurückkehrte. Doch dort hielt es ihn nicht lange, er fand eine Tätigkeit als Berater des albanischen Bauministers, bis ihn die türkische Republik an den Bosporus zurückholte.

Auch Enver Pascha, Talaat Pascha und andere Jungtürken waren beim Einzug der Alliierten Hals über Kopf geflohen – nach Odessa. Zu Recht fürchteten sie, für ihre Taten zur Rechenschaft gezogen zu werden. Auch sie schlugen sich nach Deutschland durch, wo sie auf Asyl hoffen konnten. Enver Pascha, der immer für einen prodeutschen Kurs, auch bei Kriegsbeginn, gestanden hatte, war beliebt in Deutschland: Eine Brücke in Babelsberg und eine Zigarettenmarke wurden nach ihm benannt. Doch es hielt ihn nicht im Exil, er reiste in den Kaukasus, um ein »islamisches Heer« mit der Roten Armee zu vereinen und gegen die Briten, die in Baku Öl förderten, zu kämpfen. Er fiel an der Spitze seiner versprengten Gruppe im August 1922 in Tadschikistan. Palaat Pascha, ehemaliger jungtürkischer Innenminister, Großwesir und einer der Planer der Pogrome an den Armeniern, blieb dagegen in Berlin. Am 15. März 1921 wurde er von dem Armenier Soghomon Tehlirjan in der Hardenbergstraße erschossen. Vor Gericht bestätigten deutsche Militärs den Vorwurf des Täters, die Jungtürken hätten versucht, die Armenier auszurotten. Er wurde daraufhin freigesprochen.

☾

Der Weltkrieg war noch nicht ganz vorüber. Während der Friedenskonferenzen, die nun stattfanden, stellte sich heraus: Es gab Gewinner und Verlierer, aber auch Gewinner, die wie Verlierer behandelt wurden, und Verlierer, die sich weigerten, ihre Rolle anzunehmen. So waren die Türken zwar auf dem Schlachtfeld besiegt, ihr Land aber nicht bezwungen worden. Das Osmanische Reich hatte zwar den Krieg verloren und das alliierte Waffenstillstandsabkommen akzeptiert, doch die Sieger hatten nur die industrialisierten Küstenstädte besetzt. Sie hatten kein Interesse daran, ihre Truppen in die endlosen Steppen Anatoliens zu schicken, um das ganze Land zu kontrollieren. Diesen Umstand wollte Griechenland, das 1917, sozusagen in letzter Minute, der alliierten Seite beigetreten war, ausnutzen. Am 15. Mai 1919 landeten griechische Truppen an der kleinasiatischen Küste vor Smyrna (dem heutigen Izmir) und rasch entbrannte in Westanatolien ein heftiger Bürgerkrieg zwischen Christen und Muslimen.

Währenddessen sammelten sich in Nordostanatolien Nationalisten, Teile der osmanischen Armee, die sich nicht ergeben hatten, und zahlreiche »Warlords« unterschiedlichster Ethnien. Einer sollte bald alle anderen Politiker, Generäle und Stammesführer überragen: Mustafa Kemal. Man weiß heute nicht mehr, was ihn berühmter machte: seine Standhaftigkeit bei der Dardanellenschlacht, seine Unverwundbarkeit gegenüber den Feinden und den vielen Verrätern in den eigenen Reihen oder seine Trinkfestigkeit. Flaschenweise konnte er den Raki in sich hineinschütten und trotzdem am nächsten Morgen seinen Mann stehen – ob in der Kaserne, auf dem Schlachtfeld oder im Parlament. Noch im April 1919 war er zum Inspekteur der 9. Armee, die im Nordosten stationiert war, ernannt worden. Doch schon Anfang Juli reichte er seinen Abschied aus der Armee ein und organisierte mehrere Kongresse der nationalen Opposition, bis am 23. April 1920 in Ankara die »Türkische Große Nationalversammlung« eröffnet wurde. Diese musste zwar hilflos mit ansehen, wie der Sultan und seine Regierung den Friedensvertrag mit den Alliierten aushandelten. Doch ihre Stunde sollte kommen. Denn die griechischen Truppen waren zahlenmäßig zu schwach, um Zentralanatolien einzunehmen. Und die Alliierten verloren immer mehr das Interesse an diesem Streit.

☾

Doorn im Herbst 1919. In seinem Exil verfügte Wilhelm II. nur noch über ein ansehnliches Gutshaus mit einem riesigen Garten, das ihm die Grafenfamilie Bentinck zur Verfügung stellte. Immerhin war das Anwesen groß genug, um die 59 Zugwaggons an Inventar aufzunehmen, die der Kaiser aus seinen Schlössern und Jagdresidenzen nach Doorn hatte bringen lassen. Darunter auch viele Andenken und Geschenke, die der Kaiser von seinen Orientreisen mitgebracht hatte. Aber der Kaiser konnte keine Ruhe finden und ließ seine Wut an den Bäumen in seinem

Park aus. Baum für Baum ließ er fällen, ganze Wälder mussten weichen. Am 30. Oktober 1919 schrieb Gräfin Elisabeth Bentinck: »Der Kaiser sägt heute den 11 000. Baum.« Am 12. November waren es bereits 12 000. Und er ließ die Bäume nicht einfach fällen, er beteiligte sich persönlich daran. Seine Majestät machte wochenlang nichts anderes als Kleinholz und abends notierte er in seinem Tagebuch: »Ich lasse mir jetzt nicht mehr reinreden!«

☾

Januar 1919, Friedenskonferenz in Paris. Nur weil Lawrence unermüdliche Lobbyarbeit für die Haschmiten-Brüder und ihren Wunsch nach einem vereinten Arabien geleistet hatte, wurde Feisal überhaupt als Delegierter zur Konferenz nach Paris eingeladen, obwohl er kein Vertreter einer der alliierten Staaten war. Feisal und Lawrence, der demonstrativ mit einer arabischen Kopfbedeckung erschien, hinterließen zwar einen starken Eindruck bei den Konferenzteilnehmern, doch die Entscheidungen der Politiker und Generäle konnten sie damit nicht beeinflussen. Die Verhandlungsprotokolle bescheinigen Lawrence eine »extrem arabische Sichtweise«.[2] Denn nur die Araber glaubten, nach dem Sieg über die Türken ein arabisches Großreich gründen zu können.

Die Politiker der Teilnehmerstaaten wussten dagegen, dass Großbritannien und Frankreich die Teilung der Region unter ihrem Mandat schon längst beschlossen hatten. Man wusste nur noch nicht, wie man die ganze Angelegenheit »händeln« sollte. Denn der eifrige Mark Sykes machte trotz der Zusicherungen an Frankreich und an die Araber weiterhin den Zionisten Hoffnungen auf Palästina. Berechtigterweise geben viele Historiker ihm eine direkte Schuld an den bis heute dauernden chaotischen Verhältnisse im Nahen Osten. »Wieso versprachen Sir Mark Sykes und die Briten dasselbe Stück Land innerhalb von zwei Jahren drei verschiedenen Parteien, den Arabern, den Franzosen und den Juden?«, fragt der Entwicklungsexperte William Easterly und gibt sogleich die Antwort: »Die Briten sahen ihre Felle im Krieg davonschwimmen und wollten alle drei Völker an sich binden.« Aber der Preis war hoch: »Das durch das britisch-palästinensische Dreiergeschäft ausgelöste Blutvergießen hält bis heute an.«[3] Mark Sykes konnte jedoch nicht zur Rechenschaft gezogen werden, er starb noch während der Konferenz am 16. Februar 1919 am sogenannten Spanischen Fieber, dem Millionen vom Weltkrieg geschwächter Menschen zum Opfer fallen sollten. Die Pariser Konferenzteilnehmer beschlossen zunächst jedenfalls, die Entscheidungen über den Nahen Osten und die Türkei zu vertagen.

☾

Während der Friedensverhandlungen in London, Mitte August 1919, bei denen Lawrence mit ansehen musste, wie die Araber über den Tisch gezogen wurden, wurde der Mythos »Lawrence von Arabien« aus der Taufe gehoben. Schöpfer war der amerikanische Journalist Lowell Thomas, und wie so häufig wurde das Kind aus der Not geboren. Thomas war im März 1918 in den Nahen Osten gereist, um sensationelle Kriegsgeschichten zu sammeln, die er daheim zur Stärkung der Moral vortragen konnte. Doch bis er wieder in Amerika war, hatte man längst den Waffenstillstand unterschrieben. Thomas' Geschichten fanden somit wenig Anklang – nur die Geschichte von Lawrence und den aufständischen Arabern traf die romantische Ader des Publikums. Ein englischer Geschäftsmann holte Thomas und seinen Vortag daraufhin nach England. Prompt behauptete er, er habe seine Geschichten, die er mit allen zu Gebote stehenden Mitteln dramatisierte, zusammen mit Lawrence geschrieben: »In diesem Augenblick« – so begann er seinen Vortrag – »versteckt sich irgendwo in London vor Heerscharen weiblicher Bewunderer, vor Reportern, Verlegern, Autogrammjägern und Heldenverehrern jeglicher Art ein junger Mann, dessen Name gleich dem von Sir Francis Drake, Sir Walter Raleigh … in die Geschichte eingehen wird.«

Und er schloss mit den Worten: »Sein Erfolg war vor allem seiner genialen Begabung im Umgang mit Menschen und einer bemerkenswerten Selbsterziehung zu verdanken, die es ihm ermöglichte, sich in einen Araber zu verwandeln.«[4] Die zwielichtigen Umstände seiner Entstehung taten dem Mythos von »Lawrence von Arabien« keinen Abbruch, ganz im Gegenteil. »Mit Lawrence' wachsendem Ruhm waren selbst die Politiker, die ihn im Stich gelassen hatten, daran interessiert, mit der Legende, die sich um seine Person wob, in Zusammenhang gebracht zu werden«, schreibt der Lawrence-Biograf Jeremy Wilson.[5] Doch auch T. E. Lawrences neue Popularität konnte eine Benachteiligung der Araber bei der endgültigen Aufteilung des Nahen Ostens nicht verhindern.

☾

Anfang März 1920 in Damaskus. Feisal hatte genug von den westlichen Friedenskonferenzen, bei denen es doch nur nach dem Willen der westlichen Herrscher ging. Er war längst nach Damaskus zurückgekehrt, die Stadt, die er mit seinen Kämpfern vom Joch der Türken befreit hatte. Hier hatte er eine breite Anhängerschaft und so ließ er sich am 7. März zum König wählen und rief das arabische Königreich Syrien aus. Diesen Schritt konnten die französischen Besatzer natürlich nicht hinnehmen, denn Syrien war das Zentrum ihres künftigen Mandatsgebietes. Und deshalb drängten sie ihre Verbündeten zu einer Folgekonferenz, auf der endlich eine gültige Aufteilung des Nahen Ostens vorgenommen werden sollte, die dann vom neu gegründeten Völkerbund abgesegnet werden konnte. Dieser Kongress fand vom 19. bis 26. April 1920 in San Remo statt, hier verteilten die alliierten Siegermächte die Weiten des Nahen Ostens: Frankreich erhielt Syrien und den Libanon als Mandatsgebiet, Großbritannien Palästina und Mesopotamien – und zwar einschließlich dem kurdischen Nordirak, denn dort wurden riesige Ölreserven vermutet. Damit wurde das Gebiet der Kurden, die 1919 ihren eigenen

Staat ausgerufen hatten, wieder aufgeteilt. Während Großbritannien die kurdische Region um Mossul seinem Mandatsgebiet zuschlug, wurden die Gebiete rund um den Ararat und den Van-See von den Türken annektiert. Die Idee des Sykes-Picot-Abkommens, Palästina unter internationale Verwaltung zu stellen, wurde von der Konferenz in keinster Weise umgesetzt. Unmittelbar nach dem Kongress starteten die Franzosen ihre Strafaktion. Im Sommer landete ein Expeditionskorps in Beirut und stieß nach Damaskus vor. Die Anhänger von Feisal leisteten nur geringen Widerstand, und der König von Syrien wurde einfach abgesetzt und in die arabische Wüste abgeschoben.

☾

In Europa kehrte man unterdessen langsam wieder zur Tagesordnung zurück. Ab Mitte April 1919 fuhr der Orientexpress wieder auf der Strecke Paris–Istanbul. Und so konnte der türkische Außenminister bequem zur Konferenz am 10. August im Pariser Vorort Sèvres anreisen, um den erniedrigenden Friedensvertrag zwischen dem Osmanischen Reich und den alliierten Siegermächten zu unterzeichnen. Dieser sah vor, dass von der Türkei nur noch ein Kerngebiet übrig bleiben sollte. Das europäische Restgebiet des Osmanischen Reiches bis kurz vor Istanbul und das weite Umland von Izmir sollten an Griechenland gehen. Armenier und Kurden erhielten ihre eigenen Staaten, die Küstenregion rund um Antalya sollte italienisches, die Adana-Ebene und die Taurusregion französisches Einflussgebiet werden. Die Meerengen sollten unter internationale Kontrolle gestellt werden und ihre Ufer – also einschließlich Istanbul – entmilitarisiert werden. Verglichen mit diesen Bedingungen war Deutschland zumindest territorial glimpflich davon gekommen. Und so war es kein Wunder, dass die Nationalversammlung in Ankara diesen Vertrag brüsk zurückwies und die Regierung in Istanbul, die dieses Machwerk unterzeichnet hatte, als Hochverräter anklagte.

Bagdad im Juni 1920. Aufstand! Seit dem Frühjahr hatte Gertrude Bell, die als Orientbeauftragte der Regierung auch nach Ende des Krieges in Bagdad geblieben war, mit ansehen müssen, wie die Unzufriedenheit der Bevölkerung mit der augenblicklichen Lage immer bedrohlichere Ausmaße annahm. Die Sunniten paktierten sogar mit ihren Gegnern, den Schiiten, und Plakate in den Straßen riefen zum Dschihad gegen die Briten auf. Immer häufiger wurden die Bagdadbahnstrecke und ihre Verlängerung nach Basra sabotiert, deren Züge und kleinere britische Außenposten angegriffen.

Auslöser der Aufstände in Bagdad war dann folgender: Ein in der Gegend beliebter Scheich war von den britischen Besatzern festgenommen und ins Gefängnis gebracht worden. Er hatte sich geweigert, fällige Zahlungen an die Mandatsregierung zu entrichten. Auf eine solche Nachricht hatten die Bewohner der Stadt nur gewartet, sie rotteten sich in den Straßen zusammen und griffen alles an, was mit den verhassten Besatzern in Verbindung stand. Regierungskommissar Arnold Wilson rief schließlich die Royal Air Force zu Hilfe, und nach einem dreimonatigen Einsatz, bei dem Brandbomben und Senfgas abgeworfen und ganze Orte zerstört wurden, hatten die letzten schiitischen Aufständischen, die sich in den Moscheen und Medresen der heiligen Städte Kerbala und Nadschaf verschanzt hatten, aufgegeben. Die Bilanz war auch für die Briten ernüchternd: Mindestens 6000 Iraker und 400 britische Soldaten waren getötet worden und der ganze Einsatz hatte über 40 Millionen englische Pfund gekostet. Dabei sollte das Mandatsgebiet eigentlich zu einer Geldquelle werden.

Eskischehir 1921. Parallel der Bahnstrecke verläuft die Frontlinie zwischen griechischen und türkischen Truppen. Im Sommer 1920 waren die Griechen entlang der Küste des Marmarismeeres nach Norden und dann nach Osten vorgestoßen. Sie wollten Eskischehir und damit die Bahnlinien zwischen Istanbul und Konya beziehungsweise Ankara erobern. Damit wäre der Nachschub der türkischen Truppen im anatolischen Hinterland erheblich gestört worden. Deshalb wurde heftig um die Gleise rund um Eskischehir gekämpft. Immer wieder gelang es den Griechen, Gleisabschnitte zu erobern, die dann wieder von den Türken rückerobert wurden.

Am 26. August 1922 war mit einer türkischen Offensive an den Bahngleisen von Eskischehir dann endlich die Entscheidung gefallen. Die Türken schlugen die demoralisierten Griechen in die Flucht. Kemal hatte die Losung ausgegeben: Gestoppt wird erst am Mittelmeer! Und so trieben die türkischen Truppen die panischen Griechen vor sich her, zunächst nur die fliehenden Truppen, dann auch die griechischen Bewohner der Region. Wer von den Griechen und Armeniern nicht das Glück hatte, von einem der zahlreichen alliierten Schiffe, die vor dem Hafen ankerten, aufgenommen zu werden, saß nun in der Falle. Die Türken hatten Smyrna eingeschlossen; anfangs wollten die Soldaten nur griechische und armenische Rädelsführer eliminieren, doch beim geringsten Widerstand begannen systematische Gemetzel von Haus zu Haus, die von Flüchtlingen überfüllten Kirchen wurden mithilfe von Benzin in Brand gesteckt und als die Brände dann auf die christlichen Stadtteile übersprangen, sahen die Türken einfach zu und sorgten dafür, dass niemand entwischte. Stärke und Gewalt legitimieren das politische Handeln, hatte Kemal der Nationalversammlung zugerufen. Er behielt Recht, denn nun waren auch die Alliierten endlich bereit, die Friedensverträge von Sèvres einer Revision zu unterziehen.

☾

London, Mitte Februar 1921. Kaum war Winston Churchill zum Kolonialminister ernannt worden, räumte er für Mitte März eine Nahost-Konferenz in Kairo ein, und zu seinem Assistenten wählte er sich T. E. Lawrence aus. Feisal, der so gedemütigt aus Syrien hatte fliehen müssen, wurde quasi als Trostpreis die Region Mesopotamien angeboten, eine Region, die er allerdings kaum kannte. Er sollte Herrscher des Königreiches Irak werden – ein Retortenstaat, bei dessen Gründung ethnische und religiöse Belange keine Rolle spielten: Sunniten, Schiiten und Kurden sollten eine Nation bilden, deren Grenzen ohne Rücksicht auf die Einflussgebiete der dort ansässigen Stämme gezogen wurden. Feisals Bruder Abdullah war weniger wählerisch. Er ließ sich zum Emir von Transjordanien ernennen – einem Land, das entstand, in dem man den östlich vom Jordan gelegenen, weniger bedeutsamen Teil Palästinas vom Rest des Landes abtrennte. Für den eigentlichen Unruheherd Palästinas – die Regionen rund um Jerusalem und Ramallah – wurde erneut keine Lösung gefunden. Nach den Verhandlungen kehrte Lawrence zurück nach London. Mit reinem Gewissen, versicherte er seinen Bekannten, doch anscheinend war er selbst davon nicht überzeugt. Als sein Jahresvertrag im Kolonialministerium im Frühjahr 1922 auslief, trat er unter einem Pseudonym und mit niedrigster Rangstufe der britischen Luftwaffe bei. Für einige Zeit gelang es ihm, einfach zu verschwinden.

☾

Ankara, 1. November 1922. Mustafa Kemal fühlte sich durch den Sieg über die Griechen stark genug, dem Sultanat die Stirn zu bieten und eine Republik auszurufen, in der die weltliche Herrschaft (Sultanat) von der geistlichen (Kalifat) getrennt werden sollte. Als die Nationalversammlung diesen Antrag an einen Ausschuss delegierte, der die Legitimität des Vorgehens prüfen sollte, platzte Kemal der Kragen, er stieg auf eine Bank und sprach die historischen Worte: »Meine Herren, Souveränität und Sultanat werden niemandem durch irgend jemanden verliehen … Souveränität und Sultanat werden ergriffen durch Stärke, Macht und Gewalt … Jetzt ist die türkische Nation aufgestanden, hat diesen Räubern Einhalt geboten und hat Souveränität und

Sultanat in ihre eigenen Hände genommen.«[6] Die Geistlichen im Ausschuss, die Bedenken gegen das Ende des Kalifats angemeldet hatten, winkten den Antrag durch. Und im fernen Istanbul machte sich Sultan Mehmed VI. Waheddin bereit, ins westliche Ausland zu fliehen, denn die türkische Nationalversammlung hatte ihn wegen Hochverrats angeklagt.

1923 auf der Bahnstrecke Ankara–Istanbul-Haydarpascha. Mit einem Zug, der von einer feierlich geschmückten Lokomotive gezogen wurde, reiste Mustafa Kemal symbolträchtig von Ankara nach Istanbul. »Eisenbahnen sind ein Schritt in Richtung Zivilisation«, erklärte er. Bereits 1920 hatte seine vorläufige Regierung zwei Teilstücke der Anatolischen Eisenbahn mit rund 1300 Kilometer Strecke von der englischen Militärverwaltung übernommen. Und im April 1924 beschloss die von der türkischen Nationalversammlung eingesetzte Regierung, auch den Rest der Anatolischen Eisenbahnstrecke zurückzukaufen. Die Säkularisation manifestierte Kemal mit dem Verbot, einen Fez zu tragen, der ihm »als ein Zeichen von Ignoranz, Nachlässigkeit, Fanatismus und Hass von Forschritt und Zivilisation«[7] galt, und mit der Abschaffung der alten osmanischen Titel »Bey«, »Efendi« und »Pascha«. Einen deutlichen Schritt in Richtung westliche Kultur unternahm er mit Einführung der 24-Stunden-Zeitmessung, des lateinischen Alphabets und mit ersten Versuchen, die Gleichstellung der Frau zu erlangen. Ein Projekt, das bis heute noch nicht in der gesamten Türkei umgesetzt ist. Und aus Konstantinopel, das ja im Volksmund schon seit Jahrhunderten »Stambul« hieß, wurde nun offiziell »Istanbul«.

Im Mai 1927 wurden sämtliche türkischen Eisenbahnen und Häfen unter eine Generalverwaltung gestellt, die »Türkiye Cumhuriyeti Devlet Demiryollari« (Türkische Staatseisenbahn, kurz: TCDD). Zu diesem Zeitpunkt berief man auch Meißner-Pascha, jetzt allerdings nur noch

Meißner, als »Berater für Bau und Bahnunterhaltung« nach Istanbul zurück. Er legte seinen Amtssitz bewusst nach Haydarpascha und sorgte dafür, dass der im Weltkrieg zerstörte Kopfbahnhof wieder fast originalgetreu aufgebaut wurde. Und so steht er bis heute am asiatischen Ufer des Bosporus: Haydarpascha wirkt wie ein wilhelminisch-hanseatisches Rathaus, achitektonisch und städtebaulich deplaziert, überdimensioniert und wenige Jahre nach seiner abermaligen Einweihung bereits antiquiert. Meißner hätte auch Verkehrsminister der jungen türkischen Republik werden können. Doch dafür hätte er die türkische Staatsbürgerschaft annehmen müssen, wovor er allerdings zurückschreckte: Er konnte zwar nicht im Deutschen Reich leben, aber er wollte seine Wurzeln nicht völlig verleugnen. Von 1927 bis 1933 war er Mitglied im technischen Beirat der Generaldirektion der Anatolischen Eisenbahnen und bekleidete gleichzeitig einen Lehrstuhl für Eisenbahnbauten an der Technischen Hochschule Istanbul.

☾

Buschir, Dezember 1924. Auf abenteuerlichen Wegen war Wassmuss nach Ende des Krieges nach Deutschland zurückgereist, er hatte seine Jugendliebe geheiratet und in Berlin eine Stelle im Auswärtigen Amt angenommen. Doch seit 1921 kam fast täglich Post – aus Persien. Wassmuss' frühere Gefährten klagten über ihr trostloses Schicksal, Stammesfürsten forderten die versprochenen Gelder ein, und die neue Regierung wollte mit diesem Kapitel deutscher Geheimdiplomatie nichts mehr zu tun haben. Wassmuss verkaufte im Lauf des Jahres 1924 sein Eigentum und beschloss, damit eine Farm mit Bewässerungsanlage am Rand der Wüste zu errichten. Im Dezember 1924 traf er gemeinsam mit seiner Frau, zwei deutschen Mitarbeitern und etlichen Pumpen, Traktoren und Landwirtschaftsmaschinen in Buschir ein. Schritt für Schritt setzte er seine Idee um und für kurze Zeit schien alles gut zu gehen. Doch nicht nur die Wüste, auch die lokalen Stammesfürsten bekämpften ihn. Seine Farm wurde boykottiert, bis seine Felder schließlich verdorrten. Im Frühjahr 1931 waren Wassmuss und seine Farm schließlich am Ende, er musste mit seiner Frau und den deutschen Mitarbeitern nach Berlin zurückkehren. Als gebrochener Mann, der trotz aller Verwegenheit und Entschlusskraft seine Ziele nicht erreichte, begann er noch einmal, in der Verwaltung zu arbeiten, um im darauffolgenden Jahr mit nur 51 Jahren zu sterben.

Auf der arabischen Halbinsel, 1924. Ibn Saud hat mit seinen Truppen die ganzen Hedschas mit Mekka und Medina eingenommen. Damit haben die Sauds nach dem Kampf gegen die Raschids nun auch die Auseinandersetzungen mit den Haschmiten gewonnen. Abdul Asis Ibn Saud herrschte nun fast über die gesamte arabische Halbinsel, nahm den Königstitel an und unterwarf die Bevölkerung dem islamischen Recht, der Scharia. Ihren Aufstieg verdankten die Sauds, deren Sippe noch heute allein in Saudi-Arabien herrscht, allerdings vor allem den Briten, von denen sie bis ins Jahr 1950 weiter ihre monatlichen Zuwendungen erhalten sollten. Erst dann ließen die gewaltigen Ölvorkommen das Land unabhängig werden.

Bagdad, Mitte Juli 1926. Wer konnte, war aus der Stadt geflohen. Die Sommerhitze verwandelte Bagdad wieder einmal in einen Backofen. Doch Gertrude Bell blieb, obwohl die Ärzte der 59-jährigen, kränklichen, zu Depressionen neigenden Frau nahelegten, das anstrengende Wüstenklima möglichst ganz zu meiden. Gertrude jedoch glaubte, nur hier wirklich unersetzlich zu sein. Sie war britische Orientbeauftragte, enge Beraterin von König Feisal und hatte es geschafft, ein irakisches Nationalmuseum zu gründen. Dort wurden nun die größten archäologischen Funde des Landes gesammelt, statt dass sie weiter in die europäischen Museen abwanderten.

Der 11. Juli schien ein normaler Tag: Sie aß mit Bekannten zu Mittag, ging nach dem Mittagsschlaf mit Kollegen im Tigris schwimmen, begann am Abend einen Brief an die Eltern und erteilte die Anweisung, sie am nächsten Morgen um sechs Uhr zu wecken. »Aber sie hatte andere Pläne«, erzählt ihre Biografin Janet Wallach, »sie wischte die trübe Zukunft einfach weg, indem sie eine zusätzliche Dosis Schlaftabletten nahm, die auf ihrem Nachttisch standen, das Licht ausknipste und in einen tiefen Schlaf fiel, aus dem sie nicht mehr erwachte.«[8]

☾

Berlin 1928. Für die Deutsche Bank endete nun das Engagement für asiatische Eisenbahnprojekte auch juristisch. Faktisch hatte es bereits Ende 1918 aufgehört, als sämtliche deutschen Mitarbeiter das Osmanische Reich verlassen hatten und der Bahnbetrieb zum Erliegen kam. Doch erst genau 40 Jahre, nachdem Georg von Siemens zögerlich in das Engagement eingestiegen war, wurde das Projekt endgültig abgewickelt. Was blieb also unter dem Strich? Immer wieder wird behauptet: Nach dem Weltkrieg hat die Deutsche Bank die Bagdadbahn weit unter Wert an den türkischen Staat verkauft. Die Bahn war ein Geschäft, behauptet ein Teil der Historiker pauschal, es war ein Verlust sagen die anderen.

»Wenn es auch heute nicht mehr möglich ist, den Ertrag einzelner Projekte genau zu berechnen, so geht doch aus Aufstellungen der Deutschen Bank von 1924 hervor, dass sich für die Bank die Eisenbahnunternehmungen im Orient – vor allem die Linien von Konstantinopel nach Ankara und Eskischehir nach Konya – finanziell gelohnt hatten«, urteilt Manfred Pohl, Chefhistoriker der Deutschen Bank.[9] Tatsächlich hatte der Osmanische Staat über die sogenannten Kilometergeld-Garantien mehr Geld in Bau und Betrieb der beiden Bahnen eingezahlt als die Banken, denn die Einnahmen des Bahnbetriebs deckten bis 1912 nicht einmal die laufenden Verwaltungskosten. Erst 1912 bis 1918 übertrafen die

Erträge die Kilometergeld-Garantien, weil die Bahnen in dieser Zeit so massiv für das Militär unterwegs waren.

☾

Mitte der 1920er Jahre ließ Kemal Atatürk die Grenzen auch für das Bahnnetz schließen, der Streckenausbau wurde nur noch im eigenen Land vorangetrieben. Und so wurde die Bahnstrecke an der türkisch-syrischen Grenze zur undurchlässigen Mauer. Die Gleisanlage selbst blieb türkisch. Das Areal rund um die Euphratbahn-Brücke mit der antiken Stätte Karkemisch wurde zum militärischen Sperrgebiet erklärt. Die französischen Besatzer in Syrien hatten indes eigene Pläne: Sie wollten südlich von der alten eine neue Bahnstrecke Richtung Tigris errichten, die dort auf den südlichen Teil der von den Briten verwalteten Bagdadbahn stoßen sollte.

FÜNFZEHNTES KAPITEL

Mit der Bagdadbahn nach Assur und Ur – die goldenen Jahre und die späte Vollendung

Während die Bahntrasse von den Briten weitergebaut wird, treffen sich alte Kontrahenten entlang der Strecke wieder.

Wie der Alltag im Taurusexpress in den 1930er Jahren aussah, erfahren wir von Agatha Christie in ihrem wohl berühmtesten Kriminalroman: Denn der »Mord im Orientexpress« – wer nur eine der Verfilmungen des Stoffes gesehen hat, kann das nicht wissen – beginnt nicht im Orient –, sondern im Taurusexpress. Nachdem der Protagonist Hercule Poirot in Aleppo eine Verschwörung gegen die französische Besatzungsarmee aufgedeckt hat, reist er von dort mit dem Zug nach Istanbul: »Früh um fünf Uhr wartete auf dem Bahnhof von Aleppo der Zug, der in den Kursbüchern großspurig als ›Taurus-Express‹ bezeichnet wird. Er bestand aus einem Küchen- und Speisewagen, einem Schlafwagen und zwei gewöhnlichen Reisewagen.« Und auch die Anzahl der Passagiere war sehr überschaubar, fand Poirot im Gespräch mit dem Schaffner heraus: »Es sind wohl nicht viele Leute im Zug? Nein, Monsieur, Ich habe nur noch zwei weitere Fahrgäste. Einen englischen Oberst aus Indien und eine junge Engländerin aus Bagdad. Haben Monsieur noch einen Wunsch?«[1]

☾

London im Frühjahr 1928. Eine exzentrische englische Lady besteigt mit viel zu viel Gepäck den Schnellzug nach Dover, der ab Victoria-Station fährt. Es handelt sich um die wohl professionellste Krimiautorin, die den Kriminalroman zu dem gemacht hat, was er heute ist: spannende Geschichten von Menschen mit Leidenschaften und Gier vor exotischen Kulissen – dem Nil zum Beispiel, dem Orientexpress oder einem Grabungshaus in Mesopotamien. Agatha Christie, 38 Jahre alt, ist auf dem Weg in den Orient und erhofft sich von dieser Reise neuen Lebensmut. Sie hat gerade eine schwere Krise hinter sich. 1926 starb ihre Mutter und der alte Familiensitz musste aufgelöst werden. Bald darauf machte ihr Ehemann Archibald Christie, seines Zeichens Offizier der Luftwaffe, Agatha ein Geständnis. Archibald war viel unterwegs und wenn er daheim war, verschwand er auf dem Golfplatz, dort hatte er eine nette Golfspielerin kennengelernt …

In Calais bestieg Agatha Christie den Orientexpress, der sie über Wien und Sofia in dreieinhalb Tagen nach Istanbul brachte. Eigentlich wollte sie auf die Westindischen Inseln reisen. Im letzten Moment hatte sie umdisponiert – eine für ihr weiteres Leben und das der Helden ihrer Kriminalromane weitreichende Entscheidung! Ihr Ziel war nun das legendäre Ur in der Nähe von Bagdad. »Istanbul macht mich verrückt«, schreibt sie später über die vielen Male, die sie die Stadt auf dem Weg in den Orient passierte, »wenn man in dieser Stadt drin ist, sieht man sie nicht. Erst müssen wir Europa verlassen und über den Bosporus auf die asiatische Seite fahren, um Istanbul auch wirklich zu sehen.« Dort stieg sie in den »Toros-Ekspresi« (Taurusexpress), der nun wieder bis Aleppo verkehrte. »Dann folgt die liebliche Reise eines langen Tages dem Marmarameer entlang, in dessen Buchten es von zartumrissenen bezaubernden Inseln wimmelt«, schwärmt sie über die eigentlich nur wenige Stunden dauernde Passage. Da die Fahrt über die anatolische Hochebene in der Dunkelheit erfolgte, erhielt Agatha Christie zumindest bei ihrer ersten Reise keine Eindrücke von Eskischehir, Konya und der endlosen Steppe. »Am nächsten Morgen schauen wir überwältigt von den Cilicischen Toren herab. Uns ist, als ob wir am Rande der Welt stünden und auf das Gelobte Land herabblickten – so muss es Moses zumute gewesen sein.« Die letzte Bemerkung meint Agatha Christie auch in dem Sinne, dass der Europäer »seinen Orient« nie erreichen kann: »Der sanfte, dunkelblau verschwommene Zauber gehört zu einem Land, das man nie betreten wird. Die echten Städte und Dörfer verwandeln sich beim Betreten in die graue Alltagswelt – verflogen ist die verführerische Schönheit.«[2]

Nach der Überquerung des Amanusgebirges erreichte der Zug endlich die syrisch-mesopotamische Ebene, ein Tummelplatz für Archäologen. Da der Nahe Osten seit dem Ersten Weltkrieg weitgehend unter britischem und französischem Mandat stand, kamen in den Hoheitsgebieten vor allem Ausgräber der jeweiligen Nation zum Zug. So führten in Palmyra, dessen Gelände der deutsche Archäologe Theodor Wiegand 1917 erstmals vermessen hatte, französische Archäologen ab 1929 Ausgrabungen durch. Eine Ausnahme bildete das 300 Kilometer südlich von Bagdad gelegene Uruk: Deutsche Archäologen unter der Leitung von Julius Jordan, die bereits 1912/13 hier geforscht hatten, konnten ihre Grabungen 1928 wieder aufnehmen. Doch so wichtig die Ausgrabungen in Uruk für die frühe südmesopotamische Geschichte später werden sollten, sie gerieten in den 1920er und 30er Jahren ganz in den Hintergrund gegenüber einer Grabung, bei der Goldschätze in Grabkammern und weitere Spuren gefunden wurden, die scheinbar bis in die Zeit von Abraham führten – die Ausgrabung von Ur.

Von Aleppo aus ging die Fahrt nicht etwa mit der Bagdadbahn weiter bis Tell Halaf. Die Strecke, die die türkisch-syrische Grenze markierte, blieb auch weiterhin gesperrt. Agatha Christie fuhr dagegen mit der ehemaligen Hedschasbahn weiter bis nach Damaskus, denn von dort gab es, so verrückt sich das auch anhört, seit 1926 eine direkte Busverbindung quer durch die Wüste nach Bagdad. Die Brüder Gerald und

Norman Nairn hatten sie 1926 eingerichtet. Bedient wurde die Strecke mit einem fünfachsigen Kraftwagenzug, einem Sattelschlepper, dessen Sattel aus einem kombinierten Personen- und Gepäcktransporter bestand, der zum Schutz vor dem alles durchdringenden Wüstensand hermetisch verriegelt war. Was den Fahrkomfort nicht gerade erhöhte – wie der Reiseschriftsteller Robert Byron erläutert: »Wir rumpelten mit sechzig Stundenkilometern durch die weglose Wüste, unter einer gleißenden Sonne, betäubt vom Lärm der Steine, die gegen den Boden schlugen, und ganz erschlagen vom Gestank fünf schwitzender Mitreisender.«[3]

☾

Da die Engländer inzwischen ein Normalspurgleis von Bagdad nach Basra verlegt hatten, konnte Agatha Christie bequem bis zur Bahnstation »Ur Junction« reisen. Die eigentliche Erforschung dieser bereits im frühen 19. Jahrhundert entdeckten Stadt fand erst im 20. Jahrhundert statt. Nach Sondierungen der Universität von Pennsylvania und des British Museum legten die USA und England ihre Projekte zusammen. Von 1922 bis 1934 legte das Team des britischen Archäologen Leonard Woolley, der zuvor schon auf dem Sinai und im nordsyrischen Karkemisch geforscht hatte, einen Großteil der ehemaligen Sumerer-Stadt frei, Heiligtümer ebenso wie Wohnsiedlungen. Als Agatha Christie hier eintraf, war Woolley gerade dabei, seinen größten Coup auszugraben. Seit 1927 wurden die sogenannten »Königsgräber« geborgen, die mit einem Schlage deutlich machten, über welch eine Hochkultur die bis dahin weitgehend unbekannten Sumerer verfügten. So lag die Leiche der Königin unter einem Meer von Perlen aus Gold, Silber, Lapislazuli, Karneol, Achat und Chalzedon verborgen.

Doch den Ausgräbern in Mesopotamien wurde auch bald klar: Kaum waren Stadtstaaten wie Ur, Uruk, Lagasch, Kisch oder Nippur erstarkt, kämpften sie gegen ihre Nachbarn um Wasser, Land und Macht. Aufstieg und Untergang, Zivilisation und Zerstörung bildeten hier seit rund 6000 Jahren eine unzertrennliche Einheit.

Im Frühjahr 1930 war die exzentrische Lady aus London schon wieder zu einem, dieses Mal längeren Besuch in Ur eingetroffen. Einer der Assistenten Woolleys wurde daraufhin ganz allein für Christie abgestellt. Der junge Max Mallowan sollte dem Gast die Ausgrabungen, aber auch die weitere Umgebung bis hin nach Bagdad zeigen. Hauptsache, die Arbeiten wurden nicht allzu sehr gestört. Max Mallowan hatte sich recht schnell in die Schriftstellerin verguckt. Er bestand darauf, sie auf der Fahrt mit der Bagdadbahn und dem Orientexpress nach London zu begleiten. Dort machte der 26-jährige Archäologe der 40-jährigen Schriftstellerin einen Heiratsantrag; sie lehnte zunächst ab, sagte einen Monat später doch zu und gab die neue Einsicht an ihre Leser weiter: »Heiraten Sie nur einen Archäologen! Je älter Sie werden, desto interessanter findet er Sie.«[4]

☾

Bagdad im Dezember 1930. Ein kleiner, hagerer Mann mit strengen asiatischen Gesichtszügen und einem Spitzbart klettert aus dem Zug. Der Amerikaner William L. Shirer ist Journalist und auf abenteuerlicher Mission unterwegs. Er reist durch Asien und Europa, um exklusiv für die *Chicago Tribune* von den Krisenherden der Alten Welt zu berichten. In einem indischen Gefängnis hatte er Mahatma Gandhi über seinen gewaltlosen Widerstand gegen die britischen Kolonialherren interviewt. Und durch Zufall hatte er den Sohn des Nadir Schah kennengelernt, der sich gerade in Kabul an die Macht geputscht hatte. Shirer hatte sich im indischen Delhi dafür entschieden, auf dem Landweg zu reisen. So hatte er die Möglichkeit, in Bagdad den irakischen König Feisal zu interviewen und den Tigris entlangzufahren, vorbei an berühmten Orten wie Babylon, Assur und Aleppo. Shirer hatte den Nachtzug Basra–Babylon genommen, als er gegen Morgen an einem kleinen Haltepunkt aus dem Fenster sah: Dort prangte das Stationsschild »Ur Junction«. Hatte das etwas mit dem biblischen »Ur in Chaldäa« zu tun? Ohne weiter nachzudenken, schlüpfte er in seine Kleidung, warf sein Gepäck durch das Zugfenster auf den Bahnsteig und stieg aus. Auf dem nahen Grabungsgelände stieß er auf Leonard Woolley. Dieser verdächtigte den kleinen, asiatisch anmutenden Mann zunächst, ein Agent zu sein. Erst als Shirer seine Erlebnisse in Indien und Afghanistan schilderte, fasste Woolley allmählich Vertrauen in den Amerikaner. Schließlich führte er ihn nicht nur auf dem Grabungsgelände herum, sondern zeigte ihm auch eine besondere Stelle. Es war eigentlich nur ein Ausgrabungsloch, dessen Wände aus unterschiedlich gefärbten Lehmschichten bestand. Doch anhand der Lage der dunklen »Überschwemmungsspuren« glaubte Woolley, Beweise für die biblische Sintflut gefunden zu haben. Shirer, der bereits die ersten Schlagzeilen im Kopf hatte, musste allerdings hoch und heilig versprechen, die Geschichte erst publik zu machen, wenn Woolley seinen eigenen Bericht veröffentlicht hat.

Mit einem Tag Verspätung und einer weiteren guten Geschichte im Gepäck traf Shirer in Bagdad ein, das ihn allerdings schwer enttäuschte. Den Zauber von »Tausendundeine Nacht« musste die Stadt bereits vor Jahrhunderten verloren haben. König Feisal stellte sich im Interview als schwer enttäuschter Regent heraus. Sein Traum einer vereinigten arabischen Nation hatte sich nicht erfüllt. Er war zwar Herrscher über das irakische Volk, aber dieses, klagte der König, ist »nur eine amorphe Masse, die sich gegen jede wie auch immer geartete Regierung erhebt«. Dabei handelte Feisal sehr uneigennützig. Er setzte eine unabhängige Kommission ein, die über die Verwendung der Einnahmen aus der Ölförderung entschied und damit den Straßenbau sowie Bewässerungsprojekte vorantrieb. Shirer kaufte am Bagdader Bahnhof ein arabisch bedrucktes Ticket in festem Glauben, der Zug werde ihn über Aleppo und Konya nach Konstantinopel bringen – schließlich war das die Route der Bagdadbahn. Doch der Zug aus Bagdad hielt nach einigen Stunden Fahrt entlang des Tigris in Beidschi, etwa auf Höhe der Stadt Kirkuk. Alle Passagiere suchten ihr Gepäck zusammen – bis auf einen. »Die Strecke endet hier – wussten Sie das denn nicht!?« Diese Frage richtet ein britischer Offizier an den überrascht wirkenden Shirer. Aber Shirer zeigte sich nur einen kurzen Augenblick irritiert, bevor er seine Sachen zusammensuchte. Er kletterte aus dem Zug – einen Bahnsteig gab es nicht – und stand nun mitten in der Landschaft. Wie so häufig in den letzten Monaten musste er sich erst einmal orientieren. Einsam lag die schnurgerade Bahnstrecke Richtung Bagdad vor ihm und hob sich kaum von der schroffen Umgebung ab. Ihr Verlauf war nur an den Telegrafenstangen zu erkennen, die zum Horizont hin dichter und dichter zu werden schienen. Ein Gestank nach Schwefel und Petroleum biss seine Nase und trieb ihm Tränen in die Augen. Auf ihren letzten Kilometern hatte die Bahn schwarz schimmernde Seen und Bäche passiert. Dort trat das zähflüssige, schwere Pech zu Tage. In der Landschaft verteilt wie grasende Büffel erkannte Shirer nun die metallenen Ungetüme: Petroleum-Öfen, die die zähe Masse verflüssigten und dabei schmierige, giftig-schwarze Dampfwolken in die Luft bliesen. Bei Kirkuk – so hatte ihm sein Zugnachbar erklärt – waren die Engländer 1927 mit ihren Bohrungen endlich auf die schon lange vermuteten unterirdischen Ölvorkommen gestoßen, die einfach nur abgepumpt werden mussten. Shirer wurde schlagartig klar: Diese Ölquellen waren mit Sicherheit ein wichtiger Grund dafür, warum die Engländer ihr Mandat über Mesopotamien nur zögerlich abgeben wollten.

Schnödes Erdöl bestimmte den Lauf der Dinge genau an dem Ort, an dem die menschliche Zivilisation ihren Anfang genommen hat. Während Shirer sich zwischen dem Bahnhof und den umliegenden Hütten die Beine vertrat, versuchte er, sich die Szene für sein Notizbuch genau einzuprägen: So weit das Auge reicht, ist die Landschaft von der Ölförderung verseucht. Den Endpunkt der trostlosen Gleise, die von Basra über Bagdad bis hierher reichen, bildet eine heruntergekommene Barackenstadt. In ihr irren Kurden, Tscherkessen, Türken, Syrer und Armenier umher – Enttäuschung, Gier und offene Feindseligkeit spiegelt sich in ihren Gesichtern. In einem Autokonvoi ging es schließlich zum rund hundert Kilometer entfernten Mossul und von dort weiter Richtung Nordwesten durch den syrischen Zipfel zur türkischen Grenze, wo ein Anschlusszug auf sie wartete.

An der türkischen Grenzstation Nusaybin stand der »Toros-Ekspresi«, der bis nach Istanbul durchfahren sollte. Shirer hatte genug Zeit, das Geschehen draußen zu beobachten. »Die Art, wie auf dem kleinen Bahnhof alles drunter und drüber ging, ließ mich an Szenen auf russischen Provinzbahnhöfen denken, wie Tolstoi sie so plastisch beschrieben hat. Die beiden Züge, die pro Woche von hier abgingen, schienen das Dutzend türkischer Bahnbeamter ebenso zu überfordern wie ein weiteres Dutzend Zollbeamter, und so war es an einem Samstag nahezu Mitternacht geworden, bis der Zug endlich aus der Grenzstation dampfte, westwärts durch Anatolien«, schrieb er in sein Notizbuch.[5]

Die Tunnel entlang der Strecke waren extrem niedrig. Die Loks qualmten sie sofort voll, es gab keinen Raum für abziehende Luft. Und folglich fehlte der Sauerstoff für das Feuer unter dem Kessel der Lokomotiven, dann für die Lokführer und schließlich auch für die Passagiere. Reihenweise, so erzählte es ihm ein Mitreisender, fielen sie in Ohnmacht. Und diejenigen Bewohner von Adana, die noch nie mit der Bahn gefahren waren, wunderten sich, warum die Reisenden immer so verrußt aus den Zügen stiegen. Der »Toros-Ekspresi«, der Samstagnacht gestartet war, erreichte am Dienstagvormittag Haydarpascha. Für eine Strecke von gut 1500 Kilometern Luftlinie – so schließt Shirer seinen Reisebericht – hatte er ganze fünf Tage gebraucht. Mit einem Propeller-Flugzeug hätte er die Strecke in nur fünf Stunden zurückgelegt.

Immerhin hatte der Zug so gut wie keine Verspätung, was im Orient schon fast an ein Wunder grenzt. Als Ursache dafür gab ihm sein Abteilnachbar folgende Erklärung: Es sei am Anfang schwer gewesen, den internationalen Schlafwagenzug Haydarpascha-Aleppo pünktlich durch die Türkei zu bringen. Stunden, manchmal sogar Tage Verspätung – die junge Nation machte sich vor der Welt lächerlich. Also sei jeder Lokomotivführer, der sich mehr als 5 Minuten verspätete, erschossen worden. Nun halte der Zug den Fahrplan auf nahezu preußische Art ein. Immer wieder hörte der Journalist auf seiner Reise durch Asien solche unglaublichen Berichte und überlegte, ob er diese Geschichten verwenden konnte: Wahrheit oder Legende?

☾

Tell Brak in Syrien 1935. Max Mallowan hatte inzwischen seine eigenen Ausgrabungen: Chagar Bazar und Tell Brak in Syrien, Arpachiyah bei Ninive und Nimrud im Irak. Und Agatha Christie-Mallowan begleitete ihren Mann stets. Sie half dabei, die Funde zu reinigen und dokumentierte sie anschließend mithilfe von Fotografien. Mallowans Spezialgebiet wurde übrigens die Halaf-Keramik des 5. und 6. vorchristlichen Jahrtausends, die Max von Oppenheim als Erster in seinem Siedlungshügel entdeckt hatte. Wenn man es genau nimmt, war Agatha gleichzeitig die mächtige Frau im Hintergrund. Sie steuerte nicht nur aus ihrem eigenen Geldbeutel einiges für Unterkünfte und Verpflegung während der Grabungen bei. Ohne ihr großzügiges Sponsoring hätte Maxens erste eigene Grabung in Arpachiyah bei Ninive gar nicht stattfinden können. Und fast nebenbei schrieb Christie weiter Kriminalromane, zum Beispiel »Mord in Mesopotamien« Den Stoff bezog sie aus ihren Umgebungen und Reiseeindrücken.

☾

Istanbul Mitte der 1930er Jahre. Auf damaligen Fotos sieht der europäische Stadtteil Galata aus wie jede europäische Metropole zu dieser Zeit. Reichtum und Armut liegen dicht beieinander: Vor großen Geschäften und luxuriösen Hotels und Restaurants lungern heruntergekommene Gestalten. Die mondäne Frau trägt Bubikopf, der Mann, der es sich leisten kann, kommt im Frack und gemeinsam tanzen sie auf exzessiven Festen Charleston. Es sind vor allem Griechen, Deutsche, Österreicher, Schweizer, Engländer und Juden, die hier ein und aus gehen. Mit den Türken pflegten sie nur geschäftlichen, aber keinen privaten Umgang. Viele der Ausländer – Ingenieure, Kaufleute, Wissenschaftler – und ihre Familien lernten gerade einmal so viel Türkisch, um auf der Straße zurechtzukommen. Es gab griechische, deutsche und österreichische Schulen, Krankenhäuser und Kultureinrichtungen. Ganze Viertel wurden fast ausschließlich von Einwanderern und Exilanten bewohnt, in denen die jeweilige Landessprache gesprochen wurde. Nur wenige deutsche Familien wohnten auf der asiatischen Seite der Stadt – darunter auch Heinrich August Meißner. Bis kurz vor seinem Tod unterrichtete er an der Istanbuler Universität, die am Rand des historischen Altstadt-Viertels liegt. Immer mehr deutsche Emigranten ließen sich in den späten 1930er Jahren in Istanbul nieder. Die Türkei erlebte die größte Einwanderungswelle von Deutschen: Vor dem Naziterror suchten politisch Verfolgte Zuflucht am Bosporus, vertriebene Wissenschaftler und Verwaltungsfachleute wie Ernst Reuter wurden von der jungen Türkischen Republik angestellt.

☾

1936 im Irak. Die Generäle der irakischen Armee putschten gegen den König, die erste von vielen nachfolgenden Militärdiktaturen begann. König Feisal hatte es nicht geschafft, während seiner Amtszeit Kurden, schiitischen und sunnitischen Arabern, Beduinen und Bauern, städtischen Arbeitern, Händlern und Gelehrten ein gemeinsames Nationalgefühl zu vermitteln. Erst 1932 war der Irak endlich in die vollständige Unabhängigkeit entlassen und in den Völkerbund aufgenommen worden, nur ein knappes Jahr später starb Feisal an einem Herzinfarkt. Nachfolger wurde sein Sohn, König Ghazi. Doch dessen Glück hielt nur bis zum Putsch der Generäle. Im Sommer 1935 unterzeichneten die irakische Regierung und die »British Oil Development Company« einen Vertrag über den Ausbau der Ölförderung insbesondere im Nordirak. Der Vertrag enthielt als wesentlichen Punkt, dass das fehlende Verbindungsstück der einstigen Bagdadbahn, nun türkisch-syrisch-irakische Eisenbahn genannt, zwischen Tell Kutschuk an der syrisch-irakischen Grenze und Beidschi am Tigris, fertiggestellt werden sollte. Während die Weltöffentlichkeit kaum davon Notiz nahm, beobachtete man in Deutschland diesen Vorgang genau.

So konnte der Essayist der *Deutschen Rundschau*, Ernst Reichelt, nicht umhin, die großartige deutsche Vision an diesem Projekt zu loben: »Den äußeren Anstoß mögen jetzt die Petroleumfunde von Mossul gegeben haben, die eine schnelle Bahnverbindung des Erdölgebietes mit Europa erwünscht erscheinen lassen, aber auch in dieser beschränkten Zielsetzung gewinnt der große Gedanke, der dem Bagdadbahnprojekt deutschen Gepräges zugrunde lag, sichtbare Gestalt: es geht darum, die seit Ausgang des Mittelalters abgerissenen Weltverkehrslinien im orientalischen Raum neu zu knüpfen, den leichtverletzlichen Weg des Suezkanals durch eine Landbrücke zum Osten zu ergänzen und den Orient wieder in seine seit urdenklichen Zeiten ausgeübten Funktionen als Mittler zwischen Asien und Europa einzusetzen.«[6]

Genau dazu kam es jedoch nicht. Der Orient blieb vor allem als Rohstofflieferant im Fokus der weltöffentlichen Aufmerksamkeit. Deshalb dachten die Engländer ganz pragmatisch. Sie benötigten die orientalischen Bahnlinien, um vom Persischen Golf aus Material und Menschen in die Erdölregionen zu transportieren und das Öl von dort in Richtung Küste. Außerdem wurden mit der Bahn die Rohre für eine erste Pipeline transportiert. Trotz des verstärkten Absatzes und des wachsenden Wohlstandes kam der Irak innenpolitisch nicht zur Ruhe; in den turbulenten 1930er und 40er Jahren öffneten sich viele arabische Politiker den Ideen des deutsch-italienischen Faschismus und so wurden die Wurzeln der totalitären Ideologie der Baath-Partei und der Terror-Diktatur Saddam Husseins gelegt.

☾

13. Mai 1935. Seit 1929 lebte Thomas Edward Lawrence wieder in England, zuletzt zurückgezogen in einer kleinen Hütte bei Dorset. An diesem Tag fuhr er mit einem seiner Brough-Superior-Motorräder – er besaß sieben Stück davon – über die Landstraße, um bei der Post Briefe aufzugeben. Er fuhr nicht besonders schnell, konnte aber dem Fahrrad eines Botenjungen nicht ausweichen und stürzte unglücklich. Dabei zog er sich so schwere Kopfverletzungen zu, dass er ins Koma fiel und fünf Tage später im Krankenhaus starb. Trauerbekundungen aus aller Welt trafen ein und zwei Tage später wurde *der* Held des Ersten Weltkrieges zu Grabe getragen.

☾

Haus Doorn 1936. Immer häufiger zog sich der Kaiser in die Zimmer zurück, die mit den Erinnerungsstücken an seine drei Orientreisen ausgeschmückt waren. Der Kaiser hatte sich wieder Mesopotamien zugewandt. Bei einem Frühstück erstaunte er einmal seine Gäste damit, dass er sämtliche assyrischen Könige hintereinander aufsagen konnte. Und noch im selben Jahr veröffentlichte er eine Studie mit dem Titel »Vergleichende Zeittafeln der Vor- und Frühgeschichte Vorderasiens, Ägyptens und der Mittelmeerländer« und das Bändchen »Das Königtum im alten Mesopotamien«. In dieser Zeit besuchte Max von Oppenheim den

Kaiser. Die beiden Männer verstanden sich gut, denn beide verachteten die Gegenwart, lebten in der Vergangenheit, in ihren Erinnerungen. Oppenheim bewunderte die Orient-Sammlung des Kaisers und verschwieg aus Höflichkeit, dass er eine noch viel größere und exklusivere als der Kaiser hatte – wenn er nur an seine Auswahl getragener Kleider und Negligés dachte ...

☾

Im März 1939 verkehrte der erste Taurusexpress von Haydarpascha bis nach Mossul und nur noch ein kleines Stück der Bahnstrecke musste gebaut werden. Das gelang schließlich im Sommer 1940 – mitten in den Wirren des neuen Weltkrieges. »Die Bagdadbahn ist fertiggestellt«, so betitelte *Die Frankfurter Zeitung* am 16. Juli 1940 ihren Bericht: »Mitten in die kriegerischen Umwälzungen Europas hinein kommt aus Vorderasien eine Nachricht, die heute fast wie eine Kunde aus vergangener Zeit anmutet. Die Bagdadbahn ist fertig, bis zum letzten Kilometer der Strecke fertig geworden«.[7] Rund 70 Jahre nachdem Wilhelm Pressel seinen ersten Plan für die Bagdadbahn entwarf, rund 52 Jahre nachdem deutsche Ingenieure den Bau einer Bahn quer durch Anatolien und den Nahen Osten begannen und 42 Jahre nach der Unterzeichnung der Bagdadbahn-Konzession wurde der Bau dieser legendären Bahnlinie endlich vollendet. Jedoch anders als alle erwarteten: Das Osmanische Reich gab es längst nicht mehr, ein neuer Retortenstaat war in Mesopotamien an seine Stelle getreten und nicht die Deutschen, sondern Briten im Auftrag einer Petroleum-Gesellschaft vollendeten die Bahnlinie. Die Bagdadbahn wurde nicht zur viel beschworenen Lebensader des Orients, sie erlangte auch keine wichtige strategische Bedeutung. Frachtschiffe und Tanker, Pipelines und Flugzeuge erweisen sich als bessere und sicherere Transportmittel.

Am 17. Juli 1940 fuhr der erste durchgehende Personenzug von Bagdad nach Haydarpascha. Theoretisch hätte er bis Berlin weiterfahren können, aber nur theoretisch. Denn schon wieder war der grenzüberschreitende Verkehr in Europa lahmgelegt, schon wieder lag Europa in einem Krieg und wieder zog es den Rest der Welt mit hinein. Der deutsche Traum von einem orientalischen Großreich war längst abgelöst worden von dem eines arischen Großreiches, das sich von der westlichen Atlantikküste bis nach Sibirien hinein erstrecken sollte ... Immerhin war die Türkei klug genug, dieses Mal trotz heftigster Agententätigkeiten aller Kriegsteilnehmer in seinem Hoheitsgebiet neutral zu bleiben.

☾

Am 4. Juni 1941 starb Wilhelm II. im Alter von 82 Jahren und bis zum Schluss verbittert. Als die Deutsche Reichswehr in Belgien und Holland einmarschierte, glaubte er noch einmal, sein Schicksal könnte eine späte Wende nehmen und er könnte als Kaiser rehabilitiert werden. Doch die Nationalsozialisten statteten ihm nur Höflichkeitsbesuche ab und nutzten ihn für ihre Propaganda aus. Von einer Rückkehr zur Monarchie wollten sie nichts wissen. Selbst die Beerdigung des Kaisers wurde zu einer Propaganda-Schau umfunktioniert: Neben Verwandten und Mitgliedern des Adels nahmen vor allem Nazigrößen daran teil. Wie schon sein ganzes Leben, so wurde auch sein letzter Gang – bei »Kaiserwetter« – zu einem Medienspektakel, das sich gut in der »Tönenden Wochenschau« machte.

Schluss

Zwischen Mythos und Modernisierung – die Bagdadbahn heute

Bis in die 1990er Jahre verkümmert die Bagdadbahn zu einer anatolischen Lokalbahn, heute wird das Streckennetz modernisiert.

Als ich 1994 das erste Mal den türkischen Teil der Bagdadbahnstrecke mit dem »Toros-Ekspresi« (Taurusexpress) entlangreiste, wurden gerade im großen Stil die alten Gleise ausgewechselt. In regelmäßigen Abständen lagen entlang der Strecke die neuen Baumaterialien: Gleise, die bereits auf Schwellen aus Gussbeton vormontiert waren. Und so verschwanden nach und nach die Schienen des Sultans mit ihren Aufdrucken wie beispielsweise »Krupp 1898« von der Trasse. War dies nun noch die Bagdadbahn?

☾

Wie jeden Dienstag, Donnerstag und Sonntag startete der »Toros-Ekspresi« fast immer pünktlich um 8 Uhr 55 vom Bahnhof Haydarpascha aus zu seiner Reise quer durch Anatolien bis an die türkisch-syrische Grenze im Taurusgebirge – daran hat sich bis heute wenig geändert. Gezogen wurde der Zug von einer betagten Diesellokomotive vom Typ DE 22 – symbolisch für die gesamte Strecke der ehemaligen Bagdadbahn. Bis in die 1990er Jahre hatte die Türkei wenig in ihr Eisenbahnnetz investiert – keine Überholung und kein Ausbau der Strecke, keine neuen Lokomotiven. Da die Strecke noch immer auf vielen Streckenabschnitten sowie durch die Tunnel einspurig angelegt war, musste der

»Toros-Ekspresi« immer wieder auf Ausweichgleisen stoppen, um entgegenkommende Züge passieren zu lassen. So hatte beispielsweise der Ankaraexpress immer Vorfahrt.

Der allmähliche Verfall war jedoch nicht nur Ausdruck der Gleichgültigkeit der türkischen Behörden. Die Bagdadbahnstrecke hat es eben in sich: Die Steigungen in die anatolische Hochebene hinauf sind ebenso wie die Passagen durch Taurus- und Amanusgebirge äußerst schwierig. Erschwerend kommen noch die viel zu schmalen Tunnel und das anatolische Kontinentalklima mit sehr heißen Sommern und strengen Wintern sowie die schlechte, schwefelhaltige türkische Kohle hinzu. Am besten eigneten sich für diese Strecke die besonders anspruchslosen deutschen Lokomotiven, die während der zwei Weltkriege gebaut wurden und nur soviel Technik aufweisen wie gerade unbedingt nötig; dazu gehört etwa die Baureihe »G-8«.

Nach dem Zweiten Weltkrieg wurde versucht, amerikanische Diesellokomotiven auf der Strecke einzusetzen – mit verheerenden Ausfällen. »Wenigstens zweier weiterer Dieselloktypen und zwanzig Jahre bedurfte es, bis mit der Reihe DE 24 (französischer Konstruktion) und der DE 11 von Krauss-Maffei im Jahre 1986 der Dampfbetrieb offiziell beendet werden konnte«, so der Autor des Railhoo-Reports »Dampflokomotiven in der Türkei«.[1] Deshalb wurden erst 1990 die letzten Dampflokomotiven aus dem fahrplanmäßigen Betrieb genommen, für Nostalgie-Züge sind einige Lokomotiven auch weiterhin im Einsatz. Viele dieser alten Dampflokomotiven standen immer noch zu zweit, zu dritt, manchmal sogar zu fünft auf Abstellgleisen entlang der Bahnlinie, rosteten vor sich hin, während sie auf ihre Verschrottung warteten, und verbreiteten dabei ein wenig nostalgisches Flair.

Ein bisschen orientalisches Flair hatte sich der Zug in seinem Inneren bewahrt. Zur Gebetszeit knieten sich Männer mit Kopfbedeckung auf die Bankreihen und begannen ihre Gebete zu verrichten, wobei ihre Köpfe in strengem Wechsel hinter den Rückenlehnen verschwanden und wieder auftauchten. Bauern und Händler stellten auch die 1.-Klasse-Pullmann-Wagen mit ihren großen Warensäcken voll. Und der Schaffner verteilte auch nach zehn Stunden im Einsatz Süßigkeiten an die vielen Kleinkinder im Zug. Der »Toros-Ekspresi« war ein Arme-Leute-Zug geworden. Überlandbusse vieler privater Busunternehmen, die fast jeden Ort im Land direkt anfahren, waren viel schneller und komfortabler als der Zug, aber auch um Einiges teurer. Für die rund 700 Kilometer von Istanbul nach Konya zahlte der Fahrgast 1 320 000 Türkische Lira, das entsprach rund 6 Euro.

Eine wichtige Rolle spielte die Bahnstrecke in den 1990er Jahren nur noch für den Getreidetransport von der anatolischen Hochebene in die Millionen-Metropole Istanbul. Nach rund 30 Stunden Fahrt erreichte der »Toros-Ekspresi« schließlich seinen Endbahnhof: Gaziantep unweit der syrischen Grenze.

☾

Im Fahrplan der TCDD steht bis heute ein wöchentlicher Anschlusszug nach Bagdad.[2] Allerdings mit der Fußnote versehen: ausgesetzt seit 13. März 2003. Nach dem Krieg zwischen Irak und Iran von 1980 bis 1988 und dem ersten Irakkrieg alliierter Streitkräfte gegen Saddam Hussein 1991 hatten unter anderem deutsche Bauunternehmen die Bagdadbahnstrecke zwischen Aleppo und Bagdad repariert und erneuert. Ab 2001 fuhr dann einmal wöchentlich ein Fernzug von Aleppo nach Bagdad und zurück. Doch diese Verbindung hielt nur, bis die USA glaubten, den Diktator Saddam Hussein auch ohne UN-Mandat mit ihrer militärischen Übermacht endgültig stürzen zu müssen. Von diesem Schlag hat sich weder das Land noch der südliche Teil der Bagdadbahn bisher erholt. Im Fahrplan der TCDD steht deshalb nur noch ein wöchentlicher Zug von Istanbul über Aleppo nach Damaskus. In der Regel handelt es sich dabei um einen Kurswagen, der sonntags vom »Toros-Ekspresi« mitgeführt wird.

Erfreulicher sieht es dagegen auf dem türkischen Abschnitt der Bagdadbahn aus. Seit den 1990er Jahren hat die TCDD nicht nur nach und nach das Gleisbett und den Gleiskörper der Bahnlinie modernisiert, Teile der Strecken wurden auch elektrifiziert. Der Einsatz von Hochgeschwindigkeitszügen ist geplant und unter dem Bosporus hindurch wird seit 2001 ein Tunnel für eine Bahnlinie gebaut. Allerdings erweist sich das unterirdische Bauen in Istanbul als äußerst heikel: Mit jedem Stein, der in dieser über 2000 Jahre alten Stadt umgedreht wird, kommt ein Stück Geschichte ans Tageslicht. Lange Zeit standen die offiziellen Stellen in der Türkei den geschichtlichen Zeugnissen vor der Zeit der Osmanen recht gleichgültig gegenüber – das hat sich in den letzten 20 Jahren aber gewaltig geändert. Sobald der Bosporus-Tunnel eingeweiht ist, rückt in greifbare Nähe, wovon deutsche Politiker, Techniker und Abenteurer vor rund hundert Jahren träumten: eine durchgehende Bahnstrecke Berlin–Bagdad. Zumindest technisch wird sie möglich, doch die politischen Verhältnisse lassen eine solche Verbindung in absehbarer Zeit undenkbar erscheinen.

Anmerkungen

Einleitung

1 Zitiert nach Hopkirk, S. 85ff.
2 von Hentig, S. 10.

Erstes Kapitel

1 Zug der Zeit, S. 564.
2 Zug der Zeit, S. 565.
3 Zitiert nach Helfferich, 1923, S. 28f.
4 Zitiert nach Helfferich, 1923, S. 28f.

Zweites Kapitel

1 Dörner, S. 16.
2 Zitiert nach Helfferich, 1923, S. 30.
3 Zitiert nach Helfferich, 1923, S. 31.
4 May, S. 177.
5 Größte Bank im Osmanischen Reich, in französischer Hand.
6 Zitiert nach Wiegand, S. 31
7 Palmer, S. 206.
8 Zitiert nach Helfferich, 1923, S. 32.
9 Helfferich, 1923, S. 33.
10 Pohl, S. 23f.
11 Zitiert nach Helfferich, 1923, S. 33f.
12 Zitiert nach Helfferich, 1923, S. 34f.
13 Eichholtz, S. 16.
14 Zitiert nach Wiegand, S. 29.

Drittes Kapitel

1 Wallach, 1999, S. 62.
2 Zitiert nach Sulzer, S. 100f.
3 Ebd.
4 Amtspresse Preußen, S. 4.
5 Shaw, S. 51.
6 Amtspresse Preußen, S. 3.
7 Shaw, S. 51.
8 Amtspresse Preußen, S. 3.
9 Ebd.
10 Amtspresse Preußen, S. 1.
11 Amtspresse Preußen, S. 1f.

Viertes Kapitel

1 Zitiert nach Pohl, S. 40.
2 Pohl, S. 38.
3 Zitiert nach Helfferich, 1923, S. 56.
4 Wilhelm II., Ereignisse und Gestalten, S. 99.
5 Herre, S. 113f.
6 Curtius, S. 185f.
7 Zitiert nach Pohl, S. 143.
8 Helfferich, 1923, S. 58.
9 Helfferich, 1923, S. 60.
10 Zitiert nach Heigl, S. 27f.
11 Moltke, S. 226.
12 Ebd.
13 Lewis, 1996.

Fünftes Kapitel

1 Zitiert nach Wiegand, S. 74.
5 Zitiert nach Palmer, S. 215.
3 Zitiert nach Wiegand, S. 75.
4 Ebd.
5 Zitiert nach Zeller, S. 238.
6 Zeller, S. 238.
7 Zeller, S. 241.
8 Curtius, S. 187.
9 Bell, S. 162.
10 Bell, S. 164.
11 Zitiert nach Teichmann/Völger, S. 111.
12 Teichmann/Völger, S. 26.
13 Zitiert nach Teichmann/Völger, S. 26f.
14 Zitiert nach Hosfeld, S. 42.
15 Zitiert nach Hosfeld, S. 33.

16 Hosfeld, S. 39.
17 Palmer, S. 266.
18 Ebd.
19 Hosfeld, S. 44.
20 Zitiert nach Röhl, 2001, S. 1042ff.
21 Hopkirk, S. 39.

Sechstes Kapitel

1 Bildtafel in Hopkirk.
2 Helfferich, 1923, S. 85.
3 Zitiert nach Herre, S. 172f.
4 Herre, S. 176.
5 Zitiert nach Röhl, 2001, S. 1051.
6 Zitiert nach Röhl, 2001, S. 1054.
7 Ebd.
8 Zitiert nach Der Traum vom Orient, S. 18.
9 Zitiert nach Röhl, 2001, S. 1052.
10 Zitiert nach Der Traum vom Orient, S. 18.
11 Siemens, S. 358.
12 Zitiert nach Helfferich, 1923, S. 87.
13 Zitiert nach Helfferich, 1923, S. 88.
14 Zitiert nach Helfferich, 1923, S. 89.
15 Siemens, S. 360.
16 Zitiert nach Helfferich, 1923, S. 88f.
17 Siemens, S. 358.
18 Zitiert nach Röhl, 2001, S. 1057.
19 Zitiert nach Röhl, 2001, S. 1054.
20 Gründer, S. 23.

Siebtes Kapitel

1 Wilhelm, Damals, S. 70.
2 Teichmann/Völger, S. 317f.
3 Röhl, 2008, S. 126.
4 Zitiert nach Helfferich, 1923, S. 126.
5 Zitiert nach Helfferich, 1923, S. 90.
6 Zitiert nach Helfferich, 1923, S. 100.
7 Zitiert nach Helfferich, 1923, S. 102.
8 Zitiert nach Helfferich, 1923, S. 104.
9 Rohrbach, S. 108.
10 Asien, 3 (1901), S. 37.
11 Ebd., S. 40.
12 Zitiert nach Helfferich, 1923, S. 76f.
13 Siemens, S. 371.
14 Asien, 6 (1901), S. 94.

Achtes Kapitel

1 Zitiert nach Pönicke, S. 2.
2 Zitiert nach Pönicke, S. 3.
3 Pönicke, S. 4.
4 Zitiert nach Der Traum vom Orient, S. 18.
5 Zitiert nach Pohl, S. 75.
6 Zitiert nach Heigl, S. 46.
7 Zitiert nach Pönicke, S. 10.
8 Zitiert nach Teichmann/Völger, S. 43.
9 Röhl, 2008, S. 633.
10 Zitiert nach Röhl, 2008, S. 636.
11 Rill, S. 27.
12 Zitiert nach Hosfeld, S. 87.
13 Zitiert nach Hosfeld, S. 86.
14 de Bernières, S. 188.
15 Curtius, S. 190f.
16 Zitiert nach Hosfeld, S. 96f.

Neuntes Kapitel

1 Wallach, 1999, S. 143.
2 Ebd., S. 147.
3 Zitiert nach Teichmann/Völger, S. 53.
4 Pönicke, S. 16.
5 Heigl, S. 49.
6 Zitiert nach Pohl, S. 164.
7 Zitiert nach Heigl, S. 49.
8 Asien, S. 47f.
9 Zitiert nach Wilson, S. 99.
10 Zitiert nach Wilson, S. 105f.
11 Andrews, S. 131.
12 König, S. 267.
13 Stern, Die Zeit, Oktober 2007.
14 Zitiert nach Herre, S. 279.
15 Zitiert nach Heigl, S. 112.

Zehntes Kapitel

1 Rohrbach, S. 40f.
2 Zitiert nach Teichmann/Völger, S. 55.
3 Zitiert nach Pönicke, S. 21.
4 Rohrbach, S. 43f.
5 Eichholtz, S. 27.
6 Asien 3 (1901).
7 Banse, S. 10 ff.
8 Pönicke, S. 23.

9 Zitiert nach May (arte).
10 Rohrbach, S. 47.
11 Banse, S. 15f.
12 Pönicke, 26.

Elftes Kapitel

1 Zitiert nach Heigl, S. 52.
2 Franzke, S. 141.
3 Heigl, S. 133.
4 Fromkin, S.109.
5 Wallach, 1976, S. 134.
6 Zitiert nach Löhlein, Antike Welt.
7 Wilhelm II., Ereignisse und Gestalten, S. 132.
8 Röhl, 2008, S. 996.
9 Zitiert nach Wilson, S. 141.
10 Andrews, S. 135.
11 Wallach, 1999, S. 201.
12 Zitiert nach May (arte).
13 Wallach, 1999, S. 20.
14 Fromkin, S. 203.
15 Förster, Geo-Epoche, S. 85.
16 Stern, Die Zeit, Oktober 2007.
17 Zitiert nach Pönicke, S. 28.
18 Neulen, S. 34.
19 Zitiert nach Oberhaus, S. 22.

Zwölftes Kapitel

1 Zitiert nach Neulen, S. 25.
2 Zitiert nach Oberhaus, S. 121.
3 Oberhaus, S. 121.
4 Mikusch, S. 57.
5 Zitiert nach Hopkirk, S. 76f.
6 Zitiert nach Teichmann/Völger, S. 125.
7 Teichmann/Völger, S. 70.
8 Oberhaus, S. 131.
9 Heigl, S. 133f.
10 Wilson, S. 159.
11 Kahleyss, Propaganda, 2001.
12 Zitiert nach Teichmann/Völger, S. 131.
13 Hopkirk, S. 87f.
14 Zitiert nach Heigl, S. 89.
15 Mikusch, S. 68.
16 Neulen, S. 167.
17 Hentig, S. 54.

Dreizehntes Kapitel

1 Zitiert nach Neulen, S. 219.
2 Zitiert nach Wallach, 1999, S. 227.
3 Zitiert nach Hosfeld, S. 266.
4 Zitiert nach Wallach, 1999, S. 237.
5 Zitiert nach Easterly, S. 268.
6 Wilson, S. 192.
7 Knipping, S. 194.
8 Neulen, S. 178.
9 Zitiert nach Hosfeld, S. 268.
10 Wiegand, S. 170ff.
11 Zitiert nach Wilson, S. 176.
12 Zitiert nach Wallach, 1999, S. 286.
13 Wehler, Die Zeit, August 1998.
14 Wiegand, S. 177.
15 Zitiert nach Heigl, S. 42.
16 Wehler, Die Zeit, August 1998.

Vierzehntes Kapitel

1 Schütz, S. 146.
2 Zitiert nach Wilson, S. 458.
3 Easterly, S. 269.
4 Zitiert nach Wilson, S. 470f.
5 Wilson, S. 473.
6 Zitiert nach Rill, S. 84.
7 Zitiert nach Rill, S. 95.
8 Wallach, 1999, S. 539.
9 Pohl, S. 124f.

Fünfzehntes Kapitel

1 Christie, 1999, S. 9ff.
2 Christie, 1997, S. 24ff.
3 Byron, S. 45.
4 Christie, 1997.
5 Shirer, S. 29ff.
6 Reichelt, Deutsche Rundschau, S. 127.
7 Zitiert nach Pohl, S, 98.

Schluss

1 Dampflokomotiven in der Türkei, Railhoo Report.
2 Nachzulesen unter www.tcdd.gov.tr/tcdding/ortadoguing.htm.

Nachbemerkung

Dieses Buch soll eine Lücke füllen. Denn es gibt bisher zwar eine ganze Anzahl wissenschaftlicher Darstellungen zu einzelnen Aspekten der Bagdadbahn, aber keine Gesamtdarstellung des Phänomens, die gleichzeitig in die Zeitgeschichte eingebettet ist. Gewisse Vereinfachungen komplexer historischer und technischer Zusammenhänge jedoch waren für ein erzählendes Sachbuch hier und da nötig.

Um erzählen zu können, habe ich alle Quellen genutzt, die verfügbar waren: Bücher, Artikel, Reiseberichte, TV-Dokumentationen und Internet-Seiten. Gleichwohl möchte ich folgende Publikationen, die eine interessante Lektüre bieten und der Vertiefung des Themas mehr als dienlich sind, hervorheben:

Dietrich Eichholtz über die Bagdadbahn und die deutsche Erdöl-Politik, Peter Heigl über die deutschen Ingenieure der Bagdadbahn, Karl Helfferich über Georg von Siemens, Rolf Hosfeld über die Verfolgungen der Armenier, Hans-Werner Neulen über das deutsche Asien-Korps im Ersten Weltkrieg, Salvador Oberhaus über die deutsche »Dschihad«-Strategie im Ersten Weltkrieg, Herbert Pönicke über Heinrich August Meißner-Pascha, Manfred Pohl über die Finanzierung der Bagdadbahn, John C. G. Röhl über Wilhelm II., Christopher Sykes über Wilhelm Wassmuss, Gabriele Teichmann und Gisela Völger über Max von Oppenheim, Janet Wallach über Gertrude Bell und Jeremy Wilson über T. E. Lawrence.

Bibliografie

1. Monografien:

Andrews, Richard: Der Spion des Lawrence von Arabien – Auf geheimer Mission für den jüdischen Staat, Berlin 2004.

Banse, Ewald: Auf den Spuren der Bagdadbahn, Weimar 1913.

Bell, Gertrude: Miniaturen aus dem Morgenland. Reiseerinnerungen aus Persien und dem Osmanischen Reich 1892, Wien 1997.

Bernières, Louis de: Traum aus Stein und Federn, Frankfurt am Main 2006.

Bode, Friedrich Heinz: Der Kampf um die Bagdadbahn 1902–1914, Breslau 1941.

Born, Karl Erich: Von der Reichsgründung bis zum Ersten Weltkrieg, München 1975.

Bülow, Bernhard Fürst von: Denkwürdigkeiten, 4 Bde., Berlin 1930/31.

Byron, Robert: Der Weg nach Oxiana, Frankfurt am Main 2004.

Cholidis, Nadja/Martin, Lutz: Der Tell Halaf und sein Ausgräber Max Freiherr von Oppenheim, Mainz 2002.

Christie, Agatha: Erinnerungen an glückliche Tage – Aus meinem Leben, München 1997.

Christie, Agatha: Mord im Orientexpress, Bern 1999.

Curtius, Ludwig: Deutsche und antike Welt – Lebenserinnerungen, Stuttgart 1958.

Deuel, Leo (Hrsg.): Das Abenteuer Archäologie – Berühmte Ausgrabungsberichte aus dem Nahen Osten, München 1982.

Der Traum vom Orient – Kaiser Wilhelm II. im Osmanischen Reich, Potsdam 2005.

Dienel, Hans-Liudger: Herrschaft über die Natur? Naturvorstellungen deutscher Ingenieure 1871–1914, Stuttgart 1992.

Dörner, Friedrich Karl: Von Pergamon nach Nemrud Dag – Carl Hummans Lebensweg, Mainz 1981.

Easterley, William: Wir retten die Welt zu Tode – Für ein professionelleres Management im Kampf gegen die Armut, Frankfurt am Main 2006.

Eichholtz, Dietrich: Die Bagdadbahn, Mesopotamien und die deutsche Ölpolitik bis 1918, Leipzig 2007.

Epkenhans, Michael/Seggern, Andreas von: Leben im Kaiserreich – Deutschland um 1900, Stuttgart 2007.

Fischer, Fritz: Griff nach der Weltmacht. Die Kriegszielpolitik des kaiserlichen Deutschland 1914/18, 3. verb. Auf., Düsseldorf 1964.

Ders.: Hitler war kein Betriebsunfall, München 1992.

Franzke, Jürgen (Hrsg.): Bagdad- und Hedjazbahn – Deutsche Eisenbahngeschichte im Vorderen Orient, Nürnberg 2003.

Fromkin, David: Europas letzter Sommer – Die scheinbar friedlichen Wochen vor dem Ersten Weltkrieg, München 2005.

Giedion, Sigfried: Die Herrschaft der Mechanisierung, Frankfurt am Main 1987.

Gockel, Wolfgang: Irak – Sumerische Tempel, Babylons Paläste und heilige Stätten des Islam im Zweistromland, Köln 2001.

Grothe, Hugo: Die Bagdadbahn und das schwäbische Bauernelement in Transkaukasien und Palästina. Gedanken zur Kolonisation Mesopotamiens, München 1902.

Gründer, Horst: Geschichte der deutschen Kolonien, Paderborn u. a. 1985.

Hallgarten, George W. F.: Imperialismus vor 1914. Die soziologischen Grundlagen der Außenpolitik europäischer Großmächte vor dem Ersten Weltkrieg, 2 Bde., 1. Aufl. München 1951, 2. erw. Aufl. 1963.

Hartau, Friedrich: Wilhelm II., Reinbek 1978.

Hedin, Sven: Bagdad-Babylon-Ninive, Leipzig 1917.

Heigl, Peter: Schotter für die Wüste – Die Bagdadbahn und ihre deutschen Ingenieure, o. O. 2004.

Helfferich, Karl: Der Weltkrieg, Berlin 1919.

Ders.: Georg von Siemens. Ein Lebensbild aus Deutschlands großer Zeit, 3 Bde., Berlin 1923.

Hentig, Werner-Otto von: Ins verschlossene Land – ein Kampf mit Mensch und Meile, Potsdam 1928.

Herre, Franz: Wilhelm II. – Monarch zwischen den Zeiten, München 1998.

Hopkirk, Peter: Östlich von Konstantinopel – Kaiser Wilhelms Heiliger Krieg um die Macht im Orient, Wien 1996.

Hosfeld, Rolf: Operation Nemesis. Die Türkei, Deutschland und der Völkermord an den Armeniern, Köln 2005.

Hüber, Reinhard: Die Bagdadbahn, Berlin 1943.

Huntington, Samuel P.: Kampf der Kulturen, München 1996.

Kabbani, Rana: Mythos Morgenland, München 1993.

Kampen, Wilhelm van: Studien zur deutschen Türkeipolitik in der Zeit Wilhelms II., Kiel 1968.

Knipping, Andreas: Eisenbahnen im Ersten Weltkrieg, Freiburg 2004.
König, Wolfgang: Wilhelm II. und die Moderne – Der Kaiser und die technisch-industrielle Welt, Paderborn 2007.
Lewis, Bernard: Kaiser und Kalifen, München 1996.
Ders.: Der Untergang des Morgenlandes, Bergisch Gladbach 2002.
Lodemann, Jürgen: Mit der Bagdadbahn durch unbekannte Türkei, Eggingen 1991.
Lodemann, Jürgen/Pohl, Mannfred: Die Bagdadbahn. Geschichte und Gegenwart einer berühmten Eisenbahnlinie, Mainz 1989.
Manzenreiter, Johann: Die Bagdadbahn. Als Beispiel für die Entstehung des Finanzimperialismus in Europa (1872–1903), Bochum 1982.
May, Karl: Von Bagdad nach Stambul, Wien o. J.
Mirbach, Freiherr von: Das deutsche Kaiserpaar im Heiligen Lande, Berlin 1898.
Mikusch, Dagobert von: Wassmuss – der deutsche Lawrence, Leipzig 1937.
Moltke, Helmuth von: Unter dem Halbmond – Erlebnisse in der alten Türkei 1835 bis 1839, Stuttgart 1997.
Morgenthau, Henry: Secrets of the Bosphorus. Constantinople 1913–1916, London 1918.
National Geographic (Hrsg.): Unbekannter Irak, Hamburg 2002.
Neulen, Hans Werner: Feldgrau in Jerusalem – Das Levantekorps des kaiserlichen Deutschland, München 1991.
Niebuhr, Carsten: Reisebeschreibung nach Arabien und anderen umliegenden Ländern, Zürich 1992.
Nissen, Hans J./Heine, Peter: Von Mesopotamien zum Irak, Berlin 2003.
Oberhaus, Salvador: Zum wilden Aufstand entflammen – Die deutsche Ägyptenpolitik 1914–18, Düsseldorf 2006.
Palmer, Alan: Verfall und Untergang des Osmanischen Reiches, München 1997.
Pönicke, Herbert: Die Hedschas- und Bagdadbahn, erbaut von Heinrich August Meißner-Pascha, Düsseldorf 1958.
Pohl, Manfred: Von Stambul nach Bagdad, München 1999.
Rathmann, Lothar: Berlin–Bagdad. Die imperialistische Nahostpolitik des kaiserlichen Deutschland, Berlin 1962.
Rill, Bernd: Kemal Atatürk, Reinbek 1985.
Röhl, John C. G.: Wilhelm II. – Der Weg in den Abgrund 1900–1941, München 2008.
Röhl, John C. G.: Wilhelm II. – Der Aufbau der Persönlichen Monarchie 1888–1900, München 2001.
Rohrbach, Paul: Die Bagdadbahn, 2. Aufl., Berlin 1911.
Scheck, Frank Rainer/Odenthal, Johannes: Syrien – Hochkulturen zwischen Mittelmeer und Arabischer Wüste, Köln 2001.
Schöllgen, Gregor: Imperialismus und Gleichgewicht. Deutschland, England und die orientalische Frage 1871–1914, München 1984/Studienausgabe 1992.
Scholz, Piotr O.: Die Sehnsucht nach Tausendundeiner Nacht, Stuttgart 2002.

Schütz, Paul: Zwischen Nil und Kaukasus – Ein Reisebericht zur religionspolitischen Lage im Orient, o. O. 1953.
Seidenzahl, Fritz: 100 Jahre Deutsche Bank 1870–1970, Frankfurt am Main 1970.
Shaw, Karl: Die schrägsten Vögel der Welt – Das Lexikon der Exzentriker, München 2002.
Shirer, William L.: Das Jahrzehnt des Unheils – Meine Erlebnisse und Erfahrungen in Deutschland und Europa 1930–1940, München 1989.
Siemens, Marie von: Briefe (ohne Jahr und Ort).
Sölch, Werner: Orientexpress – Glanzzeit und Niedergang eines Luxuszuges, Reinbek 1980.
Sulzer, Martin: Istanbul und die Nordwest-Türkei, Köln 1993.
Teichmann, Gabriele/Völger, Gisela: Faszination Orient – Max von Oppenheim, Forscher – Sammler – Diplomat, Köln 2001.
Wallach, Jehuda L.: Anatomie einer Militärhilfe. Die preußisch-deutschen Militärmissionen in der Türkei 1835–1919, Düsseldorf 1976.
Wallach, Janet: Königin der Wüste – Das außergewöhnliche Leben der Gertrude Bell, München 1999.
Wiegand, Theodor: Halbmond im letzten Viertel – Archäologische Reiseberichte, München 1985.
Wilhelm II.: Ereignisse und Gestalten aus den Jahren 1878–1918, o. J. 1922.
Wilhelm, Gernot (Hrsg.): Zwischen Tigris und Nil. 100 Jahre Ausgrabungen der Deutschen Orient Gesellschaft in Vorderasien und Ägypten, Mainz 1998.
Wilson, Jeremy: Lawrence von Arabien, München 1999.
Zug der Zeit – Zeit der Züge: Deutsche Eisenbahn 1835–1985, Berlin 1985.

2. Beiträge:

Amtspresse Preußen, Neueste Mitteilungen No. 88 vom 8. November 1889.
Asien – Organ der Deutsch-Asiatischen Gesellschaft und der Münchener Orient-Gesellschaft, 1901.
Baumgart, Inge/Benneckenstein, Horst: Die Interessen der Deutschen Bank am mesopotamischen Erdöl, in: Jahrbuch für Wirtschaftsgeschichte 1988, S. 49ff.
Baumgartner, Johannes: Max von Oppenheim – Lawrence von Arabia, in: Antike Welt 4 (1999).
Bucherer-Dietschi, Paul: Europäische Reisende des 19. und 20. Jahrhunderts in Afghanistan, in: W. Löwenstein (Hrsg): Beiträge zur zeitgenössischen Afghanistanforschung, Bochum 1997.
Fesser, Gerd: Griff nach dem Orient. Zur Bagdadbahnpolitik des deutschen Imperialismus vor dem ersten Weltkrieg, in: Geschichtsunterricht und Staatsbürgerkunde 2/3 (1985), S. 150ff.

Gutsche, Willibald: »Pilgerfahrt« zu den heiligen Stätten. Die Orientreise Kaiser Wilhelms II. 1898, in: Gutsche, Willibald/Kaulisch, Baldur (Hrsg.): Bilder aus der Kaiserzeit 1897 bis 1917, Köln 1985, S. 21ff.

Interview mit Stig Förster, in: Geo-Epoche, Nr. 14 (o. J.).

Kahleyss, Margot: Propaganda im Halbmondlager – Muslimische Kriegsgefangene in Brandenburg, Einblicke in ein noch wenig bekanntes Kapitel des Ersten Weltkrieges, DFG-Magazin Forschung 1 (2001).

Kochwasser, Friedrich H.: Der Bau der Bagdadbahn und die deutsche Orientpolitik, in: Deutsch-Türkische Gesellschaft, Mitteilungen 94 (1975), S. 1ff.

Löhlein, Wolfgang: »Majestät brauchen Scherben«, in: Antike Welt 6 (2003).

Mejcher, Helmut: Die Bagdadbahn als Instrument deutschen wirtschaftlichen Einflusses im Osmanischen Reich, in: Geschichte und Gesellschaft 1 (1975), S. 447ff.

Reichelt, Ernst: Zur Vollendung der Bagdadbahn, in: Deutsche Rundschau, August 1936.

Schmid, Fred/Schreer, Claus: Strategische Waffenbrüderschaft Deutschland – Türkei, in: isw-spezial 8 (1995).

Schölch, Alexander: Wirtschaftliche Durchdringung und politische Kontrolle durch europäische Mächte im Osmanischen Reich (Konstantinopel, Kairo, Tunis), in: Geschichte und Gesellschaft 1 (1975), S. 404ff.

Stern, Fritz: Der deutsche Georg W. Bush, in: Die Zeit Nr. 42, 11. Oktober 2007.

Wehler, Hans-Ulrich: Der erste totale Krieg, in: Die Zeit, 20. August 1998.

Wilhelm, Gernot: Von Berlin nach Babylon, in: Damals 1 (1998).

Zeller, Joachim: Das Deutsche Reich – Der Nachzügler, in: Aldich, Robert: Ein Platz an der Sonne, Stuttgart 2008.

3. TV-Dokumentationen, Internet etc.

Sendereihe »Imperium«: »Kaiser Wilhelm II.« – Mit Hurra in den Untergang, ZDF 2006.

»Mit der Bahn von Berlin nach Bagdad«, von Peter Bardehle und Christian Schidlowski, NDR 2001.

»Majestät brauchen Sonne, Kaiser Wilhelm II. – der erste deutsche Medienstar«, von Peter Schamoni, Art-Haus 1999.

»Der Kaiser und der Sultan – Auf den Spuren der Bagdadbahn«, Teil 1 und 2, von Dieter Sauter, BR 2002.

»Die Bagdadbahn. Aufbruch ins Ungewisse« und »Auf gefährlichen Pfaden«, von Roland May, Arte 2006.

»Deutschlands heilige Krieger – Die Preußen erfanden den weltweiten Dschihad«, Beitrag des Magazins »Panorama« in der ARD vom 12. Mai 2005.

»Heinrich August Meißner-Pascha«, Artikel auf der Internet-Seite des MDR.

Dampflokomotiven in der Türkei, Railhoo-Report.

www.tcdd.gov.tr/tcdding/ortadoguing.htm.

Zeitleiste

1871	Das Deutsche Kaiserreich wird gegründet
1872	Wilhelm Pressel wird Generaldirektor der Osmanischen Eisenbahnen in Asien und erstellt einen Generalplan mit der Verbindung Konstantinopel–Bagdad
1875	Das Osmanische Reich ist bankrott und wird der Kontrolle der westlichen Mächte unterstellt
1876	Abdülhamid II. wird Sultan
1888	Nach nur 99 Tagen Regentschaft löst Wilhelm II. seinen Vater Friedrich Wilhelm als Kaiser ab; der Orientexpress erreicht Konstantinopel; der Vertrag für die Eisenbahnverbindung Konstantinopel–Ankara wird unterzeichnet
1889	Erste Orientreise Kaiser Wilhelms II.
1892	Bau der Strecke Haydarpascha–Eskischehir–Ankara
1893–96	Der Bau der Strecke Eskischehir–Konya (445 Kilometer)
1898	Zweite Orientreise Kaiser Wilhelms II.
1899	Unterzeichnung des Vorvertrages über den Bau der Bahnstrecke Konya–Bagdad
Dezember 1900	Aufruf an die islamische Welt, für eine Hedschasbahn von Damaskus nach Mekka zu spenden
Januar 1901	Heinrich-August Meißner übernimmt die Bauleitung der Hedschasbahn

5. März 1903	Unterzeichnung des Konzessionsvertrages über den Bau der Bahnstrecke Konya–Bagdad
13. April 1903	Die deutsch-französische Bagdadbahn-Gesellschaft wird gegründet
25. Oktober 1904	Inbetriebnahme der Strecke Konya–Bulgurlu (rund 200 Kilometer)
2. Juni 1908	Zusatzvertrag über die Strecke von Bulgurlu nach Tell Halaf (840 Kilometer) Jungtürkische Revolution, Wiedereinsetzung der osmanischen Verfassung
1. September 1908	Feierliche Eröffnung der Hedschasbahn Damaskus–Medina.
1909	Nach der Niederschlagung einer Revolte gegen die Jungtürken wird Abdülhamid II. gestürzt
Juli 1912	Beginn der Bauarbeiten von Bagdad aus Richtung Norden
1912/13	Balkankriege zwischen dem Osmanischen Reich, Serbien, Griechenland, Bulgarien und Montenegro
Juni 1914	Fertigstellung des Streckenabschnitts Samarra–Bagdad; Deutschland und England verständigen sich darüber, dass die Bagdadbahn nur bis nach Basra verlängert werden soll
28. Juni 1914	Ermordung des österreichischen Thronfolgers Erzherzog Franz Ferdinand
28. Juli 1914	Österreich-Ungarn erklärt Serbien den Krieg
Anfang August 1914	Eintritt von Deutschland, Russland, England und Frankreich in den Krieg
September 1914	Die deutsche Geheimexpedition »Dschihad« verlässt Berlin in Richtung Konstantinopel
29. Oktober 1914	An der Seite Deutschlands erklärt das Osmanische Reich Russland den Krieg
November 1914	Englisch-indische Truppen erobern Basra
Februar 1915	Die deutsche »Dschihad-Expedition« sitzt in Bagdad fest
April 1915	Alliierte Truppen stoßen an der Dardanellen-Meerenge auf heftigen türkischen Widerstand

1915	In Südpersien führt Wilhelm Wassmuss mithilfe persischer Stammeskrieger einen Guerillakrieg gegen die englischen Truppen
1915/16	Meißner-Pascha baut eine Versorgungsbahn durch Palästina in Richtung Ägypten; deutsche Pioniertruppen errichten Feldbahnen, die die Gleislücken der Bahnstrecke im Taurus- und im Amanusgebirge überbrücken sollen
Oktober 1915	Die deutsche »Dschihad-Expedition« erreicht Afghanistan, aber die Mission scheitert
Seit 1916	Bagdad- und Hedschasbahn bilden die Versorgungslinien für die Fronten des Osmanischen Reiches in Mesopotamien, Palästina und im Kaukasus
Februar 1916	Im Sykes-Picot-Abkommen teilen England und Frankreich den Nahen Osten im Siegesfall unter sich auf
März 1917	Englisch-indische Truppen erobern Bagdad
1916/17	Sabotageakte arabischer Stammeskrieger gegen die Hedschasbahn, teilweise von Thomas Edward Lawrence angeführt
1917	Ein Sabotageakt zerstört den Bahnhof Haydarpascha und große Mengen an Waffen und Versorgungsgütern
Juli 1917	Englisch-ägyptische Truppen erobern Akaba
Oktober 1917	Die dritte Orientreise Kaiser Wilhelms II. ist eine reine Propagandareise
August 1917	Die Gleislücke der Bagdadbahn im Amanusgebirge wird geschlossen
Dezember 1917	Englisch-ägyptische Truppen erreichen Jerusalem
September 1917	Englisch-ägyptische Truppen erobern Damaskus
Oktober 1918	Die Gleislücke der Bagdadbahn im Taurusgebirge wird geschlossen
Oktober 1918	Das Osmanische Reich kapituliert
November 1918	Das Deutsche Reich kapituliert, Wilhelm II. geht ins Exil
Ende 1918	Die englischen Truppen übernehmen die Bagdadbahn

Januar bis April 1919	Keine Einigung über den Nahen Osten bei der Pariser Friedenskonferenz
1920	Aufstand in Damaskus, Feisal lässt sich zum König von Syrien ausrufen; in San Remo teilen Frankreich und England den Nahen Osten in ihre Mandatsgebiete auf; das Osmanische Reich unterzeichnet den Friedensvertrag von Sèvres, den die türkische Nationalversammlung boykottiert
1920	Aufstand im Irak
1921	Irak wird Monarchie unter britischem Mandat, Feisal wird König
1920	Feisals Bruder Abdullah wird Emir von Transjordanien
1923	Nach heftigen Kämpfen bei Eskischehir besiegen die Türken die griechischen Truppen und treiben sie über Symrna in die Flucht; Gründung der Türkischen Republik
1924	Die Türkische Republik kauft die anatolischen Bahnstrecken zurück
1927	Die Engländer finden bei Kirkuk lohnenswerte Erdölfelder
Februar 1930	Der Taurusexpress verkehrt zwischen Haydarpascha und Nusaybin
1940	Meißner-Pascha stirbt im Alter von 78 Jahren in Istanbul
1940	Mit dem Streckenabschnitt Nusaybin vollenden die Engländer die Bagdadbahnlinie; durchgehende Personenzüge von Haydarpascha nach Bagdad
4. Juni 1941	Wilhelm II. stirbt im Alter von 82 Jahren
1982	Der Taurusexpress fährt von Haydarpascha über Konya nur noch bis nach Nusaybin, später bis Gaziantep
2001	Personenzüge verkehren wieder zwischen Bagdad und der türkischen Grenzregion
2003	Der zweite Golfkrieg unterbricht die Bagdadbahnlinie erneut

Personenregister

BILDNACHWEIS

Bildarchiv Preußischer Kulturbesitz (bpk), Berlin: Abb. 8 (Atelier Adolf Nunwarz)
Bundesarchiv, Koblenz: Abb. 24 (Sig. 137-003352), 27 (Sig. 137-029102)
Cornelsen Verlag, Berlin: Vorsatz
Deutsches Archäologisches Institut, Abteilung Istanbul: Abb. 15, 16, 17, 18, 21
Alfred Gottwaldt, Berlin: Nachsatz, Abb. 35
Historisches Institut der Deutschen Bank, Frankfurt am Main: Abb. 3, 5, 19, 23, 28, 29, 36, 37
Institut für Stadtgeschichte, Frankfurt am Main: Abb. 20
picture-alliance, Frankfurt am Main: Abb. 2 (maxppp), 6 (KPA/TopFoto), 7 (maxppp), 31 (akg)
Sal. Oppenheim jr. & Cie., Hausarchiv, Köln: Abb. 4, 9, 10, 32, 33
Sammlung Arbeitskreis Eisenbahnhistorie Württemberg: Abb. 22, 25, 26, 38
Sammlung Ute Thaetner, Kaufungen: Abb. 13
ullstein bild, Berlin: Abb. 1, 30
sowie aus:
Banse, Weimar 1913: Abb. 11, 12, 34
Hedin, Leipzig 1917: Abb. 14

Das Titelbild zeigt einen Reisenden in der Bagdadbahn (um 1935).
Die Karte im Vorsatz zeigt Europa vor dem Ersten Weltkrieg, die Karte im Nachsatz zeigt den Nahen Osten mit der Strecke der Bagdadbahn im Jahr 1911.

Schwarzes Meer
Konstantinopel
Skutari
Marmara M.
Brussa
Kjutahia
Eskischehr
Angora
Sinob
Samsun
Amasia
Sivas
Aladja
Kaisarje
Newschehr
Albistan
Afium Karahissar
Alaschehir
Konja
Eregli
Bulgurlu
Adana
Mersina
Osmanieh
Biredjik
Urfah
Aintab
Alexandrette
Aleppo
Antakie
Rakka
Ladikije
Adalia
Alaja
Golf v. Adalia
G. v. Alexandrette
Nicosia
Larnaka
Cypern
Beirut
Damaskus
Jaffa
Jerusalem
Totes M.
Tudmur (Palm
SYRISCHE W
Mittelländisches Meer
Alexandrien
Port Said
Ismail
KAIRO
Nil
ANATOLIEN
SYRIEN
ASIAT